古典文獻研究輯刊

三七編

潘美月・杜潔祥 主編

第 16 冊

元代詩文集整理與研究舉隅（上）

陳建軍 著

國家圖書館出版品預行編目資料

元代詩文集整理與研究舉隅（上）／陳建軍 著 -- 初版 -- 新
北市：花木蘭文化事業有限公司，2023〔民112〕
序 6+ 目 4+196 面；19×26 公分
（古典文獻研究輯刊 三七編；第 16 冊）
ISBN 978-626-344-479-9（精裝）
1.CST：中國詩 2.CST：研究考訂 3.CST：元代
011.08   112010520

ISBN-978-626-344-479-9

9 786263 444799

古典文獻研究輯刊
三七編 第十六冊   ISBN：978-626-344-479-9

元代詩文集整理與研究舉隅（上）

作　　者	陳建軍
主　　編	潘美月、杜潔祥
總 編 輯	杜潔祥
副總編輯	楊嘉樂
編輯主任	許郁翎
編　　輯	張雅淋、潘玟靜　美術編輯　陳逸婷
出　　版	花木蘭文化事業有限公司
發 行 人	高小娟
聯絡地址	235 新北市中和區中安街七二號十三樓
	電話：02-2923-1455／傳真：02-2923-1452
網　　址	http://www.huamulan.tw 信箱 service@huamulans.com
印　　刷	普羅文化出版廣告事業
初　　版	2023 年 9 月
定　　價	三七編 58 冊（精裝）新台幣 150,000 元

元代詩文集整理與研究舉隅（上）

陳建軍　著

作者簡介

陳建軍，男，1974 年生，九三學社社員，北京語言大學博士研究生畢業，文學博士學位。現為遼寧省朝陽師範高等專科學校副教授。主要從事漢語史、訓詁學與漢語歷史詞彙、文獻語言學等方面的研究。在《蘭臺世界》、《古籍整理研究學刊》、《圖書館學刊》、《吉首大學學報（社會科學版）》、《青海師範大學學報（哲學社會科學版）》等刊物上發表論文 30 餘篇。主持遼寧省教育廳科研項目 2 項，參與國家社科基金重大項目《東亞漢字文化圈〈切韻〉文獻集成與研究》（19ZDA316）及國家社科基金冷門「絕學」和國別史研究專項《敦煌本王韻與唐宋諸本韻書比較研究》（19VJX126）的科學研究。

提　　要

　　點取「一南一北」兩大富有代表性的元代詩文集個案作為研究對象，針對各自的古籍具體情況進行適切的整理和研究。內在隱含的線索是先進行古籍點讀、校勘和注釋，還原古籍的本真面貌，為相應的文獻語言研究提供最「真實」、並且最有價值的第一手材料；然後秉持文獻學和語文學相結合的研究方法，從文字、音韻和訓詁等方面入手，開展對詩文集的相關專題研究。進而為全面描寫元代南北不同方言之語音、詞彙等語言風貌奠定基礎，為漢語史的研究提供詳實可靠的資料。

　　北方代表性詩文集，選擇耶律鑄創作的《雙溪醉隱集》，這個集子至今還處於稿本和刻本的原初狀態，李文田和王國維分別對其作了手批箋注和校箋。我們對該集進行點校和注釋整理，並在此基礎上，進行初步的研究，探討其征戰術語特色以及蘊含的遼西方言語音特徵；南方代表性詩文集，選擇李孝光創作的《五峰集》，由於陳增傑對於此集已經作了較為詳審的整理，並出版了校注本古籍。我們用材料說話，重文獻語言事實，通過對李孝光詩文用韻進行全面考證，探討李孝光的詩文用韻體系，並解釋部分方音與古音的關係，在為音韻研究提供材料的基礎上，有助於甌語方音史的研究。

　　藉此，期望本書的出版能對 13、14 世紀漢語史的勾勒做出點滴貢獻。

序

丁治民

　　《顏氏家訓·音辭篇》載：「南方水土和柔，其音清舉而切詣，失在浮淺，其辭多鄙俗；北方山川深厚，其音沉濁而鈋鈍，得其質直，其辭多古語。然冠冕君子，南方為優；閭里小人，北方為愈。易服而與之談，南方士庶，數言可辯；隔垣而聽其語，北方朝野，終日難分。而南染吳、越，北雜夷、虜，皆有深弊，不可具論。」顏之推所言道出了南北方言的語音特色差異及形成這種差異的文化根源。由於中華民族所生活的地域廣泛，所形成的中華文明歷史悠久，因此作為文化基因的漢語，自古就有方言差異。西漢揚雄就曾撰寫過《輶軒使者絕代語釋別國方言》一書，開啟了對漢語方言的調查和描寫以及比較研究。從某種意義上說，方言特色是歷時現象投射在共時層面上的印記。因此，要加強對語言的共時與歷時相結合的研究，尤其要重視某一斷代歷史時期內不同地域方言的語音、詞彙及語法特色。而這，就要重視對地方文獻原始資料的細度深層整理、比較、分析和研究。《元代詩文集整理與研究舉隅》恰恰是這方面工作的一個探索性嘗試。

　　友生建軍是我在溫州大學工作時帶的第一屆碩士研究生，有著七年基礎教育工作的他為人踏實，為學樸實。後來又去北京語言大學跟隨華學誠先生研治訓詁與漢語歷史詞彙、文獻語言學。據悉其在讀博期間亦是克勤克謹，問學求是。當他寄我此部書稿乞序時，我便欣然應允。通讀全稿，感覺其做學問亦如其為人，洋洋幾十萬言中閃爍著幾點炫目的光輝，茲舉其犖犖大端者之二點臚列於下：

一、發掘珍貴的文獻語言資料

著名的乾嘉皖派學者王念孫在他的《讀書雜志·淮南內篇弟九·主術》「不可使言」條中言：「聾者可令嚼筋，『嚼筋』，未詳。《易林·蒙之離》亦云：『抱關傳言，聾跛嚼筋。』」晚清學者孫詒讓言：「案：《玉篇·口部》云：『嚼，撮口也。』筋不可以言嚼。『嚼』，當為『嚼』之訛。《考工記·弓人》云：『筋欲敝之敝。』注鄭司農云：『嚼之當孰。』賈疏云：『筋之椎打嚼齧欲得勞敝。』是『嚼筋』為漢時常語，即謂椎打之使柔熟以纏弓弩也。『嚼』，俗作『嚼』，從『雀』與從『爵』同。《廣雅·釋言》云：『嚼，茹也。咀，嚼也。』《玉篇·口部》云：『嚼，同嚼。』與『嚼』形近，因而致誤。《易林》展轉傳寫，又誤作『嚼』，益不可通矣。」經王念孫和孫詒讓的繼踵闡發，將漢時熟語「嚼筋」即「嚼筋」的來龍去脈理順清楚了。

《雙溪醉隱集》中《西園仙居亭對雪命酒作白雪嚼五首》的「題解」文字中又記錄了一個唐時熟語「嚼酒」。具體解釋為：「嚼與嚼同音，蘇回切，李涪《刊誤》言『嚼酒二十拍，促曲名三臺』。嚼嚼，合作唪唪，馳送酒聲，後訛為平聲，李正文所說亦然。然則余以字書驗之，為平聲於義為得唪一字，嚼凡九音，一音蘇內切，曰『送酒聲』。嚼，一字凡四音，一音蘇回切，曰『促飲也』，又嚼，送歌也。程林曰：『嚼與嚼同』，則嚼酒也，以侑酒為義，唐人熟語也。」

又如：來，《廣韻》落哀切，《禮部韻略》郎才切，又洛代切，《中原音韻》收於皆來部平聲，都不讀齊之部音。惟有《集韻》七之韻收「來」，音陵之切。明姜准《岐海瑣談·卷八》（溫州方言）又『來』音『離』。《國風》：『道之云遠，曷云能來。』《左傳》宋人歌曰：『於思於思，棄甲復來。』皆音『離』。」現將溫州市區、樂清和平陽二字讀音列表如下：

韻 字		溫 州	樂 清	平 陽
來	文	₌le	₌le	₌le
	白	₌lei	₌li	₌li
嚼		₌lei	₌li	₌li

可見在元明清時期吳語區，「嚼」的音讀與「來」的白讀音相同，李孝光古體詩和文「來」字押入咍皆部 3 次，押入齊支部 1 次，分別列舉 1 例：詞《水調歌頭·與於雲峰》566 葉「徊苔栽梅哉猜來埃」、古樂府騷《竹石圖》104 葉「峨來饞池離之知」，「來」字押入齊之部符合溫州方音的特點。

諸如此類，不勝枚舉。故言本書發掘了一批珍貴的語言研究史料資源。

二、重視傳統的聲音訓詁方法

《程易疇〈果臝轉語〉跋》中言：「蓋雙聲疊韻出於『天籟』，不學而能，由經典以及謠俗，如出一軌。而先生獨能觀其會通，窮其變化，使學者讀之，而知絕代異語、別國方言無非一聲之轉，則觸類旁通，而天下之能事畢矣。」這是王念孫對文獻語言「轉語」的深刻揭示及其本質特徵的凝練概括。即無論是「絕代異語」還是「別國方言」，詞語都因語音上的「雙聲疊韻」而發生「一聲之轉」，沾染在「詞源」語音形式上的意義也就因「音近」而發生「義通」的變化，進而衍生出一組或一系列同源詞，「經典以及謠俗」皆然。概言之，王念孫的「天籟觀」揭示的就是語音上「一聲之轉」、意義上「觸類旁通」的同源詞派生規律。我們進行語言研究，重點要把同源詞或同族詞背後隱藏的「觸類旁通」的理據自覺地梳理出來，從而做最切近於漢語實際的研究工作。

王寧先生亦言：「同源的派生詞的音義，由於都帶有從根詞早已結合在一起的音義直接或間接發展而來的，因此帶有歷史的、可追溯的必然性，這就是音近義通現象產生的由來。」故從歷時上看，一個概念意義被廣泛運用，偶然性地約定俗成在一個語音形式上之後，這個語音形式隨著人類生理特點和發音器官的演進而產生了「音近」的細微變化，但附著在不同「音近」形式上的詞義卻未發生改變，故而語音的天然流轉造就了同一語詞的不同詞形。不同時代的人思維有傳承性，不同地域的人思維有趨同性，因此，同一個詞在不同的時間和空間雖表現出「音近」的不同的外在形式，但其音義早已結合在一起的「語根」未發生變化，即這些派生詞同根同源。且由於思維的傳承性和趨同性，不同的外在語形不但可以一聽就懂，還能相互譯介理解。

總之，聲音訓詁一直以來就是漢語訓解詞義的一種重要方式方法。隨著清儒古音學研究水平的提高，科學的聲音訓詁更是破解了文獻中的許多千古語言學謎題。通過整理，我們發現元代詩文集中有不少通過剖析「音義關係」從而體察詞義的材料。如《雙溪醉隱集》中關於「處月」的記載：

我軍敗敵於涿邪，余嘗有《處月說粹》，載其略於此云云。南鄰處月之郊，和林城，唐碑文也。未曉處月之為言，有問及余者，因為之說云云。處月之言磧鹵地也。《史記》：漢復使因杅將軍公孫敖出西河，與強弩都尉路博德會涿塗

山。注：音邪。《前漢書》：因杅將軍出西河，與強弩都尉會涿邪山。《後漢書‧祭彤傳》：出高闕塞九百餘里，得小山，妄言以為涿邪山。《寶憲傳》：鄧鴻與後諸軍會涿邪山。皋林溫禺犢王於涿邪山聞漢兵來，悉度漠去。班固《燕然山銘》：經磧鹵，絕大漠，踰涿邪。涿邪山者，其山在涿邪中也。涿邪後聲轉為朱邪，又聲轉為處月。按：《唐史》：沙陀，處月種也。《莊宗紀》：其先本號朱邪，後自號沙陀，而以朱邪為姓者，是也。《南部新書》：北人三十輩於大山中見一小兒，遂收而遞蓁之，長求姓。眾云：人共育得大，遂以諸耶為姓。朱邪者，訛也，此說可笑。朱邪，即涿邪也。諸耶二字俱是華言，遐荒殊俗隔絕中華，焉如華言以為族望處月，部居金娑山之陽，蒲類海之東，皆沙漠磧鹵地也。《西漢書注》薛瓚曰：沙土曰漢，其說得之，即今華夏猶呼沙漠為沙陀，突厥諸部遺俗至今亦呼其磧鹵為朱邪，豈可謂以諸人為父耶？朱邪初曰涿邪，後聲轉為朱邪，又聲轉為處月。今又語訛，聲轉為川如，天竺初曰身毒，後轉為捐毒，又轉為天篤，篤省文作竺。竺又轉為竹，音蠤，蠤初曰柔，然後曰蠤，蠤又曰芮。芮狄訛為敕勒，又訛鐵革。步搖訛為慕容，禿髮訛為吐蕃，若此之類，不可勝記，是皆從其鞮譯。及所書之人，鄉音輕重緩急而致然。爾且諸夏方言尚不能同，況中國事記外國語，元無本字，但取其音聲之近似，不可取其訓詁。訓者，釋所言之理；詁者，通其指義。所記之語，既無本字，豈有所言之理？所通指義者哉云云。

通過以上聲音訓詁，我們清晰地掌握了「涿邪、朱邪、處月」的音轉線索，證明三詞為一組同源詞，釋義為「磧鹵地」。同時闡釋了漢時漢民族與西域各民族間交往過程中的「身毒、捐毒、天篤、天竺」，「步搖、慕容」，「禿髮、吐蕃」之間的聲轉以及訛轉關係。

李孝光《五峰集》中七言古詩《歙硯歌》：「渴龍夜飲天池水，六丁揮戈斷其尾。黑風吹落歙山深，化作玄精石中髓。山深夜夜飛神光，良工盜發天所藏。鑿開蒼厓研寒玉，磨礱秋水歸文房。元氣淋漓翠光濕，松花香碎蟾蜍泣。醉掃郇公五色雲，倒鳳顛鸞秋瑟瑟。誰能持此歸玉堂，經天緯地成文章。月中老兔吹寒芒，與君同上青雲鄉。」其中第三個韻段叶「濕泣瑟」，「瑟」為櫛韻字，原句為「倒鳳顛鸞秋瑟瑟」，查《廣韻》櫛韻「瑟」，所櫛切，樂器。於義不符。其同音字有「颲」，颲颸，風也，於詩義合，但音不協。考《廣韻》緝韻「飂」，似入切，颭飂，大風。義合音叶，應籍以據改。作者正是通過「音義關係」切實解決了文獻細讀中遇到的問題。

　　書中類似的令人眼前一亮的耀目點還有很多，窺一斑而知全豹，作者精選
元代富有代表性南北兩大詩文集進行適切的整理和研究，定能為漢語史研究
的元代節點提供更多有價值的豐富語料。略記數語，代為序，以表對該書付梓
的盼望和建軍有更長足的學術進步的期許！

丁治民

二〇二三年孟春於上海大學文學院

目

次

總 論

　　古籍整理與研究對於中華民族悠久而優秀的歷史文化傳承意義重大。中國的古籍浩如煙海，不僅承載了中華民族五千年的歷史文化，也是人類社會文明進步的精神寶庫。然而，隨著時間的變遷，語言卻成為了人們閱讀古籍的障礙。春秋以來，便有了對古籍文獻的相關注釋，但如今看來，依舊晦澀難懂。當前，繼續加強對古籍原版的修繕、點讀、校注、整理和闡釋工作，尤其是使其數字化、信息化，已經成為傳承中華文明的重要基礎性工作。同時，古籍整理為社會發展提供基礎信息和歷史資源。古籍文獻蘊含了許多有價值的重要信息，如地方史就不僅記載了各地關於經濟建設的資料，還詳盡地記錄了當地的風土人情等，反映了該地區的歷史發展情況，這對社會主義經濟建設具有參考意義。

　　自夏朝起，人們就開始利用簡編撰圖書，對古籍的整理也流傳至今。對古籍文獻的整理有助於挖掘和弘揚我國的優秀傳統文化。古籍文獻記載了大量的原始資料，例如，《春秋》裏就已有中國古代關於彗星的記錄，《甘石星經》中可以發現我國古代有關木星的資料，這些都充分體現了中華民族深厚的文化底蘊。

　　各個朝代都做過一些修繕史書、整理古籍的工作。北宋司馬光主編的《資治通鑒》是中國第一部編年體通史，是中國官修史書的代表。它從周威烈王寫到五代的後周世宗，涵蓋十六朝，共 1362 年的歷史。明代《永樂大典》由翰林院大學士解縉擔任總纂修，其規模遠遠超過前代編纂的所有類書，保存了 14 世紀以前中國歷史地理、文學藝術、哲學宗教等相關文獻，共計約三億七

千萬字，分裝成萬餘冊，為後世留下了寶貴、豐富的資料。中國古代古籍整理的最大成果當數對《二十四史》的整理。乾隆皇帝欽定整理的《二十四史》是二十四部史書的集結，由《史記》開篇，到《明史》壓軸，系統記述了從傳說中的黃帝起至清兵入關、明朝滅亡，上下四千多年的歷史。《二十四史》蘊含著豐富的中華文化基因，是中華歷史文化的百科全書，也是人們取之不盡的知識源泉，堪稱人類文化遺產的瑰寶。

同樣，地方古籍文獻的整理與研究對於豐富和補充通史及通語文獻具有尤為重要的材料價值，對於地方文化事業的繁榮亦具有重大的推動作用。元代文學創作事業以元曲與小說為主，對於史學研究也十分興盛。元朝的詩詞成就主要得益於大多數元朝統治者推行的「漢化運動」，主要詩詞人有：方回、戴表元、元好問、李俊民、耶律楚材、郝經、劉因、虞集、楊載、范梈、揭傒斯、黃溍、柳貫、歐陽玄、王冕、楊維楨和薩都剌等，我們擬選擇其中有代表性的「一南一北」兩大詩文集作為研究對象，針對各自的古籍狀況進行適切的整理和研究。

北方代表性詩文集，我們選擇耶律楚材之子、與元好問交遊深厚的耶律鑄（1221～1285）創作的《雙溪醉隱集》，這個集子至今還沒有現代人對其進行點讀、校勘和注釋等方面的整理工作，因此我們對其進行點校和注釋整理，並在此基礎上，進行初步的研究，探討其征戰術語特色以及蘊含的遼西方言語音特徵；南方代表性詩文集，我們選擇與薩都剌、張雨、楊維楨等人交往甚密，並與楊維楨等共同倡導浙派古樂府運動的樂清詩人李孝光（1285～1350）創作的《五峰集》，由於陳增傑對於此集已經作了較為詳審的整理，並出版了校注本古籍，我們在此基礎上排列其韻譜，分析探討其詩文用韻情況。希望藉助本書的刊行，為學者描寫和研究元代南北方言之語音、詞彙面貌提供基礎性的材料。

上編　《雙溪醉隱集》整理與研究

第一章 緒 論

　　《雙溪醉隱集》，元代耶律鑄撰，共六卷，包括賦、樂府、詩等文獻，內容多涉及奇聞軼事、宮室制度及燕都典故舊事。《雙溪醉隱集》詩文作品表現出強烈的江山一統的思想，透露出作者對民瘼的關心和對國事的關注，部分作品及自注材料亦多資考證，具有相當高的文獻價值，值得重視與探討。

　　耶律鑄（1221～1285），字成仲，遼東丹王九世孫，蒙元初期著名政治家耶律楚材次子，義州弘政（今遼寧義縣）人。出生於西域，青少年時期主要居住在和林，曾侍奉過太子，聰敏善屬文，尤工騎射。楚材卒後，嗣領中書省事，曾上言宜疏禁網，採歷代德政合於時宜者八十一章進奏。憲宗八年（1258）從憲宗征蜀，屢出奇計。第二年憲宗死於釣魚山，阿里不哥叛，鑄棄妻子，自朔方來歸世祖。中統二年（1261）冬，隨世祖敗阿里不哥於上都之北。一生三入中書，法令雅樂，多為贊定；經濟文章，綽有父風。至元中奉詔監修國史，朝廷有大事多諮訪於他。二十年（1283）坐不納職印數罪，被罷免中書左丞相，家資半被籍沒，徙居山後。二十二年卒，年六十五。至順元年（1330）贈巍寧王，賜諡「文忠」。生平事蹟的介紹見於《元史》卷一百四十六《楚材傳》之附傳。

　　耶律鑄在戎馬倥傯、案頭勞頓之時，仍創作了大量的詩文，其集早佚，清四庫館臣從《永樂大典》中輯出六卷，編成《雙溪醉隱集》，收詩832首，詞4首，文28篇；今人栗貴明據現存殘本作《永樂大典索引》，可補館臣漏輯鑄詩22首，詞5首，文2篇，數量還是相當可觀的。從現存作品來看，耶律鑄的詩文創作具有非常鮮明的特點，其詩文風格主要是學習唐人。《述實錄》、《蜀道有難易》等古體詩明顯可見李白《蜀道難》的影子，描寫西北邊地的征戰詩與盛唐的邊塞詩則非常相似。趙著評論他的詩「下筆便入唐人之閫奧」，當是確論。而其詩文的語言特色及思想內容，尤其值得我們重視和研討。

第二章 《雙溪醉隱集》版本源流及整理說明

公元一二四四年，耶律鑄詩文作品開始結集，名為《雙溪小稿》，最早為耶律鑄詩文結集的是李暐，時任中書省掌書記，李暐生平事蹟不詳，但通過麻革所作《雙溪醉隱集》之序「門下生李暐明之實為倡」及呂鯤序可看出，李暐，字明之，秦地人，為耶律鑄門生。

《雙溪小稿》後，耶律鑄的詩文不斷增補，《永樂大典》收《前集》、《續集》、《別集》、《新集》、《外集》，內容豐富，但明清兩代，鑄集罕見流傳，明楊士奇《文淵閣書目》卷十著錄「元耶律丞相雙溪集一部十九冊」。到清乾隆時期，修《四庫全書》時，四庫館臣不見本集，遂從《永樂大典》中輯錄其詩文，編為六卷，仍將呂鯤、趙著、麻革為《雙溪小稿》做的序置於卷首，將王萬慶、性英做的跋置於尾，這就是四庫本《雙溪醉隱集》，也是現存最早的版本。臺灣商務印書館影印文淵閣《四庫全書》，此集收在第 1199 冊，現存於國家圖書館。

《四庫全書》本修成後，出現了許多傳抄本：

1. 最早的是吳長遠家抄本，乾隆四十九年（1784）吳長遠從翰林院抄寫鑄集，流傳到外面，此本六冊，現存於國家圖書館善本閱覽室。

2. 四庫副本亦有流出宮外者，清著名詩人法式善曾偶得副本抄本《雙溪醉隱集》六卷，後又歸樊增祥處，現存國家圖書館善本室，著錄為「清翰林院抄本」。

3. 南方陸心源、丁丙曾先後藏有文淵閣傳抄本。北方有文津閣傳抄本流傳，王國維曾進行過校勘，現藏於國家圖書館善本閱覽室；另有海源閣楊保彝藏本，現藏於國家圖書館。

4. 李文田家抄本，光緒十六年（1890），繆荃孫攜南方文淵閣傳抄本入京，李文田見之，甚悅，認為其可和楚材文集相配，李文田偏愛西北地理，認為鑄集有資於《元史》及西北地理考證，於是，命人抄之，並親自進行校勘，凡涉及西北地名無一不注，甚為詳細，此本亦藏於國圖。

5. 知服齋叢書本，光緒十八年（1892），順德龍鳳鑣刊刻《知服齋叢書》，將此本收錄進去，並將李文田的注錄列於相關正文之下，這為人們閱讀理解鑄集提供了很大方便，因此，文集刊刻後，得以迅速傳播。

6.《遼海叢書》本，民國二十年（1931），金毓黻始編《遼海從書》，收入知服齋本《雙溪醉隱集》，在集前新編了全書的目錄，現存於國圖南區閱覽室。

7. 1983 年今人欒貴明據《永樂大典》殘卷編成《四庫輯本別集拾遺》，補齊耶律鑄詩二十二首，詞一首，文三篇。

綜合考究李文田箋注本和王國維校箋本，李文田箋注本更注重歷史地理方面的考證，而王國維校箋本，底本更善。文津閣傳抄本本身字跡清晰，字體漂亮，辨識容易。王國維在第一卷卷尾手書文字一行：「乙丑九月鈔文津閣本，以知服齋本校之，始知彼本有錯葉，賴此正之。觀堂。」在第六卷卷尾又手書文字兩行：「乙丑九月十七日用知服齋本互校，補彼本詩一首，注二條，又改正錯簡一處，正譌字百數，乃知此本之善。此本誤字亦得藉彼本改正云。觀翁手識。」故知文津閣本較文淵閣本為善，同時，王國維校箋本更善。

王國維（1877.12.3～1927.6.2），初名國楨，字靜安、伯隅，初號禮堂，晚號觀堂，又號永觀，謚忠慤。漢族，浙江省海寧州（今浙江省嘉興市海寧）人。王國維是中國近、現代相交時期一位享有國際聲譽的著名學者。王國維早年追求新學，把西方哲學、美學思想與中國古典哲學、美學相融合，研究哲學與美學，形成了獨特的美學思想體系，繼而攻詞曲戲劇，後又治史學、古文字學、考古學。他平生學無專師，自闢戶牖，成就卓越，貢獻突出。在教育、哲學、文學、戲曲、美學、史學、古文學等方面均有深詣和創新，為中華民族文化寶庫留下了廣博精深的學術遺產。我們僅舉其校箋《雙溪醉隱集》中的二例，說明其語言文字、考據學方面功力之深。其在「卷二」之《次韻趙德載大監餞行》一詩的天頭眉批到：「此似宋人詩，誤編入此集。」查考宋人蘇籀，其果然創

作過《次韻趙德載大監餞行》的詩篇。由於蘇籀的作品結集為《雙溪集》十五卷，故四庫館臣誤輯入此集。另外，「卷四」之《宮怒》詩，王國維校改為《宮怨》，查考全詩「脈脈慵拈鳳翼簫，沉思陳事自無聊。不惟只妒鶯聲巧，且是嘗憎燕語嬌。照膽光芒殊未歇，守宮顏色若為消。梅花獨自驚時節，肯放春風到柳條。」充斥全詩的乃是滿滿的「宮怨」氣息，而非怒氣。

基於以上兩點，我們擬以王國維校箋的文津閣本為底本，以李文田箋注的文淵閣本等其他本為輔助，對《雙溪醉隱集》進行點讀、校勘和注釋整理，仿知服齋叢書本例，將作者自注及書史音注移錄於正文下，並在閱讀有疑惑處添加筆者注，以期為元代詩文集的「小學」方面的研究提供一份真實材料。另外，大部分傳本均移錄了四庫館臣提要，故我們亦將館臣提要放在「原序」前邊；同時，補充諸本所缺《蘅薄》一首，知服齋本卷五所缺《不如歸去》一首，以便於研究者查考和研究之用。

第三章　《雙溪醉隱集》之四庫全書提要點校

　　臣等謹案：《雙溪醉隱集》六卷，元耶律鑄撰。鑄，字成仲，遼東丹王九世孫，中書令楚材之子也。累官中書左丞相，卒追贈懿寧王，謚文忠。事蹟具《元史》本傳。楚材佐元太祖、太宗平定天下，立綱陳紀皆出其所規畫。鑄少而聰明 [一]，尤工騎射，從憲宗征蜀，累建功績。後三入中書，定法令、制雅樂、多所裨贊經濟，不愧其父。而文章亦具有父風，故元好問、李冶諸人皆與相款契。然楚材《湛然居士集》尚有鈔本，而鑄集久佚不傳，藏書家至不能舉其名氏。惟明錢溥《內閣書目》有《耶律丞相雙溪集》十九冊，亦不詳其卷目。檢勘《永樂大典》所收鑄《雙溪醉隱集》篇什較多，有前集、新集、續集、別集、外集諸名，又別載趙著、麻革、王萬慶諸序跋，乃為鑄年少之詩名《雙溪小稿》者而作。是所作諸集，本各為卷帙，頗有瑣碎之嫌，謹衰集編次，都為一集，而仍以《雙溪小稿》原序、原跋分係首末，用存其概。鑄早從征伐，足跡涉歷多西北極遠之區，故所述塞外地理、典故，往往詳覈。如據《和林城唐明皇御書闕特勒 [二] 碑》證《新舊唐書》作「特勒」之誤，《處月》《丁零》二注辯論頗詳，此類皆有裨於考證。又其家在金、元之間，累世貴顯，諳習朝廷舊聞。集中如《瓊林園》、《龍和宮》諸賦，敘述海陵章宗軼事及宮室制度，多《金史》所未及；其他題詠亦多關係燕都故實，而《帝京景物略》諸書均未紀錄，亦足以資博識也。至於《金史‧耶律履傳》、《元史‧耶律楚材傳》均不著其里貫，於史例頗為不合，今考鑄《寓歷亭》詩，注云：「予家遼上，後家醫巫閭。」又《五湖別業》詩，注云：「余先居和林，後寓隗臺，今卜築縉雲。」

《五湖別業》敘其遷徙之跡頗詳，是尤足以補史之闕矣。乾隆四十六年九月恭校上。總纂官〈臣〉紀昀、〈臣〉陸錫熊、〈臣〉孫士毅，總校官〈臣〉陸費墀。

【校釋】

〔一〕楊保彝藏本作「敏」。

〔二〕李文田箋注本作「勤」，考文中內容，應為「勤」。

第四章 《雙溪醉隱集》校注

原序

　　中書省掌書記李暐，一日袖〔一〕書一編詣余，曰：「此雙溪之歌詩也。即公蒙年所為者，約千首，且十竊其一焉，並附近作，共得一百五十餘篇，離為五卷。今欲廣傳之，庶在綺紈者，見而思齊焉，因之可以起吾風之已僨者也。請子文以引其端，幸毋讓。」余受而觀之，見䮾龍軛鳳鞭虯笞鼇以求其變，極其所變，而發諸心思，則羅雲縠月紉秋藻春以盡其情。嘻！實天下之奇作也。如「金檠夜延螢燭暗，翠簾風窣月鉤間」，此時年十五耳。「兩漢水乾秋飲馬，五城霜重夜屯兵」，此又十七語〔二〕語也。蓋天與之性，發言便高。公諱鑄，字成仲。雙溪，自號也。公以東丹王之後，右丞文獻公之孫，中書令玉泉老之子。鑠盡貴氣，屈己以下人，刮去驕佚，折節以讀書。及所為詩文又如此，在天地間豈易得哉！故樂為之引。甲辰年上巳日，龍山居士雁門呂鯤書。

【校釋】

　〔一〕李文田箋注本作「抽」，誤。

　〔二〕王國維校改作「時」。

　　詩之為義也，大矣哉！三百篇而下，離騷經得風雅之變；秦亡漢興，王澤未遠，元鼎已來，河梁之別，始作得離騷之變也。黃初綿絡，以至於大業之際，詩文比比而出，大名於世者，亦不可多得。漢有蘇、李，魏有曹、劉，晉有潘、陸，宋有陶、謝而已。是故遺風不泯焉，武德再造，徐庾淫靡，尚且存焉。為

陳子昂一變而至於魯，為李太白、杜子美再變，至於道。退之後來，使文起八代之衰，道濟天下之溺，於文章慎許可至，於歌詩獨推之曰李杜文章，在光焰萬丈，長及乎天寶。亂息大曆，元和詩律再變，以至今日矣。嗚呼，風雅不可復得見！唐人之餘烈，斯可矣。《雪浪齋日記》有云：「建安才六七子，開元數兩三人！」則所取其難如此。又云：「書止於晉，詩止於唐，誠不誣矣！若李若杜若韓若柳，豈愧六朝諸賢歟！」

國朝自取魏以來，詩人益盛，余嘗在貞佑季年親見玉泉大老《懷親》詩云：「黃犬不來愁耿耿，白雲望斷思依依。欲憑鱗羽傳音信，海水西流雁北飛。」又云：「黃沙三萬里，白髮一孀親。腸斷邊城月，徘徊照旅人。」所以見哀思之情極矣。又《和人》詩云：「仁義說與當途人，恰似春風射馬耳。」此見感憤之懷亦以極矣，思之有以見唐人餘烈焉。雙溪成仲，即玉泉中令君之子也，生長北溟，十三作歌詩，下筆便入唐人之閫奧，嘗作《高城曲》云：「城高三百尺，枉教人費力。賊不從外來，當察城中賊。」又《曰將出》、《帶將來》、《小胡笳》、《擬回文》、《暮春曲》、《磨劍行》、《春夜吟》、《獨倚門》之類，皆十三 [一] 時作也。又《陰不雨》、《惜花吟》、《琵琶詞》、《公子行》、《廣陵散》，十五六作也。又《贈坐竿道士水平橋》、《題藍采和早行吟》，十八九作也。又《山市吟》、《暮春對花》、《寄故人》、《題牧牛圖》，二十一二作也。則知興寄情趣，前人間有所不到者，此詩向時往往傳至燕臺，人初未甚 [二] 信，及其去歲秋八月，來自北庭，大葬既已，明日首禮於香山寺，元呂 [三] 及余從行，禮成，長老拂幾捧硯請各賦詩，雙溪即書。古詩云：「渺渺入平野，悠悠到上方。雲開見天闕，回首超凡鄉。」元呂垂書，余亦落筆。既而雙溪復次元韻云：「人去豪華山好在，夢回歌舞水空流。」又次餘韻云：「翠輦不回天地老，白雲飛盡海山秋。」時已夕矣，不及次呂之韻。會九日登瓊花島，用呂《香山詩韻》留題云：「蓬萊宮殿遺基在，休對西風子細看。」及 [四] 載《觀次韻》之作，如蘭依修竹，菊映青松，輝彩省淨，氣韻深長。便覺首倡大似落絮飛花，雖有流風回雪之態，豈能倫擬？未幾，復書《途中之所作》云：「松聲曲春雪，謠蟄龍興 [五] 雨。圖休嗟行路，難大傳燕市。」使向之未深 [六] 信者，私用慚怍。自是與燕之士大夫唱酬無虛日，每一篇出，識者益增歎服。不及悉書，俱在前帙。或謂余曰：「雙溪自十三以至今日，方二十有餘，便入唐人之閫奧，而雕蟲篆刻，白首坐窗，見之者莫能，何謂也？」余曰：「騏驥 [七] 墮地，一日千里。駑駘百歲 [八]，十駕而始。至分也，又何足怪？」歐陽文忠公有云：

「能以技自顯於一世，亦悟之天非積習致然。」信哉！愚謂源深者自長矣。向玉泉作《懷親詩》時，亦是方冠之詩〔九〕。今雙溪《思親三絕》云：「一上居庸萬里心」，又「一聲長笛野雲秋」，又云：「躊躇搔首無人會，時下樓來卻上樓。」有是父，有是子，良然。繼作《甕山有感三絕》云：「仙佩飄飄駕彩鸞」，感之至也。又《雪後吟》、《立春前一日曲》，情之至也。《春日登蓬萊島》首聯云：「既解寶藏秦照膽，也須珍惜漢吹毛。」用事之至也。《過故宮》云：「柳陌風來雪滿沙」，理之至也。《擬古》云：「水涵春色柳涵煙，半是人間半是仙」，境之至也。《以代留別余》云：「燕南春色老，燕北草初肥。露冷野花瘦，月明江樹稀。」又云：「芳草不隨鶯燕老，好山依舊水雲深。」遠之至也。惜乎李子取之不多，詞采風流皆可備於管絃矣。其容雅而體間，意深而情婉，氣修而色粹，調逸而聲諧。抑之則紆餘委備，揚之則條達疏暢。得不蕩搖情性者哉！執此過余，求為後引，懇切再四，義不可辭。此非小道，實文章之菁華也。可以意會〔一〇〕難以言狀。噫！古今之人惟貴耳而賤目，特異者乃見此耳。不然，安能結天下識者之舌也。其經國圖遠之略，推賢去惡之心，而已形諸歌詠。余雖老矣，猶可拭目而待，續勒銘於雙溪未晚云。趙著序。

【校釋】

〔一〕李文田箋注本作「二」，據上文文意，誤。

〔二〕李文田箋注本作「深」。

〔三〕李文田箋：元呂，當即呂鯤表字。

〔四〕李文田箋注本作「又」。

〔五〕李文田箋注本作「行」。

〔六〕李文田箋注本作「甚」。

〔七〕李文田箋注本作「驥騏」。

〔八〕據文意，此處應為「裏」，李文田箋注本正作「裏」。

〔九〕李文田箋注本作「余」，誤。

〔一〇〕李文田箋注本作「意冥」，亦為「意會」之意。

中書大丞相之子，有奇名，善為詩。余在朔方，時嘗見其一二，駭喈以為異，及獲觀《雙溪小稿》，始信向所傳不謬云。趙虎岩、呂龍山世雄於歌詩，為之序引甚備，余辭其贅歟？古人嫌其少作，往往削稿不傳，如李賀七歲賦《高軒過》迄，於今傳誦。亹亹在人口，不能廢，則少作何負乎？況雙溪相門

子，生長北庭戎馬間，甫十餘歲，已能為歌詩，至於斯，噫亦過人遠甚，搏而躍之，有激頹俗，可無傳乎？門下生秦人李暐明之，實為倡，而我曹又和之，其傳蓋無疑。今雙溪已嗣行中書事，將見沛然為文黼，為卿雲，蒸為雨露。以芘澤天下，此特土苴耳。雖然，源於細流，乃成江溪 [一]，則是集其權輿歟？固不可以不志，麻革序。

【校釋】

[一] 王國維改「溪」為「漢」，李文田箋注本正作「漢」。

雙溪醉隱集卷一　賦

天香臺賦

余作此賦，會姪子輩遞傳誦詠，往往質問其所疑，余時有瘕 [一] 蠱 [二] 之疾，未間，又 [三] 為酒所困，倦於應對，因命書史為音注，應其所請以示之。

【校釋】

[一] 音簇。

[二] 音蛆。瘕蠱，皮膚病。指六畜疥癬之疾。《左傳・桓公六年》：「博碩肥腯……謂其畜之碩大蕃滋也，謂其不疾瘕蠱也。」杜預注：「毛皮無疥癬。」孔穎達疏：「瘕蠱，畜之小病，故以為疥癬之疢也。」

[三] 李文田箋注本作「及」，誤。

雙溪醉隱，嘉遯 [一] 西園。而杜私門 [二] 之請，偃蹇 [三] 棲遲 [四]，縱適 [五] 放言。愜高蹈養恬 [六] 之勝地，葆光頤真 [七] 之靈境 [八]。綠野斯營，素意 [九] 是逞。一花一草，親移自植，計日成趣。唯天香臺牡丹為盛，婉若群仙，亂擿 [一〇] 雲錦 [一一]，珠樹 [一二] 相鮮，瓊枝相映。英華外發，風標 [一三] 天挺 [一四]，精彩相授，逸態 [一五] 橫出，儼保靈和 [一六]，恩華榮命 [一七]，含情延引 [一八]，流風回穴 [一九]。競笑應譏，幽人徑庭 [二〇]。國色天香，獨佔韶光 [二一]。澄心定氣，延視 [二二] 迫察 [二三]，知其不妄。進號 [二四] 貴客，名為花王 [二五]。維此姚黃 [二六]，穆穆皇皇 [二七]，臺隸 [二八] 眾芳，真其王也 [二九]。

【校釋】

[一] 亦作「嘉遁」，舊時謂合乎正道的退隱，合乎時宜的隱遁。《易・遯》：「嘉遯貞吉，以正志也。」《三國志・魏志・管寧傳》：「在幹之姤，匿景藏光，嘉遁養

浩，韜韞儒墨，潛化傍流，暢於殊俗。」

[二] 權勢之家；權貴者。《史記・晉世家》:「公厚賦為臺池而不恤政，政在私門，其可久乎！」

[三] 猶安臥。宋司馬光《辭知制誥第六狀》:「豈偃蹇山林，不求聞達之人邪！」

[四] 遊息。《詩・陳風・衡門》:「衡門之下，可以棲遲。」朱熹集傳:「棲遲，遊息也。」此句指優游自在的生活。

[五] 恣意安適。《三國志・蜀志・簡雍傳》:「在先主坐席，猶箕踞傾倚，威儀不肅，自縱適。」

[六] 培養恬靜寡欲的思想；過恬靜的生活。《莊子・繕性》:「古之治道者以恬養知，知生而無以知為也，謂之以知養恬。」

[七] 謂修養真性。

[八] 與「勝地」同義。

[九] 平素的意願。

[一〇] 舒展；鋪陳。

[一一] 這裡指錦秀的彩袖。

[一二] 樹的美稱。唐李白《送賀監歸四明應制詩》:「借問欲棲珠樹鶴，何年卻向帝城飛。」

[一三] 形容優美的姿容神態。宋文同《再贈鷺鷥》詩:「頸若瓊鉤淺曲，骹如碧管深翹。湖上水禽無數，其誰似汝風標。」

[一四] 謂天生卓越超拔。《後漢書・黃瓊傳》:「光武以聖武天挺，繼統興業。」

[一五] 清秀美麗的姿態。漢陳琳《柳賦》:「偉姿逸態，英豔妙奇。」

[一六] 指柔和恬淡清心寡欲的修養。《文選・郭璞〈江賦〉》:「保不虧而永固，稟元氣於靈和。」李善注:「《春秋元命包》曰:『水者，五行始焉，元氣之湊液也。』」這裡指靈潔的神態。

[一七] 諛稱皇帝任命。漢蔡邕《太尉汝南李公碑》:「帝念其勳家，被榮命漁陽太守。」

[一八] 邀請。唐李白《答高山人兼呈權顧二侯》詩:「延引故鄉人，風義未淪替。」

[一九] 流風，一作遊風。宋玉《風賦》:「回穴錯迕。」善曰:「回穴，即風不定貌也。」

[二〇] 《莊子》:「大有逕庭。」勑定切。蓋吳人呼勑為剔。與他定切，同李云「逕庭激過」也。

[二一] 美好的時光，常指春光。南朝梁簡文帝《與慧琰法師書》:「五翳消空，韶光表節。」

[二二] 注視良久。戰國宋玉《神女賦》:「望余帷而延視兮,若流波之將瀾。

[二三] 指走近觀察。

[二四] 本指進陞官爵之名號,這裡指牡丹花的名號。

[二五] 《十客圖》以牡丹為貴客。

[二六] 《洛陽花木記》曰:「姚黃,千葉黃花也。色極鮮潔,精彩射人,有深紫檀心,
近瓶有青旋一匝,與瓶同也。開頭可八九寸許,甚有高潔之性。」《道山居士
錄》曰:「近心,葉細無蕊,亦有淺檀,肥盛時,中心有綠葉。三面而踰寸,
謂之綠蝴蝶。

[二七] 指矜持端莊,富麗堂皇。

[二八] 地位最低下的奴僕。《後漢書・濟南安王康傳》:「輿馬臺隸,應為科品。」李
賢注:「臺、隸,賤職也。」

[二九] 錢思公嘗曰:「人謂牡丹花王,今以姚黃真王也,魏紫乃後也,故有姚王魏后
之號。」《見花譜》又曰:「洛人以姚花為王,魏花為後,誠善評也。」

　　應道 [一] 無私,應化 [二] 無方。知隱知顯,知變知常 [三]。遲留 [四] 煙
景 [五],蔭樾昭陽 [六]。吸風飲露,雲臥霓裳。魏后 [七] 延佇 [八],醉妃小立
[九]。欲與相扶,倚風無力。凝笑為容,爭妍取媚。醒酒香豔,懶晴天氣。翠
袂揚袘 [一○],柔玉鏤刻 [一一]。仙衣戌削,縷金絲織 [一二]。昭著 [一三] 風流,
分外旖旎,臭味幽遠,容止閒麗。素女掩嫮,不足程序 [一四]。蘭香失氣,綠
華無色,脫落塵凡。泮奐 [一五] 姱邁,表景異致 [一六],揄揚 [一七] 勝概 [一八]。
靈覜 [一九] 彌彰,運鍾盛代 [二○]。誕膺 [二一] 王者之稱,良有后妃之配。英奇
特秀,望塞 [二二] 華域 [二三],姿色俱絕,勢傾人國。靡曼 [二四] 則如此,光大
則如彼。不以純懿 [二五],盡在於已。承天賜 [二六] 之憂華 [二七] 騰芳聲於勝
日。擅天外之奇名 [二八],豈花中為第一。尤姿英豔,道潤金璧。姿有餘妍,
豔有餘美 [二九]。美不可奪,操不可易。名有餘香,風有餘味。炎而不附,寒
而不棄。遠之不怨,親之不比。動無所趨,靜無所避。色無所沮,心無所覬 [三○]。繇 [三一] 無慮而無營,故無慍而無喜。守所抱之天真,任自然之榮悴
[三二],信 [三三] 靈根之有託,冠四時而為最 [三四]。宜其奕葉 [三五] 扶疏 [三六],
宜其名華盛大。

【校釋】

[一] 指順應自然的變化。

［二］指順應變化。

［三］作者自注：《異人錄》曰：「牡丹變易千種。」

［四］停留，逗留。

［五］春天的美景。南朝梁江淹《惜晚春應劉秘書》詩：「煙景抱空意，蘅杜綴幽心。」

［六］即濃鬱的樹蔭和明媚的朝陽。

［七］「魏后」見上注。

［八］久立；久留。《楚辭・離騷》：「悔相道之不察兮，延佇乎吾將反。」王逸注：「延，長也；佇，立貌。」

［九］「醉妃紅」見《海山記》。

［一〇］戈示切。王國維改「戈」為「弋」。

［一一］「玉鏤碧」見《花木記》。

［一二］「金絲緋」見《麗珍牡丹品》。

［一三］彰明，顯著。漢揚雄《劇秦美新》：「臣誠樂昭著新德，光之罔極。」

［一四］比擬；效法。戰國楚宋玉《神女賦》：「毛嬙鄣袂，不足程序；西施掩面，比之無色。」

［一五］閒適自在。清陳康祺《郎潛紀聞》卷六：「蓋我先皇綏輯外藩，於遊歌泮奐之場，不忘武備也。」

［一六］指容貌姿態異常標誌

［一七］揮揚，揚起。漢劉向《九歎・逢紛》：「揄揚滌蕩，漂流隕往，觸崟石兮。」

［一八］美景，美好的境界。唐李白《夏日陪司馬武公與群賢宴姑熟亭序》：「此亭跨姑熟之水，可稱為姑熟亭焉。嘉名勝概，自我作也。」

［一九］李文田箋注本作「既」。神靈賜福。《文選・范曄〈後漢書・光武紀贊〉》：「世祖誕命，靈貺自甄。」李周翰注：「言光武大受寶命，神靈賜福祚而自成也。」

［二〇］指她的神運聚集了歷代之英

［二一］接受，承受。

［二二］充滿。

［二三］指中原、中國。這裡指天下。

［二四］華美，華麗。

［二五］高尚完美。《文選・張衡〈東京賦〉》：「今捨純懿而論爽德，以《春秋》所諱而為美談。」李善注：「純，大；懿，美也。」

［二六］「天賜紫」見《總敘牡丹譜》。

［二七］優容華貴。

［二八］「天外黃」見《海山記》。

［二九］李文田箋注本作「色」。

［三〇］希望；企圖。

［三一］通「由」，表原因。

［三二］榮枯。晉陶潛《形贈影》詩：「草木得常理，霜露榮悴之。」

［三三］通「伸」。

［三四］「靈根紅」，見《麗珍牡丹品》。燕南牡丹，期在谷雨前後，北地高寒，常開在
　　　　夏日。又有秋日牡丹，冬日牡丹。

［三五］累世，代代。

［三六］即扶疏，枝葉繁茂分披貌。

　　積於中者，必形諸外，承休［一］之徵，於是乎在。於穆令聞［二］，曾是不
已，得無令人，渴見風采？有絕其倫，有拔其萃。唯道是從，惟神是契［三］。
不因物而顯，不附物而起。何玉立而不群，何中立而不倚。偉英靈之間［四］氣，
呈瑞世之上瑞［五］。感鍾美於所天，多化工之為地。千葩萬卉，雲屯霧積［六］，
煙披雨沭，擁階抱砌。如屏氣動色，駢肩迭跡。於朝會者，尤知花王之榮貴。
倚扇成陰［七］，地錦交展［八］，天幕旁垂，雲帷高卷，御袍浮動［九］，異香冶
豔［一〇］。婆律［一一］膏薰，薔薇露染，惜春情態［一二］，戀春風致［一三］。花
雨漫天，金蓮布地［一四］。玉妃綽約［一五］，玉肌豐膩［一六］。仙標［一七］閒整，
風骨秀異。翠圍粉陣，櫛比鱗集。五色相宣［一八］，芳藹相襲。玉澤堪掬，秀
色可吸。撋［一九］冶［二〇］芳煙，頹然如醉。呈露優柔，溫潤綺靡。春睡猶濃，
東風扶起。錦被絢爛［二一］，繡帶葳蕤［二二］。縈結［二三］同心［二四］，延締連
理［二五］。辟［二六］芍藥為近侍，直［二七］海棠為慶會［二八］。仙人［二九］醉露
以頹玉［三〇］玉女吟風而搖佩［三一］。翠展莎茵，錦圍花障。槐蓋［三二］傾偃［三
三］，林幄閒敞。長樂［三四］維宮，合歡維帳［三五］。

【校釋】

　　［一］承受美善。《史記·封禪書》：「今鼎至甘泉，光潤龍變，承休無疆。」

　　［二］美好的聲譽。

　　［三］此句意思是順從天道的法則，與自然的神運相契合。

　　［四］李文田箋注本作「正」，應據改。

　　［五］牡丹有瑞雲瑞露之名。

　　［六］子智切。

　　［七］倚扇，孫氏《瑞應圖》曰瑞草也。一名箑脯，王者孝德至，則生枝多，葉少根
　　　　　如絲綸，而生風，主驅殺蟲蠹。

　　［八］地錦，花名，見《花木記》。

　　［九］御袍，黃牡丹，見《洛陽花木記》。千葉黃花也，色與間頭大，率類女真黃。

［一○］異香，牡丹，見《王十朋集》。

［一一］香名。即龍腦香，亦名冰片。

［一二］惜春紅，見《麗珍牡丹譜》。

［一三］戀春，見《總敍牡丹譜》。

［一四］北中金蓮，每至夏日特盛，姿豔殊絕，未見其四。金章廟常宴泰和宮夏日牡
　　　　　丹，顧謂元妃李氏曰：「牡丹誠獨冠，花品以金蓮羅列其下，尤風流可愛，可
　　　　　謂潘妃步步生金蓮。」

［一五］玉妃，見《麗珍牡丹品》。

［一六］玉肌紅，見《總敍牡丹品》。

［一七］超凡脫俗的風標。這裡指牡丹的風度。

［一八］黃花、白花、紅花及墨紫，深碧是謂五色。墨紫，見六一居士花釋，其色如墨
　　　　　紫，類要衍義，曰有深碧牡丹。又廣記云，韓湘聚土舉盆有碧牡丹二朵，後為
　　　　　金棱碧色。

［一九］充冶切。

［二○］吐豔。唐皮日休《桃花賦》：「或幽柔而旁午，或捲冶而倒披。」

［二一］錦被花，又有五色錦被，見《花木記》。

［二二］繡帶，花名，見《花木記》

［二三］迴旋纏繞。晉左思《吳都賦》：「苞筍抽節，往往縈結。」

［二四］同心，梅名。又有同心李。

［二五］孫氏《瑞應圖》曰：「王者德化，洽八方合為一家，則木連理。」

［二六］任用。

［二七］直，集之義。

［二八］又曰：「王者不失民心，則木連理。」《西征記》：「蜀一中近牡丹，多栽海棠，
　　　　　謂之君臣慶會。」

［二九］今人以杏核中復有杏者為仙人杏。《述異記》曰：「天台有杏花，六出五色，號

仙人杏。」《洛陽伽藍記》有仙人棗。

[三〇] 形容醉後的體態，如玉山傾頹。亦用為對醉人的美稱。語本南朝宋劉義慶《世說新語‧容止》：「其醉也，傀俄若玉山之將崩。

[三一] 《爾雅》云：「玉女，海棠也。」公嘗易玉團春，名為玉女花。玉谿生牡丹詩：「垂手亂翻雕玉佩。」

[三二] 天香臺前有槐，俗謂槐柵者。公嘗謂其不雅，故目謂槐蓋。

[三三] 倒下，倒塌。

[三四] 長樂，花名。唐蘇題有《長樂花賦》。

[三五] 《花譜》有合歡桃，一朵二色，又有合歡柑。唐明皇有與群臣分合歡柑圖，《楊妃外傳》：「蓬萊宮有合歡橘。」

徑植忘憂 [一]，榮延交讓 [二]。合昏徼夜 [三]，蒉莢典歷 [四]。平露臨政 [五]，屈軼司直 [六]。帝休 [七] 光燁 [八]，帝屋煥爛 [九]。赫奕 [一〇] 君子 [一一]，清名無患 [一二]。炳 [一三] 若丹青，晬 [一四] 然玉潔。足佐花王，潤色盛烈。期所望於重華 [一五]，可流芳於萬葉。延群英之風概 [一六]，耀榮名於圖牒 [一七]。青松森挺，大臣介然而廷立。翠竹旁羅，毅士肅然而就列。池蓮澹澹 [一八]，翛然 [一九] 乎無塵，君子居也。籬菊亭亭，兀然乎寄傲，隱逸位也 [二〇]。珍叢琦薄，祥花瑞草 [二一]，深圍遠繞。端竦低默者，百執事之謂也。若仰若俛，如揖如伏者，尊其王之義也。策其芳名，委其藻質。內向光塵 [二二]，猶葵傾日。靈雨均霑，惠風同被。含秀敷榮 [二三]，榮懷天德 [二四]。寶閣輝煌 [二五]，錦屏 [二六] 斐亹 [二七]。瑞玉樓臺 [二八]，敻 [二九] 間金碧 [三〇]。綺紛 [三一] 品彙，區別列第。霞駁雲蔚 [三二]，繡錯 [三三] 萬計。炫玉京之春色 [三四]，誇兩京之神麗 [三五]。聯玉葉以延春 [三六]，直 [三七] 會聖之盛際 [三八]。章明花界，照映塵劫 [三九]。深根寧極，無為之業，光寵妍時 [四〇]。

【校釋】

[一] 天香臺天香亭。三徑皆植忘憂。《花卉古今注》曰：「欲蠲人之憂，則贈以丹棘。」丹棘，一名忘憂，即萱草也。

[二] 榮，屋榮也。《大魏諸州記》曰：「交讓，樹名也。兩兩相對，歲更互枯互生，不俱盛俱枯。

[三] 《周處風土記》曰：「合昏，槿也。葉晨舒昏合，本草合昏，葉似皁莢槐。」陳藏器云：「即夜合也。」日華子云：「合昏，又曰合歡。」

［四］《通曆》云：「帝堯觀蓂莢，以知旬朔。」一召蓂莢，隨月盈虛，依曆開落。

［五］《孫氏瑞應圖》曰：「平露者，如蓋王者。政平則生東方，政不平則西低，西方政不平則東低，他方亦然。」《白虎通》曰：「平露者，樹名也。」

［六］《田俅子》曰：「黃帝時，有草生於帝階，若佞人入朝，則草屈而指之。故曰屈軼。」

［七］《山海經》曰：「帝休，木名。」《本草》云：「主不愁，帶之愁自銷也。」

［八］李文田箋注本作「煜」。

［九］《山海經》曰：「帝屋，木名，可以御凶。」

［一〇］光輝炫耀貌。漢陳琳《武軍賦》：「聲訇隱而動山，光赫奕以燭夜。」《文選·何晏〈景福殿賦〉》：「故其華表則鎬鎬鑠鑠，赫奕章灼，若日月之麗天也。」李善注：「鎬鎬鑠鑠，赫奕章灼，皆謂光顯昭明也。」

［一一］《廣志》曰：「君子，樹名也。」

［一二］《纂文》曰：「無患，樹名也。」崔豹《古今注》曰：「此木為眾鬼所畏，取此木為器，可厭卻邪魅，故曰無患。」

［一三］光明，明亮。

［一四］通「晬」，潤澤貌。

［一五］重華，見《花木記》。

［一六］風度氣概。

［一七］指圖畫。有百花朝王圖，中繢姚魏，次繢諸品，牡丹外繢，以百花朝之。

［一八］恬靜貌。《楚辭·劉向〈九歎·愍命〉》：「心溶溶其不可量兮，情澹澹其若淵。」王逸注：「澹澹，不動貌也。」

［一九］翛，《廣韻》蘇雕切。無拘無束貌；超脫貌。《莊子·大宗師》：「翛然而往，翛然而來而已矣。」成玄英疏：「翛然，無係貌也。」

［二〇］無塵、寄傲，天香臺下二軒名。

［二一］一本作果。

［二二］塵，王國維校改作「壁」。

［二三］開花。三國魏嵇康《琴賦》：「迫而察之，若眾葩敷榮曜春風，既豐贍以多姿，又善始而令終。」《藝文類聚》卷八一引南朝梁王筠《蜀葵花賦》：「仰椒屋而敷榮，植蘭房而舒藻。」唐許敬宗《掖庭山賦》：「百卉敷榮，六合清朗。」

［二四］天德紅，見《總敘牡丹譜》

［二五］寶閣紅，見《洛陽花木記》：「千葉紅花也。」

[二六] 錦屏紅，見《道山居士錄》：「出壽安錦屏，山色粉紅，二層葉，中心者極細而長有檀。」

[二七] 文采絢麗貌。《文選・孫綽〈遊天台山賦〉》：「彤雲斐亹以翼櫺，曒日炯晃於綺疏。」李善注：「斐亹，文貌。」

[二八] 瑞玉紅，見《麗珍牡丹品》：「有玉樓子牡丹，重臺牡丹，亦曰玉山紅樓子。」

[二九] 《廣韻》休正切。全，都。

[三○] 間金，見《洛陽花木記》：「千葉紅花也，色微帶紫，而類金繫腰，開頭八九寸許，葉間有蕊，碧牡丹有數品。」

[三一] 縱橫交錯。《文選・班固〈西都賦〉》：「提封五萬，疆場綺紛；溝塍刻鏤，原隰龍鱗。」呂延濟注：「綺紛、刻鏤、龍鱗，皆地之畦疆相交錯成文章。」

[三二] 光彩斑斕貌。《文選・王延壽〈魯靈光殿賦〉》：「霞駁雲蔚，若陰若陽。」呂延濟注：「言有光明如霞之斑駁。」

[三三] 色彩錯雜如繡。《魏書・地形志上》：「犬牙未足論，繡錯莫能比。」

[三四] 玉京春，見《青州牡丹品》：「粉紅花，有托盤，亦曰兩京紅。」

[三五] 兩京紅，見《洛陽花木記》：「多葉紅花也。」

[三六] 《總敘牡丹譜》：「有玉葉萬壽春牡丹。」

[三七] 直吏切。

[三八] 會聖紅，見《花木記》：「其餘諸花無比其大者。」

[三九] 選王簡《棲頭陀寺碑》功濟塵劫注云：「劫，猶世也。續仙傳丁約曰：『儒謂之世，釋謂之劫也。』」

[四○] 選司馬子長《報任少卿書》云：「以為宗族，交遊光寵。」注：光美，寵盛也。

　　春心固結良怯，年芳輕易衰歇。我振我策，我步我屨，朝袚暮逐。無情蜂蝶，終然殊患。本弱者其枝必披 [一]，末大者其幹必折。審其本之弱者，薙 [二] 其草萊 [三]，盡其蟲蠹 [四]，擇 [五] 其瓦礫，易其壤土 [六]。醫之治之，調之護之，扶之持之，正之直之。培而養之，使自滋之 [七]。蔭而遂之，使自榮之 [八]。顧其末之大者，去其邪枝，割 [九] 其錯節，除其狂花，翦其亂葉 [一○]。推之移之，規之繩之，背者向之，屈者信 [一一] 之。擘而分之 [一二]，使自存之，列而封之，使自保之 [一三]。為強其幹而弱其枝，俾隆 [一四] 其本而殺其末。之為者也，扶質 [一五] 立幹，本道根真，花明葉秀，眼界一新。

【校釋】

［一］ 上聲。披散。《漢書・揚雄傳上》：「回猋肆其碭駭兮，猇桂椒，鬱杉楊。」顏師古注：「猇，古披字……言回風放起，過動眾樹，則桂椒披散而杉楊郁聚也。」

［二］ 音替，又音雉，除草也。

［三］ 猶草莽。雜生的草。《南史・孔珪傳》：「門庭之內，草萊不翦。」

［四］ 《牡丹譜》：「蠹蟲捐之必尋其穴，以硫黃針之，其傍又有小穴，如針孔，乃蠹所藏處。花工謂之窗，以大針點硫黃末針之，蠹即無矣，花復繁盛。」

［五］ 通「釋」。捨棄。《墨子・經說上》：「取此擇彼，問故觀宜。」孫詒讓間詁：「擇讀為釋，釋、捨古通……言取此法則舍彼法也。」《呂氏春秋・察今》：「故擇先王之成法，而法其所以為法。」許維遹集釋：「擇，釋聲，兩字通。」

［六］ 《圖經》曰：「圃人慾其花之詭異，培以壤土，至春盛開，其狀百變。

［七］ 《洛陽花木記》：」甘草黃，千葉黃花也。其花初出時，為單葉，因培養之盛，變而為千葉。

［八］ 《花譜》：「牡丹，性極喜陰涼。」

［九］ 音洛。

［一〇］《牡丹續譜》：「大率痛打剗即花好。」

［一一］李文田箋注本作「伸」，應據改。

［一二］《花譜》曰：「白露前分擘牡丹。」

［一三］《牡丹記》曰：「初植牡丹，澆畢則以細土封壅其根，謂之保澤固本。」

［一四］使之隆。

［一五］護擁身軀；扶持本根。《文選・陸機〈贈馮文羆遷斥丘令〉詩》：「慶雲扶質，清風承景。」李善注：「《廣雅》曰：質，軀也。」《文選・文賦》：「理扶質以立幹，文垂條而結繁。」呂延濟注：「質，猶本根也。為文之理必先扶持本根，乃立其幹。」

　　客有訪醉隱於天香亭者，不覺愕然而歎曰：「向之［一］蕪穢，曷其治也？覩乎殊制，甲天下可也。」醉隱曰：「向之乖鷔［二］使然也。重其花者［三］，非其業也。耘植非時，灌插［四］無度。賣知自是，忌能懷妬［五］。苟一矯眾枉［六］，不涉叢脞［七］。阿諛［八］橫議［九］，雜然應和。明其幾務，執以不可，謂［一〇］彼非出於我。或僅有所採，微有所挫。爭引其功，相推其過。思求其治，焉可致也？余承其獎［一一］，特任其責。推心於物，旁搜遠索。索彼得失，洞研究核［一二］。從其可從，革其可革。絀［一三］諸荒惑［一四］，探諸幽頤［一五］。

舉諸明算 [一六]，運諸成策。辨乎根荄 [一七]，定乎名色。甄其瑰奇 [一八]，廉其瑕讁 [一九]，毗以殿最 [二〇]。品以資格，煦以陽和，沃以膏澤。窮精極智，馳神 [二一] 運思 [二二]。孜孜夙夜，不落吾事。粗有是治，無足齒也。然天下之事，曷嘗有異於是耶！九土，一臺也，六合，一園也。百花一王，萬國一君。為國之道，在布此花之政也 [二三]。經國之要，實理此花之任也 [二四]。」緒言未既，客茫然進曰：「旨哉，言乎！旨哉，言乎！願以所聞，書諸信史，刻諸金石，以壽 [二五] 其傳，終古不忒 [二六]。」天香亭頌，第紀風聲，未勒 [二七] 磨崖，蒙何以寧？用是遂決，敢獻其銘，銘曰：薄構其亭，於彼露座。桃李無言，燕雀相賀。

【校釋】

[一] 原來。

[二] 悖謬反常。唐李翱《雜說》：「日月暈蝕，星辰錯行，是天之文乖盭也。盭，《廣韻》郎計切，戾的古字。

[三] 歐陽文忠公《花品序》：「牡丹而出洛陽者，今為天下第一。洛人唯直名白花，其意謂天下之真花不假，曰牡丹而自可知也。其愛重之如此。」

[四] 《要術》云：「插種也。」

[五] 同「妒」。

[六] 即他們的錯誤。

[七] 瑣碎，雜亂。這裡指凡俗。

[八] 大聲喝叱和詆謗。阿，通「訶」。

[九] 恣意議論。

[一〇] 知服齋叢書本有「出於」二字，據文意應補。

[一一] 李文田箋注本作「畢」。

[一二] 《廣韻》下革切，查驗，核實。

[一三] 貶黜。

[一四] 指荒蕪雜穢之草。

[一五] 指幽僻隱微的弱花。

[一六] 指精確的計算方法。

[一七] 根荄，見《白氏長慶集》：「童蒙訓，邵康節因言洛中牡丹之盛，曰洛人以根荄而知花之高下者，知花之上也。

[一八] 甄，古然切。鄭玄《尚書緯注》曰：「甄，表也。」

[一九] 亦作「瑕讁」。玉上的斑痕。這裡指花中有瑕疵者。

[二○] 《麗珍花品序》：「花以優劣為殿最。馳，以豉切，物次第也。」古代考核政績
或軍功，下等稱為「殿」，上等稱為「最」。《漢書·宣帝紀》：「其令郡國歲上
繫囚以掠笞若瘐死者所坐名、縣、爵、裏，丞相御史課殿最以聞。」顏師古注：
「凡言殿最者：殿，後也，課居後也；最，凡要之首也，課居先也。」《文選·
班固〈答賓戲〉》：「雖馳辯如濤波，摛藻如春華，猶無益於殿最也。」李善注
引《漢書音義》：「上功曰最，下功曰殿。」《魏書·食貨志》：「勸課農耕，量
校收入，以為殿最。」

[二一] 馳思，遐想。晉孫綽《遊天台山賦》：「余所以馳神運思，晝詠宵興，俛仰之間，
若已再升者也。」

[二二] 運用心思。

[二三] 平露臨政，屈軼司直，之謂也。

[二四] 疆其幹而弱其枝，隆其本而殺其末，之謂也。

[二五] 鐫刻，鐫鏤。謂使之長遠留存。

[二六] 變更，差錯。《易·豫》：「天地以順動，故日月不過，而四時不忒。」

[二七] 刻。

天香亭賦

伊牡丹之王百花也，聲華 [一] 輝赫 [二]，令姿煌煌 [三]。大塊 [四] 流其形，
柔祇播其芳。以福勝之徵，致霿 [五] 雲之祥，[六] 臨仁壽之域，介溫柔之鄉。
天標粹美，玉色洋洋 [七]。瑞氣薰蒸，承露華房 [八]。猶澡身浴德，以薦馨香。
芬烈天香，榮耀靈光。觀時之光利，用賓 [九] 於花王。出奇豐度，孰究其詳。
第而崇號 [一○]，而成章，絕品姚黃 [一一]。英逸之資，固未可量。正色處中，
不易其方。漠然而神，全然而真，示心忘情。物莫之嬰辟，雞雍與豕零，而
幸疾之僥名。雖時為其帝者，豈能為之抗衡哉！金玉其相秀出群芳，特傾心
其奚待為殿春之餘光。獨醉道者，遊心聖域，隱跡懼場。有惜花痼疾，姚魏
膏肓。愛其嫵媚，展盡底蘊。於明時尚其氣節，榮聞日流於帝鄉。推其道之
有 [一二] 在，曾不矜 [一三] 其所長。彰真宰 [一四] 之妙用，染世界使都香 [一五]。
一拂萬字 [一六]，殿前禁中 [一七]。以道為本，造化為功。其狀百變 [一八]，其
態無窮。其化如神，其道尤隆。亂擎薰炷，繁錯環叢。泛以珠露，掃以香風。
何其貴也！

【校釋】

[一] 猶言聲譽榮耀。

[二] 猶顯赫，煊赫。北齊顏之推《顏氏家訓・省事》：「拜守宰者，印組光華，車騎輝赫，榮兼九族，取貴一時。」

[三] 明亮輝耀貌；光彩奪目貌。《詩・陳風・東門之楊》：「昏以為期，明星煌煌。」朱熹集傳：「煌煌，大明貌。」

[四] 猶大片。

[五]《廣韻》余律切。瑞雲，慶雲。南朝梁孫柔之《瑞應圖・霱雲》：「霱，慶雲也。其狀外赤內黃。」

[六] 福勝紅，見《陳州牡丹品》，千葉，深粉紅色。霱雲，見《麗珍牡丹品》，如霱雲之狀，外赤內黃。

[七] 仁壽黃、溫柔紫，並見《麗珍牡丹品》。玉色牡丹，見《花木後記》。

[八] 承露白，見《總敘牡丹品》。

[九] 同「賓」。

[一〇] 尊貴的爵位。《後漢書・竇憲傳論》：「當青（衛青）病奴僕之時，竇將軍念咎之日，乃庸力之不暇，思鳴之無晨，何意裂膏腴、享崇號乎？

[一一] 絕品姚黃，見《陳州牡丹品》。千葉，尺面大，青瓶紫檀心。開頭可八九寸許，深於姚黃。

[一二] 李文田箋注本作「所」，據改。

[一三] 誇耀。

[一四] 指自然之性。南朝梁劉勰《文心雕龍・情采》：「有志深軒冕，而泛詠皋壤，心纏幾務，而虛述人外：真宰弗存，翩其反矣。」

[一五] 唐人牡丹詩：「曉檻競開香世界。」

[一六] 一拂黃，見《海山記》。萬字紅，見《陳州牡丹品》，千葉，淡粉，紅心，青色瓶宛如萬字。

[一七] 殿前紫，有托盤。禁中紅，粉紅花有托盤。並見《青州牡丹品》。

[一八]《圖經》曰：「近世多種牡丹，圃人慫其花之詭異，秋冬移接，培以壤土，至春盛開，其狀百變。」

　　玉真淑美 [一]，勝玉無瑕。卓冠時英，特標 [二] 國華。進登天府，就地仙家。布濩 [三] 元根 [四]，頤養黃芽 [五]。調護 [六] 冰蕤 [七]，薰染珍花。延喜日以難老，[八] 劑形雲以香霞 [九]。何其聖也！女真仙隊 [一〇]，小真仙侶 [一一]。

玉冠微聳 [一二]，絳衣輕舉 [一三]。離時裝束，出塵 [一四] 逸趣 [一五]。玉珠 [一六] 精神 [一七]，散花態度 [一八]。疏鮫綃兮障日 [一九]，迭羅囊兮盛露 [二○]。凝脈脈之柔情，歷雲朝與雨暮，何其麗也。壽真玉潤 [二一]，勝真玉膩 [二二]。明兮玉秀，清兮玉粹。玉蕊無香 [二三]，玉英自失。玉女少色，玉委匿跡 [二四]。何玉腰之輕盈 [二五]，將玉顏之溫麗 [二六] 鄙綠珠之玉格 [二七]，陋西施之玉醉 [二八]。何其秀也！

【校釋】

[一] 玉真，見《花木記》。

[二] 猶標置。

[三] 布散。

[四] 指牡丹的根。

[五] 金源氏：冰井宮牡丹，以其地勢高寒，每秋秋分後，例以甕覆護，謂之辟寒氣。至次年夏，黃芽寸許，乃揭去之。

[六] 調養護理。

[七] 這裡指牡丹花。

[八] 喜日紅，見《奉聖州牡丹品》；難老紅，千葉，肉紅，初生潞公後園，色類魏花與富貴紅，有深紅檀心，開有短蕊，一道其枝比魏而稍肥，亦魏花之變。潞公邀留守韓公請以「難老」名之。見《道山居士錄》。

[九] 彤雲，見《洛陽花木記》：「千葉紅花，微帶緋色，開頭大者幾盈尺。花唇微白，近萼漸深，檀心皆瑩白。香霞紅，見《總敘牡丹品》。

[一○] 女真黃，見《陳牡丹品》：「千葉淡，黃花之第三李文田箋注本作『弟二』。」

[一一] 小真紅，見《青州牡丹品》：「深紅也。」

[一二] 玉冠子，見《總敘牡丹譜》。

[一三] 絳衣紅，見《陳州牡丹品》：「千葉，色近緋深，紅花之第一。」

[一四] 超出世俗。南朝齊孔稚珪《北山移文》：「夫以耿介拔俗之標，蕭灑出塵之想，度白雪以方絜，干青雲而直上，吾方知之矣。」

[一五] 超逸不俗的情趣。

[一六] 比喻花蕊。唐李紳《過梅里·早梅橋》詩：「早梅花，滿枝發，東風報春春未徹，紫萼迎風玉珠裂。」

[一七] 神氣。

[一八] 氣勢，姿態。

［一九］鮫綃紅，見《總敘牡丹譜》。

［二○］迷羅囊，見《總敘牡丹譜》。

［二一］壽真黃，見《總敘牡丹譜》。

［二二］勝真黃，見《陳州牡丹品》：「千葉，色類千心黃，實不逮女真黃，黃花之第五。」

［二三］《漢武內傳》曰：「西王母云昌城玉蕊。」

［二四］《白玉圖經》：「玉之精名曰委，狀如美女。」

［二五］玉腰紅，見《河南志》。

［二六］溫婉典雅。《後漢書·周榮傳》：「臣伏惟古者帝王有所號令，言必弘雅，辭必溫麗。」玉顏紅，見《河南志》。

［二七］綠珠，見《奉聖州牡丹品》。

［二八］醉西施，見《青州牡丹品》。

洗妝標韻［一］，拭妝標緻［二］。露華膏沐，九回沉［三］水。媚春逌豔，殢春氣味。笑領春風，無語徙倚［四］。蘭麝囊［五］兮旁午［六］，鬱金裙兮褻［七］積［八］。斥孫壽之妖蠱［九］，逼蘪香之豔逸［一○］。何其偉也！蓬萊窈窕［一一］，彩雲［一二］容裔［一三］。炫轉光風，晃蕩錦地。瑞彩交輝，紅霞白日。花擁仙房，香通元極。英爽莫盛於大觀［一四］，崇高莫大乎富貴［一五］。媚玉庭之靈景［一六］，置紅光於紫氣［一七］。何其異也！蕊珠顯敞［一八］玉華［一九］幽邃［二○］，彩霞飛不去［二一］，錦雲收不起［二二］。明霞紅弭，絳節勝雲，紅惹雲衣［二三］。淺霞紅積，絳雪勝羅，紅翳雲幃［二四］。錦被堆壓銀床［二五］，綴珠枝覆玉砌［二六］。著遇仙之盛事，抒劉郎之雅意［二七］。何其盛也！

【校釋】

［一］洗妝，見《奉聖州牡丹品》，非洗妝紅也。指梳洗打扮。標韻，風韻，韻致。

［二］拭妝紅，見《洛陽花木記》：「多葉紅花也。」

［三］沉，沉。

［四］猶徘徊；逡巡。《楚辭·遠遊》：「步徙倚而遙思兮，怊惝怳而乖懷。」王逸注：「彷徨東西，意愁憤也。」

［五］瑞香花的別名。明程羽文《花小名》：「瑞香曰麝囊。」《廣群芳譜·花譜二十·瑞香》：「此花名麝囊，能損花，宜另種。」

［六］亦作「旁迕」。交錯，紛繁。漢王褒《洞簫賦》：「氣旁迕以飛射兮，馳散渙以逴律。」

［七］音壁。

［八］重疊，堆積。《梁書·張緬傳》：「蘊芳華以襞積，非黨人之所媚。」唐陸龜蒙
　　　《橢李花賦》：「弱植欹危，繁梢襞積。」

［九］蠱音古。孫家黃，見《總敘牡丹譜》。

［一〇］蘸家紅，見《洛陽花木記》：「多葉紅花也。」

［一一］蓬萊紅，新花也。黃師命此名。見《青州牡丹品》。

［一二］彩雲紅，粉紅花，有托盤，見《青州牡丹品》。

［一三］風飄動貌。

［一四］大觀紫，見《總敘牡丹譜》。

［一五］富貴紅，見《洛陽花木記》：「千葉粉紅花也。」

［一六］媚玉紅，見《麗珍牡丹品》。

［一七］紅光紫，見《麗珍牡丹品》。

［一八］豁亮寬敞。漢王粲《登樓賦》：「覽斯宇之所處兮，實顯敞而寡仇。」蕊珠紅，
　　　見《麗珍牡丹品》。

［一九］玉華香，見《麗珍牡丹品》。

［二〇］幽深，深邃。

［二一］彩霞紅，見《麗珍牡丹品》。

［二二］錦雲，見《麗珍牡丹品》。

［二三］明霞紅，見《麗珍牡丹品》。勝雲紅，千葉深粉紅，極鮮明色。見《陳州牡丹
　　　品》。

［二四］淺霞紅，見《陳州牡丹品》：「千葉粉紅花。」勝羅紅，千葉，淡粉紅花，尺面
　　　大，見《陳州牡丹品》。

［二五］一作琱欄。

［二六］宋景文帥蜀以彭門，牡丹惟錦被堆為第一，見蜀志綴珠。見《青州牡丹品》。

［二七］遇仙紅，見《洛陽花木記》：「千葉紅花也。」劉郎閣，見《洛陽花木記》：「千
　　　葉淺紅花也。本出長安劉氏之閣下，因以得名花，如美人肌肉然，勻瑩溫潤。

　　　懿彼神工，巧輸元力。彌表尤功，更為光飾。添色紅兮神奇，添色黃兮尤
異［一］。壓金球兮錦皺，紫繡球兮結綺［二］。潛溪緋濡，霞漿勝潛，溪沃瓊液
［三］。九萼紅兮妖妍，九萼紫兮冶奕［四］。順聖紅兮韻勝，順聖紫兮姱麗［五］。
冠子黃列仙班，冠子紫鞞［六］雲髻［七］，勝陽紅兮艷赫［八］，安勝紫［九］兮瑰
偉［一〇］，線稜［一一］紫兮繁縟［一二］，青線稜兮綺靡［一三］，鎮山東兮標榮，

大宋川兮檀美 [一四]。間金紅紫，相高都勝，紅紫競媚 [一五]。玉千葉兮騰秀，碧千葉兮迭翠 [一六]。拂子黃撲 [一七] 鴉黃 [一八]，拂子紅拂珠穗 [一九]。合組列錦，珠堆翠積。摛章 [二〇] 縟彩 [二一]，相錯如綺。何振景拔，跡而高謝。氛埃 [二二] 照耀，芝蘭玉樹。庭階適足，悠然暢敘。幽懷周流，容與香界。亭臺醉冠，欹側 [二三] 若有。德色放情，肆意驕稗 [二四]。園隸且曰，風塵表物，表植神異。聳振聲價 [二五]，卓犖 [二六] 倫類 [二七]。錦繡 [二八] 其文，冰玉其質。掩奪 [二九] 春華 [三〇]，張皇 [三一] 化國 [三二]。耿介 [三三] 英姿，秀發其跡。榮光萬狀，芳氣四塞。花政之盛，光美之勝，未有甚於此者。混元 [三四] 蘊奧 [三五]，后土 [三六] 富媼 [三七]，不愛其道，不愛其寶，豈虛也哉。子其有以語我來。

【校釋】

[一] 添色紅，多葉紅花。始開而白，經日漸紅，至其落乃類深紅。此造化之尤巧也。見《六一居士花釋》。添色黃，多葉黃花也。無檀心既開，黃色日增，有類添色紅。故得名。見《道山居士錄》。

[二] 縣金球，千葉淺紅花也。色似間金而葉枝皺蹙，間有棱斷，續於其間，因此得名。紫繡球，千葉紫花也。甚瑩澤葉密而圓整，因得繡球之名。並見《洛陽花木記》。

[三] 潛溪緋，有皂檀心，色之殷美，眾花少與比者。出龍門山潛溪。見六一居士《花釋》。勝潛溪，見《道山居士錄》：「出上陽門外，進士張色如潛溪，易得有檀瘦，乃多葉。

[四] 九蕊紅，莖葉極高大，色粉紅。有跗九重，苞未坼時，特異於眾。比開必先青，坼數日然後變紅色。花葉多皺蹙，有類探葉紅，然多不成就。偶有成者，開頭可盈尺。九蕊紫，色微紫，未開時九瓣，瘦則七八，無蕊無檀。並見《道山居士錄》。

[五] 順聖紅，千葉淡粉紅。見《陳州牡丹品》。順聖紫，千葉紫花也。每葉上有白縷數道，白（李文田箋注本作「自」，據改）唇至萼，紫白相間，淺深不同，開頭可八九寸許。見《洛陽花木記》。

[六] 《廣韻》丁可切。躲避，隱遁。

[七] 喻盤旋的山路。唐陸龜蒙《奉和襲美茶具十詠·茶塢》：「茗地曲隈回，野行多繚繞……遙盤雲髻慢，亂簇香篝小。」冠子黃，見《海山記》。冠子紫，見《洛陽花木記》：「多葉紫花也。」

［八］赤色光耀貌。《文選·潘岳〈射雉賦〉》：「摛朱冠之艵赫，敷藻翰之陪鰓。」徐
　　　爰注：「艵赫，赤色貌。」

［九］亦名「順聖紫」，指紫色牡丹花的一種。宋·周師厚《洛陽花木記·牡丹》：
　　　「千葉紫花其別有十：雙頭紫、左紫、紫繡毬、安勝紫、大宋紫、順聖紫、陳
　　　州紫、袁家紫、婆臺紫、平頭紫。」亦省稱「順聖」。

［一〇］狀貌魁梧美好。勝陽紅，見《總序牡丹譜》。安勝紫，千葉紫花也，開頭經尺
　　　　餘。見《陳州牡丹譜》。

［一一］李文田箋注本作「棱」。

［一二］繁密茂盛。

［一三］美好，豔麗。線稜紫，見《道山居士錄》：「色紫，葉片有如線稜，其上單葉，
　　　　有蕊有淡，檀心非銀，含稜也。」青線稜，多葉紅花也。見《洛陽花木記》。

［一四］擅美。專美，特有其美。檀，通「擅」。鎮山東，見《陳州牡丹品》：「千葉淡
　　　　粉紅花也。」大宋紫，見《洛陽花木記》：「云出永寧縣。大宋川，千葉紫花也。
　　　　開頭徑尺餘，家花無比其大者。」

［一五］間金紅、間金紫，並見《總敘牡丹譜》。紅都勝，千葉淡粉。紅紫都勝，千葉
　　　　深粉紅。並見《陳州牡丹品》。

［一六］玉千葉，見《洛陽花木記》：「千葉白花，無檀心，瑩潔溫潤可愛。」碧千葉，
　　　　見《麗珍牡丹品》。

［一七］拂拭。

［一八］古時婦女塗額的化妝黃粉。

［一九］拂子黃，見《總敘牡丹譜》。拂子紅，見《洛陽花木記》：「千葉紅花也。」

［二〇］猶摛藻。南朝梁簡文帝《玄圃園講頌序》：「掮管摛章，既便娟錦縟；清談論辯，
　　　　方參差玉照。」

［二一］絢麗的色彩。

［二二］污濁之氣，塵埃。《楚辭·遠遊》：「風伯為余先驅兮，氛埃辟而清涼。」

［二三］歪倒搖晃貌。唐杜甫《瘦馬行》：「絆之欲動轉欹側，此豈有意仍騰驤。」

［二四］驕矜炫耀。《莊子·列禦寇》：「人有見宋王者，錫車十乘，以其十乘，驕稺莊
　　　　子。」郭慶藩集釋：「稺亦驕也。」

［二五］名譽身價。漢應劭《風俗通·十反·聘士彭城姜肱》：「吾以虛獲實，蘊藉聲價。
　　　　盛明之際，尚不委質，況今政在家哉！」

［二六］超絕出眾。《後漢書‧班固傳》：「卓犖乎方州，羨溢乎要荒。」李賢注：「卓犖，
　　　　殊絕也。」

［二七］指同類。

［二八］亦作「錦繡」，比喻美麗或美好的事物。

［二九］蓋過，超越。

［三○］美好年華。

［三一］彰顯，擴大。

［三二］教化施行之國。

［三三］雄武。

［三四］指天地元氣。亦指天地。三國魏阮籍《詠懷》之六九：「混元生兩儀，四象運
　　　　衡璣。」《後漢書‧班固傳》：「厥道至乎經緯乾坤，出入三光，外運混元，內
　　　　浸豪芒。」李賢注：「混元，天地之總名。」

［三五］精深。

［三六］對大地的尊稱。《左傳‧僖公十五年》：「君履后土而戴皇天。」

［三七］地神。《漢書‧禮樂志》：「后土富媼，昭明三光。」顏師古注引張晏曰：「媼，
　　　　老母稱也；坤為母，故稱媼。海內安定，富媼之功耳。」

　　園隸曰：唉，人亦有言，堅樹在始。始不固本，終易枯朽。其性得則英挺，
其氣鍾則神秀。其地平則難傾，其根深則能久僕 ［一］。得之於心，應之於手，
為全其天，使引其壽。故葉兮如雲，花兮如斗。是以聲名，盈溢 ［二］乎九。有
道者厭 ［三］歎已 ［四］而譯，曰要妙之言，有所激也。商推萬類，其義一也。有
本有末，有名有實。有榮有悴，有開有塞。曄然盛譽，藹然 ［五］休聲。必待名
實，相須而成。名其末也，去末猶榮。實其本也，舍本不生。苟賓其實，庸主
其名。賓主易位，亂是用興。是謂開塞之門，榮悴之所由也。臆說 ［六］目論 ［
七］，曾不足係 ［八］，研幾 ［九］析理 ［一○］之辭，子其證向 ［一一］之。［一二］遲
日薰芳徑，遊風扇綺僚。韶華容豔冶，飛燕語聲嬌。玉友延藍尾，花奴促綠腰。
天香結成陣，不記 ［一三］水沉消 ［一四］。

【校釋】

　　［一］附著。《詩‧大雅‧既醉》：「君子萬年，景命有僕。」毛傳：「僕，附也。」

　　［二］充裕，滿盈。

　　［三］益涉切。

[四] 李文田箋注本作「己」，據改。

[五] 溫和、和善貌。《管子・侈靡》：「藹然若夏之靜云，乃及人之體。」

[六] 只憑個人想像的說法。

[七] 目論，耳目之目字，或作自字非。比喻膚淺狹隘的見解。《文選・王巾〈頭陀寺碑文〉》：「順非辯偽者，比微言於目論。」張銑注：「比微妙之聖言於目前狹論也。」

[八] 依據。

[九] 窮究精微之理。

[一〇] 剖析事理。三國魏嵇康《琴賦》：「非至精者不能與之析理也。」

[一一] 證明。《莊子・秋水》：「證向今故，故遙而不悶，掇而不跂，知時無止。」郭象注：「向，明也。」

[一二] 李文田箋注本有「歌曰」二字。

[一三] 李文田箋注本作「說」。

[一四] 藍尾本曰婪尾，綠腰本名綠要。

瓊林園賦並序

　　瓊林園者，金海陵庶人之所營也，嘗燕 [一] 群臣於此。悵其規模迫狹，遂廣燕城，展遼大內增建宮室，仍起廣樂園於寶昌之西。余遊歷燕都，因與夫鉤盾 [二]，按行遺址，異其絕古今之制度，披覽圖籍，知其盡人神之壯麗，意不翅 [三] 加萬於章華 [四]，什百於阿房。及繹史氏詳其庶人本末，核 [五] 諸事蹟，可謂悉備。然前朝耆舊，靡不毛舉其所遺也，神動所閱，心隱所聞，不得 [六] 以無言，故引筆為賦，詞曰：

【校釋】

[一] 通「宴」。宴飲，宴請。

[二] 人名。

[三] 通「啻」。但，僅，止。

[四] 即章華臺。漢荀悅《漢紀・武帝紀一》：「楚靈王起章華之臺而楚人散。」晉葛洪《抱朴子・君道》：「鑒章華之召災，悟阿房之速禍。」

[五] 《廣韻》下革切。查驗；核實。《文選・張衡〈西京賦〉》：「化俗之本，有與推移。何以核諸？」薛綜注：「核，驗也。」

[六] 李文田箋注本作「能」。

　　探元［一］符，撼乾樞［二］，剽靈圖，展帝容。驕氣憑陵［三］而威靈折衝［四］，援湯引武［五］，絜大比崇。命相乎宸居［六］，光宅乎天衷［七］。度邑四方之極，定鼎［八］輿地［九］之中。［一〇］拓［一一］層城［一二］之萬雉［一三］，體［一四］積陽［一五］之九重。控八紘［一六］之要會［一七］，擁百萬之提封［一八］。宣全燕之形勝［一九］，壯帝宅之恢雄。

【校釋】

　　［一］探求玄理。元，同「玄」。

　　［二］猶乾軸。南朝宋謝莊《迎神歌》：「地紐謐，乾樞回。」唐元稹《苦雨》詩：「煌煌啟閶闔，軋軋掉乾樞。」

　　［三］侵犯；欺侮。《左傳・襄公二十五年》：「今陳忘周之大德，蔑我大惠，棄我姻親，介恃楚眾，以憑陵我敝邑。」

　　［四］交涉；談判。宋蘇洵《送石昌言為北使行》：「丈夫生不為將，得為使，折衝口舌之間，足矣。」

　　［五］湯武：指商湯和周武王。

　　［六］帝王居住之所。《文選・任昉〈王文憲集序〉》：「是以宸居膺列宿之表，圖緯著王佐之符。」劉良注：「宸居，天子宮也。」

　　［七］皇帝的心意。元耶律楚材《和謝昭先韻》：「小子區區何所祝，但願天衷俞奏鸎。」

　　［八］舊傳禹鑄九鼎，以象九州島，歷商至周，作為傳國重器，置於國都。因稱定立國都為「定鼎」。

　　［九］《易・說卦》：「坤為地……為大輿。」後遂以「輿地」指大地；土地。

　［一〇］海陵改燕京為中都。詔曰：「顧此析津之分野，時惟輿地之正中。」

　［一一］開拓。

　［一二］指京師；王宮。

　［一三］指王宮之大。

　［一四］這裡指區分，分開。

　［一五］指陽光；太陽。漢應瑒《百一詩》之二：「室廣致凝陰，臺高來積陽。」

　［一六］八方極遠之地。《淮南子・墜形訓》：「九州島之外，乃有八殥……八殥之外，而有八紘，亦方千里。」高誘注：「紘，維也。維落天地而為之表，故曰紘也。」

　［一七］通都要道。《資治通鑒・後唐明宗天成元年》：「大梁，天下之要會也。」

　［一八］猶版圖，疆域。海陵廣燕城營建宮室，詔曰：「眷惟全燕，實為要會。」

　［一九］謂地理位置優越，地勢險要。

名山會乾 [一] 而環北，靈海朝巽 [二] 而從東。蒼龍 [三] 臥護以懷抱，橫陳 [四] 迭翠於遙空 [五]。鍾神秀 [六] 於天府 [七] 扼天險於居庸。乃翳翔鸞 [八] 跨神龍，[九] 陵倒景 [一〇] 蔽鴻蒙 [一一]。森羅 [一二] 移乎地軸 [一三]，幻化出乎人工。玉泉是導，金水是通。[一四]。渤湧 [一五] 太液，匯浸芙蓉。十洲繡簇，方丈瀛蓬。[一六] 瓊林璀璨，玉蕊蘢蓯。建木森烈，瑞葉青蔥。[一七] 珠枝玉果，瑤花碧草。珍禽奇獸，奇薄珍叢。良難殫 [一八] 記，謇 [一九] 不可得而窮也。

【校釋】

[一] 指陽面。

[二] 指東南方。

[三] 泛指宮闕。

[四] 雜陳，橫列。

[五] 遙遠的天空。

[六] 神奇峻秀。

[七] 這裡指宮殿，《史記》蘇秦說文侯曰：「燕所謂天府也。」（史記蘇秦說燕文侯所謂天府也）

[八] 飛鸞。晉孫綽《遊天台山賦》：「覿翔鸞之裔裔，聽鳴鳳之嗈嗈。」

[九] 翔鸞位，神龍位，皆遼之大內瑤池位也。

[一〇] 即倒影。

[一一] 這裡指天空。

[一二] 紛然羅列。

[一三] 泛指大地。

[一四] 此兩句是賓語前置。

[一五] 漲潮。《文選・木華〈海賦〉》：「枝岐潭淪，渤蕩成汜。」

[一六] 後改瑤池位曰太液池。又有芙蓉池，有十洲三島，非北宮之太液池三島也。

[一七] 海陵營建宮室，園苑多取仙都城闕。宮殿池島之號，凡花木之可珍者，易以琪樹珠樹建木，瑞葉，瓊蘢、瑤草、朱英、紫脫之名。

[一八] 盡，竭盡。

[一九] 助詞。多用於句首。《楚辭・離騷》：「謇吾法夫前修兮，非世俗之所服。」

綿聯翠苑，韜映金墉 [一] 樓闕崟峩，殿閣穹隆 [二]。玉梯突兀，晝似長雲。輦路蔓延，類 [三] 若垂虹。[四] 虹橋絡漢 [五]，隆道 [六] 盤空。下臨無地，勢

出蒼穹。藹天香之帟幕 [七]，蔭桂影之房櫳 [八]。抗促調 [九] 則秋淒，播雅奏則春融。滌暑無夏，辟寒無冬。凜 [一〇] 祝融於冰臺，暍 [一一] 元英於華峰。儲陰蓄陽，神其帝力。冀主造化，使天無功。登明月，御清風。[一二] 延 [一三] 羽客 [一四]，列金童。寶炬燦其星繁，香霧爛其霞烘。訪乘雲於姑射，諮問道於崆峒 [一五]。期固九鼎於靈根 [一六]，主眾妙 [一七] 之真宗 [一八]。抱駐景 [一九] 之神方，繼御氣之元蹤。庶委質 [二〇] 於金母 [二一]，而從事於壺翁。保後天之遐算 [二二]，延曆運 [二三] 之所鍾 [二四]。

【校釋】

[一] 猶金城。堅固的城牆。晉潘岳《西征賦》：「金墉鬱其萬雉，峻崿峭以繩直。」

[二] 高大貌。

[三] 謂水向下流。這裡指水流下的樣子。

[四] 端明閣，飛梁輦路，直抵第三層。

[五] 應為「絡幕」，張羅覆蓋貌。《後漢書・馬融傳》：「繒碁飛流，纖羅絡幕。」李賢注：「絡幕，張羅貌也。幕與幕通。」

[六] 閣道，由石級組成的山道。

[七] 帳幕。

[八] 窗櫺。《漢書・外戚傳下・孝成班倢伃》：「廣室陰兮帷幄暗，房櫳虛兮風泠泠。」顏師古注：「櫳，疏檻也。」

[九] 節奏急促的曲調。

[一〇] 寒冷。

[一一] 暑熱；熱。

[一二] 明月、清風二殿，在翔鸞位南，神龍位北，常為祈醮所。

[一三] 招覽。

[一四] 指神仙或方士。北周庾信《邛竹杖賦》：「和輪人之不重，待羽客以相貽。」倪璠注：「羽客，羽人。《山海經》有羽人之國，不死之民。」

[一五] 姑射、崆峒，皆山名。

[一六] 魏伯陽云：「九鼎謂丹砂之精。」

[一七] 借指道教。

[一八] 這裡指道教所持的真正宗旨。

[一九] 猶駐顏。唐李商隱《碧城》詩之三：「檢與神方教駐景，收將鳳紙寫相思。」馮浩箋注：「《說文》：『景，光也。』駐景，猶駐顏之意，謂得神方使容顏光澤

不易老也。」

[二〇] 這裡指向金母獻禮，表示獻身。

[二一] 古神話傳說中的女神。俗稱西王母。南朝梁陶弘景《真誥·甄命授》：「昔漢
　　　 初，有四五小兒路上畫地戲。一兒歌曰：『著青帬，入天門，揖金母，拜木
　　　 公。』……所謂金母者，西王母也。」

[二二] 亦作「遐算」，深謀遠慮，高明之謀略。

[二三] 天象運行所顯示的一個朝代的氣數、命運。古代認為朝代的興衰更迭與天象運
　　　 行相應。

[二四] 這裡應做「終」。

　　偷安宸極 [一]，竊號天公。愒 [二] 自是之荒惑，矜超絕乎凡庸。奄 [三] 萬
象為已有，置六合 [四] 於牢籠。垂拱 [五] 驕唐虞 [六]，高枕 [七] 傲羲農 [八]。
紛豪華之駘蕩 [九]，示湛恩 [一〇] 之龐鴻 [一一]。傾海以為酒，並山以為饗 [一
二]。鳳吹擾鸞 [一三]，迭鼓 [一四] 揭華鐘 [一五]。白雨催花，金蓮布月。龍膏 [
一六] 繼晷 [一七]，樂事未終。玉彎玲瓏，翠蓋葳蕤。仙音雜沓 [一八]，紫霞淋
漓。臨素娥 [一九] 之庭院，歷玉女之窗扉。紅雲洞鎖長春，花雨暗夫香霏 [二
〇]。張 [二一] 以鈞天之廣樂 [二二]，燭以日月之光輝。虎豹守護其天門，龍蛇
飛動乎旌旗。

【校釋】

　[一] 這裡借指帝王。

　[二] 心亂。《漢書·息夫躬傳》：「涕泣流兮萑蘭，心結愒兮傷肝。」顏師古注：「結
　　　 愒，亂也。

　[三] 覆蓋。《詩·魯頌·閟宮》：「奄有下國，俾民稼穡。」鄭玄箋：「奄猶覆也。」

　[四] 這裡指天下。

　[五] 垂衣拱手。謂不親理事務。《書·武成》：「惇信明義，崇德報功，垂拱而天下
　　　 治。」孔穎達疏：「謂所任得人，人皆稱職，手無所營，下垂其拱。」這裡指
　　　 稱頌帝王無為而治。

　[六] 這裡指太平盛世。

　[七] 指無憂無慮。

　[八] 與上文同。

　[九] 無所侷限、拘束。

[一〇] 深恩。《文選‧司馬相如〈封禪文〉》：「故軌跡夷易，易遵也；湛恩厖鴻，易豐也。」李善注：「湛，深也。」

[一一] 指浩大。

[一二] 這裡指美食。

[一三] 歌鶯鳥鳴唱。

[一四] 同「鼓」。

[一五] 刻有文飾的鐘。

[一六] 這裡指蠟燭。

[一七] 指上燈之時。

[一八] 紛雜繁多貌。

[一九] 本是嫦娥的別稱，這裡指穿著白衣的美人。

[二〇] 香霏亭在仙音長春院內。

[二一] 指操琴彈奏。

[二二] 指天上的音樂。

　　回晚 [一] 廣道 [二]，東顧總期。庫 [三] 臨芳而陋景，徽俾宏模廓。[四] 度紫宸 [五] 之庭闈 [六]，黃道 [七] 洞達乎天街。銀河旁繞乎金堤，結合歡於鉤陳 [八]，營長生於太微 [九]。通明起乎中央，蕊珠延其西陲。擴叢霄 [一〇] 為凌雲，表閶闔 [一一] 為端儀。[一二] 亮仰法帝居，元圃清都。猶謂迫脅不足以壯萬世之宏規。詔班爾，勅工倕 [一三]。曰匪恢 [一四] 皇儀，罔震天威。可盡人神之壯麗，當蔵 [一五] 能事之瑰奇。遂儷 [一六] 廣樂之園，就卜寶昌之西。繚 [一七] 以紫微 [一八] 之垣 [一九]，屬乎碧城之基。冠丹丘 [二〇] 之巔，枕絳河之湄。

【校釋】

[一] 看。

[二] 正道；大道。

[三] 兩旁高而中間低的屋舍。《說文‧廣部》：「庫，中伏舍。」段玉裁注：「謂高其兩旁而中低伏之舍也。」

[四] 疑有脫字。

[五] 泛指宮廷。

[六] 內舍。《文選‧束晳〈補亡〉詩》：「眷戀庭闈，心不遑安。」李善注：「庭闈，親之所居。」

[七] 帝王出遊時所走的道路。唐李白《上之回》詩：「萬乘出黃道，千騎揚彩虹。」
王琦注：「蕭士贇曰：《前漢・天文志》：日有中道。中道者，黃道也。日，君
象，故天子所行之道亦曰黃道。」

[八] 指後宮。《文選・班固〈西都賦〉》：「周以鉤陳之位，衛以嚴更之署。」李善注
引《樂葉圖》：「鉤陳，後宮也。」

[九] 用指朝廷或帝皇之居。

[一〇] 猶九霄。

[一一] 傳說中的天門。這裡指宮門。

[一二] 按：海陵初起都宮圖，後世宗廟多易其殿閣池館名額，存其舊名者十無一二。

[一三] 倕，古巧匠名。相傳堯時被召，主理百工，故稱工倕。《莊子・達生》：「工倕
旋而蓋規矩，指與物化，而不可以心稽。」陸德明釋文：「工倕，堯工，巧人
也。」

[一四] 擴大；弘揚。

[一五] 完成；解決。《左傳・文公十七年》：「十四年，七月，寡君又朝，以蕆陳事。」
楊伯峻注：「蕆陳事者，完成陳國從服於晉之工作也。」

[一六] 比；相配。

[一七] 纏繞；圍繞。《禮記・玉藻》：「大夫大帶四寸。雜帶，君朱綠，大夫玄華，士
緇辟，二寸。再繚四寸。」孫希旦集解：「繚，繞也。」

[一八] 指帝王宮殿。

[一九] 指牆。

[二〇] 傳說中神仙所居之地。這裡指皇帝居住之地。

寶臺鑿 [一] 崖，昆閬 [二] 崔巍。右環翠水，左帶瑤池。九龍蟠霓 [三] 據
中天而崛起。五鳳偃蹇 [四]，摶積風而忘飛。十二玉樓兮駢羅 [五]，三千花界
兮低迷。嶈嶈 [六] 焉，煌煌 [七] 焉，信彼都會之勝概 [八] 也。景落天外，晃
[九] 銀海也。聲華 [一〇] 曠代 [一一]，何光大也。窮奇極泰，籲可駴也。使鬼
為之則勞神矣，使人為之亦苦人矣。締嗟構怨 [一二]，跆 [一三] 籍 [一四] 秦矣。
絕天流毒，足失民矣。雖智足拒諫，辯足飾非。萬姓仇汝，汝將疇依。惟狂
罔念 [一五]，人心惟危。章華 [一六] 就而荊人解散，阿房 [一七] 起而秦眾乖離
[一八]。是以聖哲 [一九] 克勤克儉，無偏無頗。唯居其實，不居其華。以百姓
為心，以四海為家。豈縱無厭之欲，匪有生之用，佐燕安 [二〇] 酖毒 [二一]
之雄誇 [二二] 者哉 [二三]。

【校釋】

〔一〕堅固。

〔二〕指崑崙山上的閬苑，傳說中神仙所居之地。這裡指瓊林園。

〔三〕「蝀」同「蝃」，虹。蝃蝀，即彩虹。

〔四〕高聳貌。《楚辭·離騷》：「望瑤臺之偃蹇兮，見有娀之佚女。」王逸注：「偃蹇，高貌。」

〔五〕駢比羅。

〔六〕高貌。《正字通·山部》：「嶈，高貌。崔琰《述初賦》：『倚高閎以周昐，觀秦門之嶈嶈。』古借將，音義同。」

〔七〕明亮輝耀貌；光彩奪目貌。《詩·陳風·東門之楊》：「昏以為期，明星煌煌。」朱熹集傳：「煌煌，大明貌。」

〔八〕即勝概，美景；美好的境界。

〔九〕明亮。

〔一〇〕猶言聲譽榮耀。

〔一一〕空前；絕代。

〔一二〕結怨。

〔一三〕音臺。

〔一四〕猶凌越。

〔一五〕謂不思為善。

〔一六〕即章華臺。漢荀悅《漢紀·武帝紀一》：「楚靈王起章華之臺而楚人散。」

〔一七〕指阿房宮。

〔一八〕背離。

〔一九〕指超人的道德才智。亦指具有這種道德才智的人。這裡指稱帝王。

〔二〇〕安寧太平，引申為逸樂。

〔二一〕毒酒。《左傳·閔公元年》：「宴安酖毒，不可懷也。」孔穎達疏：「宴安自逸，若酖毒之藥，不可懷戀也。」

〔二二〕猶言誇誇其談。

〔二三〕海陵實錄：宮殿之飾多偏用金傅，然後間以五采。金屑飛空，如落雪。凡一殿之費，以鉅萬計。往往成而復毀，務極華麗。國力困弊，曾不少恤惜。

沉而籌略〔一〕，溺而機智。劣功優過，絕仁棄義。敢推貫日月之誠，而陰蘊滔天之勢。飾鹵莽〔二〕之狙詐〔三〕，與操懿之狐媚〔四〕。辟而忠鯁〔五〕，昵

而私阿 [六]。法嚴而峻，令煩而苛。厭飽人以道德，惡醉時以醇和 [七]。煽虐焰 [八] 於毒燎 [九]，布禁網以誣羅。斂怨為德，實維伊何？滄海橫流，黔黎 [一〇] 墊波 [一一] 遊童 [一二] 牧豎 [一三]，彼且奚知？而遞賡迭，和五噫之。歌曰：神彼帝京之宏麗兮，噫！壯九重而造天兮，噫！極鬼工之淫業兮，噫！殫九有之膏腴兮，噫！猛苛政如怒虎兮，噫！敢暴殄天物 [一四]，竊玩神器。計大帝之錫金策 [一五]，猶醉繆公之時，醉廉政純麗，甄時隆替 [一六]。審九域之安危，實一人之所係。移風易俗，舛純駁粹 [一七]。恬於剝亂 [一八]，逸於乖蠢 [一九]。振顛沛 [二〇] 之策，御怨諮 [二一] 之氣。猶指天之有日，寧恤志士之流議 [二二] 也耶。擬投策而斷江，[二三] 將憑怒而傾地。衒 [二四] 雄斷 [二五] 以英略 [二六]，愈亦為之兒戲。饕 [二七] 無上之大名，規 [二八] 尊勢之厚利。務隆振 [二九] 乎皇綱 [三〇]，忍紛擾 [三一] 乎人紀。

【校釋】

[一] 謀略。

[二] 粗疏；魯莽。鹵，通「魯」。

[三] 狡猾奸詐。

[四] 謂以陰柔手段迷惑人。

[五] 忠誠耿直。

[六] 偏愛；曲意庇護。

[七] 純正平和。

[八] 殘暴的氣焰。

[九] 烈火。

[一〇] 黔首黎民，指百姓。

[一一] 指身陷於苦難之中。

[一二] 嬉遊的小孩。

[一三] 牧奴；牧童。

[一四] 任意糟蹋東西。

[一五] 古代記載大事或帝王詔命的連編金簡。

[一六] 盛衰；興廢。

[一七] 「舛」、「駁」同義，違背。

[一八] 擾亂；離亂。

[一九] 分離。

［二〇］顛簸搖盪。

［二一］怨恨嗟歎。《書·君牙》:「夏暑雨,小民惟曰怨諮。」

［二二］猶餘論。《漢書·東方朔傳》:「虛心定志,欲聞流議者,三年於茲矣。」顏師
　　　　古注:「流,末流也,猶言餘論也。」

［二三］海陵臨維楊詩有「鞭梢點盡長江水,不到吳山誓不歸」之句。

［二四］炫耀,自誇;賣弄。

［二五］英明的決斷。

［二六］英明的謀略。

［二七］極貪婪。

［二八］通「窺」,窺察。

［二九］大振。

［三〇］朝廷的綱紀。

［三一］動亂;混亂;紛亂騷擾。

　　好還 ［一］ 者,必然 ［二］ 之天道;代謝 ［三］ 者,自然之物理 ［四］。大定 ［五］
之更,維揚 ［六］ 之變,詎不出乎不意。嗟乎,誇者殉權,貪者殉利。同歸殊塗,
萬古一致。奈何創巨 ［七］ 不恤,神羞 ［八］ 天恚 ［九］。陸梁 ［一〇］ 不顧,鬼責物
累 ［一一］。務奮迅龍,飛振矜虎。視縱其驕,蹇逞其惑。志忘檢身之格言,失
子受之奧旨。致狼狽於剛愎 ［一二］,速梟獍 ［一三］ 以橫恣 ［一四］。積非成虐,積
是為治。世殊事變,人道不思。忽 ［一五］ 明君之御民,若乘奔而無轡。忘天下
之歸仁,由一日之克己。為釋己之所有,庸經彼之所以。獨夫之號,庶人之貶,
不為過矣。

【校釋】

　［一］謂極易得到報應。

　［二］明白。

　［三］新舊更迭,交替。

　［四］事物的道理、規律。

　［五］地名。

　［六］地名。

　［七］創傷深重。

　［八］使神羞辱。

　　[九] 使天憤怒。

[一〇] 囂張，猖獗。

[一一]《莊子・天道》：「故知天樂者，無天怨，無人非，無物累，無鬼責。」

[一二] 倔強固執。《左傳・宣公十二年》：「其佐先縠，剛愎不仁，未肯用命。」

[一三] 舊說梟為惡鳥，生而食母；獍為惡獸，生而食父。

[一四] 專橫放肆。

[一五] 輕視。

獨醉園賦

　　蓮社 [一] 上游，獨醉癡仙。馳聲 [二] 榮路 [三]，棲心 [四] 化元 [五]。務雍雍以延聖，尤孜孜於進賢。諶 [六] 既醉於大道，殊洶酌以微言。粵 [七] 饗道者，本乎忘情，而沉世者，利乎適意。適其意而沖其氣者，無捷於春酒 [八]。忘其情而凝其神者，莫優於濃醉。八珍 [九] 紛以駢羅 [一〇]，八音 [一一] 縱其迭遞。合歡伯 [一二] 之淳德，俱淡乎其無味。味養老之靈液，沃玄心之精一。一萬事於微塵，澹存亡於自得。純純焉而優入聖國，熙熙然而徑登春臺。輸江山於醉眼，擡嘯歌 [一三] 之吟懷。南睇天津，北眺蓬萊。芳煙澹佇 [一四]，惠風徘徊。徵杯命杓，羅罇列罍。汲引琬液 [一五]，掀撥玉醅 [一六]。澆我胸中之磈磊 [一七]，滌我渴心之塵埃。既主百福之所會，寧俟一日之不齋。顏色憔悴足可惜，形容枯槁奚自哀。溺醉沉欲，鬻醒市名 [一八]。各奇所趣，得無相輕。泥古人之糟粕，外物徹之疏明。感偏枯之去就，惜 [一九] 養恬 [二〇] 之精誠。唯有道者襟期 [二一]，殊在悠然獨酌。半醉半醒，地偏心遠。孤唱無和，茫然不覺。壯懷暗驚，賴其尤物。容寄幽情，得遊其道，乃遂其生。疏淪 [二二] 乎其慮，澡雪 [二三] 乎其神。神守其全，天守其真。邪氣不之能襲，憂患不之能入。隘靈均 [二四] 之凝滯 [二五]，懿無功 [二六] 之淳寂 [二七]。蹈詠 [二八] 漁父 [二九] 之名歌，吟頌大人 [三〇] 之至德。

【校釋】

　　[一] 佛教淨土宗最初的結社。晉代廬山東林寺高僧慧遠，與僧俗十八賢結社念佛，因寺池有白蓮，故稱。

　　[二] 謂聲譽遠播。

　　[三] 指仕途。

　　[四] 猶寄心。

［五］指造化。

［六］相信。

［七］助詞。用於句首。表示審慎的語氣。

［八］冬釀春熟之酒；亦稱春釀秋冬始熟之酒。《詩・豳風・七月》：「為此春酒，以
　　介眉壽。」毛傳：「春酒，凍醪也。」

［九］泛指珍饈美味。

［一〇］駢比羅列。

［一一］泛指音樂。

［一二］酒的別名。漢焦贛《易林・坎之兌》：「酒為歡伯，除憂來樂。」唐陸龜蒙《對
　　　酒》詩：「後代稱歡伯，前賢號聖人。」

［一三］長嘯歌吟。

［一四］和舒；蕩漾。

［一五］指美酒。

［一六］美酒。

［一七］壘積不平的石塊。因以喻鬱結在胸中的不平之氣。

［一八］求取名聲。

［一九］心亂。

［二〇］培養恬靜寡欲的思想；過恬靜的生活。

［二一］襟懷、志趣。

［二二］疏濬，疏通。

［二三］洗滌使之清潔；洗滌。

［二四］指屈原。

［二五］猶困阻。

［二六］指唐代王績。

［二七］質樸寧靜。王無功《醉鄉記》云：「醉鄉氏之俗，豈古華胥氏之國乎？何其淳
　　　寂也如是。」

［二八］舞蹈和吟唱。

［二九］即《楚辭・漁父》。

［三〇］即司馬相如的《大人賦》。

　　蹴破［一］虛空，藕晉竟逃。至於禪窟［二］，神遊八表。李白豈謫除乎仙籍，
曷妨醉墨［三］，顛倒淋浪。任聖友［四］之真率，恣野人［五］之清狂。標仙居之

勝概，主長春 [六] 之煙光。遊赫胥氏之國，典無何有之鄉 [七]。王道蕩蕩，聖德洋洋。縱心乎浩然，寄傲乎羲皇。淳風導化，和氣呈祥。天香 [八] 藹藹，鳳鳴鏘鏘。伊曲生 [九] 之風味，殆不可以相忘。融一壺之春色，斟五雲之仙漿。瓊蘇 [一〇] 積其清潤，金波注其澄光。漲蒲桃 [一一] 之鴨綠，漬薔薇之鵝黃。捧合歡之金掌，即懸玉之華堂。抱清聖之所務，嗜至樂其何長。召風姨 [一二] 以度曲 [一三]，邀月姊 [一四] 以佐觴 [一五]。播承雲 [一六] 之雅奏，掬湛露 [一七] 於凝香。不知手之舞之，足之蹈之。踴之躍 [一八] 之，又從而歌之也。歌曰：至人披露 [一九]，天地心兮。形骸放浪，空古今兮。威鳳傾冠，聆玉音兮。擁鼻 [二〇] 長吟，梁甫吟 [二一] 兮。歌聲未竟，泉湧風結。白浪摧卷，紫霞漿竭。續稱歌曰：碧雲日暮，佳人信邁。殊未來兮，綿綿增慕。咀冰嚼雪，共此杯兮。歌闋引觴，塊然 [二二] 徑醉。毀之不怒，譽之不喜。俟欲醒而復酌，期必醉而方睡。祈天長與地久，使循環而無已。

【校釋】

　　[一] 猶撞破。揭穿，識破。

　　[二] 即禪師窟。

　　[三] 謂醉中所作的詩畫。

　　[四] 愚號酒為聖友。

　　[五] 酒名，有野人春。

　　[六] 仙酒名。

　　[七] 唐盧僎《奉和李令扈從溫泉宮賜遊驪山韋侍郎別業》：「鄉入無何有，時還上古初。」宋蘇軾《和擬古》之一：「問我何處來，我來無何有。」

　　[八] 天香，鳳鳴，皆近代名酒。

　　[九] 唐鄭棨《開天傳信記》載：道士葉法善，居玄真觀，有朝客數十人來訪，解帶淹留，滿座思酒。突有一人傲睨直入，自稱曲秀才，抗聲談論，一座皆驚，良久暫起，如風旋轉。法善以為是妖魅，俟其復至，密以小劍擊之，隨手墜於階下，化為瓶榼，醲醞盈瓶。坐客大笑飲之，其味甚佳。「坐客醉而揖其瓶曰：『曲生風味，不可忘也。』」後因以「曲生」作酒的別稱。

　[一〇] 酒名。《初學記》卷二六引《南嶽夫人傳》：「夫人設王子喬瓊蘇綠酒。」

　[一一] 常綠喬木。葉對生，披針形。夏季開花，花大，白色。果實圓球形或卵形。淡綠色或淡黃色，味甜而香，可供食用。

　[一二] 古代神話傳說中的司風之神。《北堂書鈔》卷一四四引《太公金匱》：「風伯名

　　姨。」此「風姨」之所本。

［一三］製曲，作曲。

［一四］指傳說中的月中仙子、月宮嫦娥。

［一五］勸酒。清蒲松齡《聊齋誌異・丐仙》：「（麗人）前而進酒。陳曰：『不可無以佐
　　　　觴。』女乃仙仙而舞。」

［一六］傳說為黃帝樂曲。《竹書紀年》卷上：「二十一年，作《承雲》之樂。」《楚辭・
　　　　遠遊》：「張樂《咸池》奏《承雲》兮，二女御《九韶》歌。」王逸注：「《承雲》
　　　　即《雲門》，黃帝樂也。」

［一七］《詩・小雅》篇名。《左傳・文公四年》：「昔諸侯朝正於王，王宴樂之，於是乎
　　　　賦《湛露》。則天子當陽，諸侯用命也。」後因喻君主之恩澤。

［一八］跳躍。

［一九］陳述；表白。

［二〇］《晉書・謝安傳》：「安本能為洛下書生詠，有鼻疾，故其音濁，名流愛其詠而
　　　　弗能及，或手掩鼻以倣之。」後以「擁鼻吟」指用雅音曼聲吟詠。

［二一］《梁甫吟》亦作《梁父吟》，是古代用作葬歌的一支民間曲調，音調悲切淒苦。
　　　　唐王昌齡《放歌行》：「今者放歌行，以慰《梁父》愁。」

［二二］孤獨貌；獨處貌。《荀子・君道》：「塊然獨坐而天下從之如一體。」

獨醉亭賦

　　維無懷氏［一］之俗，且有鴟夷［二］，異體而同名。一味至道之腴，一含至
道之精。酌焉而不竭，注焉而不盈。是謂一死一生，而乃知交情。五柳［三］易
色，八仙效靈［四］。延致高陽之徒，與夫大人先生。濯罍［五］滌器，獻觴［六］
捧罍［七］。乞朝夕酲［八］，勉而從事。計不可得，灑掃其郊。坰澹超然而特處，
主養生之園亭［九］。挹春江之綠漲，就枕流［一〇］而濯纓［一一］。滌除元覽［一
二］，庸鏡至清。尋蹟壽域，竟拔愁城［一三］。擅自得之場，偃［一四］無何之兵。
與導淳化［一五］之源，為勒［一六］清時［一七］之銘。銘曰：臨之以武略，濟之
以文經。聖人醇其政而天下和，平既勒而銘鴟夷。頹然道者盱衡［一八］曰：伊
除憂來，樂而愈病。析酲［一九］神聖功，用民無能名。敢載緒言以醲郁［二〇］，
聊頌至德之餘馨。

【校釋】

　　［一］傳說中的上古帝王。《管子・封禪》：「昔無懷氏封泰山。」尹知章注：「（無懷

氏）古之王者，在伏羲前。」

[二] 指盛酒器。《藝文類聚》卷七二引漢揚雄《酒賦》：「鴟夷滑稽，腹如大壺，盡
　　日盛酒，人復藉酤。」

[三] 晉陶潛的別號。

[四] 顯靈。

[五] 古代的一種容器。外形或圓或方，小口，廣肩，深腹，圈足，有蓋和鼻，與壺
　　相似。用來盛酒或水。多用青銅鑄造，亦有陶製的。

[六] 盛滿酒的杯。亦泛指酒器。

[七] 小口大腹的容器。多為陶製，亦有木製者。

[八] 勉力。

[九] 唐子西號酒為養生。

[一〇] 靠近水流。

[一一] 洗濯冠纓。語本《孟子·離婁上》：「滄浪之水清兮，可以濯我纓。」後以「濯
　　　纓」比喻超脫世俗，操守高潔。

[一二] 玄覽。深察；明察。

[一三] 喻愁苦難消的心境。

[一四] 停息；使停息；止息。

[一五] 純正平和。

[一六] 編纂。

[一七] 清平之時；太平盛世。

[一八] 揚眉舉目。

[一九] 解酒，醒酒。《文選·宋玉〈風賦〉》：「清清泠泠，愈病析酲。」呂延濟注：「言
　　　風之清涼可以差病而解酒酲。」

[二〇] 濃厚馥郁。

　　頌曰：粵康粵狄，道融化成。神物尤物，難弟難兄。溥 [一] 桂華之香露，
混丹山 [二] 之鳳鳴。瓊液零珠，而玉音琅琅 [三]。金泉漱玉 [四]，而和鳴頌聲。
命從事於青州，而問津於澠。假道 [五] 乎黃壚，稅駕 [六] 乎烏程 [七]。將以沉
酣 [八] 縱適 [九]，而情傳以清白 [一〇]。怡養 [一一] 而形，遂右引螺杯 [一二]，
而左引兕觥 [一三]。感聖澤之渥沐，表天樂 [一四] 之光榮。澤畔之行吟，自非
同調。方外之酒徒，素非同心。翕 [一五] 二道之至趣，特引聖為證明。苟賢愚

是混，而神心莫澄 [一六]。豈知可崇君子之德，而當澆小人之情哉！[一七] 猶頌而德聖，道以明任。聖之和激，聖之清耽。道物之極研，天地之精當。不滯於萬物，何醉醒之足嬰。恃醒負醉，適足驕矜 [一八]。以醒為德，以醉為榮。漫與醒而非醉，妄此醉而非醒。薄 [一九] 幽人 [二〇] 之獨醉，短高人 [二一] 之獨醒。延譽 [二二] 自是 [二三] 之醉，推忠自許 [二四] 之醒。此之謂衒 [二五] 名之醉，彼之謂狗名 [二六] 之醒。醉其醉之所不醉，醒其醒之所不醒。醉其醉之醉者，不知醉之為醉。醒其醒之醒者，不以醒之為醒。醒曷足以譏醉，醉曷足以嗤醒。醒不足以知醉，醉亦不足以知醒。孰知蜾蠃之與螟蛉，心醉其利，骨醉其名。利盡而心折，殉名而骨驚。豈二豪之足慕笑獨醒，其何成獨醉道者。兀兀騰騰 [二七]，幸得全於天然。養其拙以頤情，恭命玉友 [二八]，延接 [二九] 蘭生 [三〇]。相與道遊，至德之世。無機恬悗，自然之庭。[三一]

【校釋】

[一] 露多貌。《詩·鄭風·野有蔓草》：「野有蔓草，零露漙兮。」毛傳：「漙漙然盛多也。」

[二] 古謂產鳳之山名。《呂氏春秋·本味》：「流沙之西，丹山之南，有鳳之丸，沃民所食。」

[三] 象聲詞。形容清朗、響亮的聲音。

[四] 謂泉流漱石，聲若擊玉。語本晉陸機《招隱詩》：「山溜何泠泠，飛泉漱鳴玉」。

[五] 借道。

[六] 猶解駕，停車。謂休息或歸宿。稅，通「捝」、「脫」。

[七] 古名酒產地。

[八] 飲酒盡興，酣暢。

[九] 恣意安適。

[一〇] 魏略以白酒為聖人，清酒為賢人。

[一一] 和樂。《文選·嵇康〈琴賦〉》：「若和平者聽之，則怡養悅愉，淑穆玄真。」李善注引《廣雅》：「養，樂也。」

[一二] 螺殼所作的酒杯。後亦為酒杯的美稱。

[一三] 古代酒器。腹橢圓形或方形，圈足或四足，有流和鋬。蓋一般成帶角獸頭形。盛行於商代和西周前期。後亦泛指酒器。

[一四] 猶仙樂。常借指美妙的音樂。

［一五］和合，聚合。

［一六］澄清，使清明。

［一七］《醉鄉日月》云：凡酒以色清味重者為聖，色如金而醇苦者為賢。黑色酸醶者為愚，以家醪糯釀醉人者為君子，以巷醪黍釀醉人者為小人。

［一八］驕傲自負。

［一九］少。

［二〇］幽隱之人；隱士。

［二一］超人，不同凡俗。

［二二］播揚聲譽。語出《國語・晉語七》：「使張老延君譽於四方。」

［二三］自以為是。

［二四］自誇；自我評價。

［二五］顯露。

［二六］捨身求名。狗，通「殉」。

［二七］高聳升騰。

［二八］白酒的別名。亦泛指美酒。

［二九］引見接納；接待。

［三〇］形容美酒香氣四溢。《漢書・禮樂志》：「百末旨酒布蘭生。」顏師古注引晉灼曰：「百日之末酒也，芬香布列，若蘭之生也。」

［三一］文經武略之語。《醉鄉日月》：酒徒以飲器小者曰文，大者曰武，金泉桂華露皆近代名酒。

雙溪醉隱集卷二　樂府

凱歌樂詞九首　並序

　　列聖尤宋食言棄好，皇帝命將出師問罪，奏捷獻凱，乃作南征捷等曲云。

　　昔我太祖皇帝出師問罪西域，辛巳歲夏，駐蹕鐵門關。宋主寧宗遣國信使苟夢玉通好乞和。太祖皇帝許之。敕宣差噶哈護送苟夢玉還其國。辛卯冬，我太祖皇帝南征女真，詔睿宗皇帝遣信使綽布干等使宋，宋人殺之。睿宗皇帝謂諸王大臣曰：「彼自食言棄好，輒害我使，今日之事，曲直有歸，可下令諸軍分攻城堡關隘。」由是長驅入漢中，此其伐宋之端也。

　　《寧宗實錄・第四百六十一》：都幹苟夢玉銜命使彼宋。《四朝國史列傳・第七十七・賈陟傳》：苟夢玉使北，還宋。

閬州譙慶茂所編《蜀邊事略》：紹定元年戊子，制置使鄭損與所代官四川制置使桂如淵會於順慶，使以時相所喻和議密指告之，且畀〔一〕以朝廷所授苟夢玉《使北錄》二冊。

《理宗實錄·第八十三》紹定四年辛卯，北使蘇巴爾罕來以假道合兵為辭，青野原沔州統制張宣誘蘇巴爾罕，殺之。《理宗日曆·第三百九十五》十月二十一日，沔州統制張宣誘蘇巴爾罕，使曹萬戶剿殺。《理宗日曆·第百五十一》寶慶三年丁亥正月十一日辛酉，姚犿朝辭進對，次奏通好北朝事。上曰：以我朝與北朝本無纖細，不必言和，只去通好足矣。尋食其言，敢殺信使，孰曲孰直，明矣。故詳而疏之。

【校釋】

　　〔一〕畀，給與，《爾雅·釋詁》畀，賜也。《書·洪範》不畀洪範九疇。《傳》畀，
　　　　與也。《詩·鄘風·干旄》彼姝者子，何以畀之。

南征捷

　　食言自是是誣天，遊鼎魚疑戲洞淵〔一〕。爭信有從天北極，目無江表已多年。

【校釋】

　　〔一〕《拾遺錄》：瀛洲有洞淵，廣千里。有魚，身長千丈，鼓舞戲其中。

拔武昌

　　設奇包敵縱蒙衝〔一〕，絕似飄風卷斷蓬。填得大江流不得，先聲已不見江東。

【校釋】

　　〔一〕蒙衝，即艨艟，古代戰船。三國·魏·曹操《營繕令》：「諸私家不得有艨衝
　　　　等船。」

戰蕪湖一曰戰丁洲

　　舳艫千里蔽江湖，擿挑樓船為騷〔一〕除。先直前鋒三十萬，一通嚴鼓盡為魚。

【校釋】

　　〔一〕騷，音掃，掃亦義。

下江東

　　舉國全兵失要衝，可無一策抗元戎。細推餘百年來事，合冊江神拜上公。

定三吳

奮威驍騎下三吳，神將飛馳一丈烏。視彼眾雖百千萬，黍[一]民遊動跨玄駒。

【校釋】

[一] 李文田箋注本作「黎」，據改。

克臨安

擬歌陌上行人去，猶自傳歌陌上花。花解語時應也問，即今春色媚誰家。

坡仙有《陌上花》，其序云：遊九仙山，聞里中兒歌《陌上花》。父老云吳越王妃每歲春必歸臨安。王以書遺妃曰：陌上花開，可緩緩歸矣。吳人用其語為歌，含思宛轉，聽之淒然，而詞鄙野，為易之云：陌上花開蝴蝶飛，江山猶是昔人非。遺民幾度垂垂老，游女還歌緩緩歸。陌上山花無數開，路人爭看翠軿來。若為留得堂堂去，且更從教緩緩回。

江南平

橫野萬艘金艒艦，總戎一冊玉鈐篇。長江豈限天南北，萬劫坤靈戴一天。

案：橫野，大將軍位次，與諸將絕席。

制勝樂辭

燀[一]耀威靈結陣鋒，信爭敵愾獻殊功。全師保勝清時策，元在天聲震盪中。

【校釋】

[一] 燀，音闡，盛也。李白《大鵬遇稀有鳥賦並序》「燀赫乎宇宙，憑陵乎崑崙」

聖統樂辭

幸值聖明臨御日，更逢文軌混同時。聲薰天地神功頌，潤色光天統業辭。

後凱歌詞九首

至元丙子冬，西北藩王弄邊。明年春，詔大將征之。

奇兵

一旅奇兵出禁宸，略時彈壓定驚塵。蕭條萬里無遺寇，通道天家又得人。

沙幕

金節煌煌下玉京，魚麗三十六屯兵。一軍電激穿沙幕，萬燧雲繁戰野營。

時大將北討偏師，雲繁敵於大漠。

集將 [一] 並序 [二]

《張良傳》：諸將皆與上定天下，梟將也。《漢高紀》：燕人來，致梟騎助漢。應劭曰：梟，健也。張勇曰：梟，勇也，若六博之，梟也。愚意六博得梟者勝，故以梟將命篇。

梟騎雲騰自北征，領軍梟將最馳聲。橫穿外壁風前陣，直搗中堅月下營。

【校釋】

[一] 李文田箋注本作「梟將」，據改。

[二] 詩前有序，據補。

翁科

蜂屯蠶簇亂山陀 [一]，蟻動鶉居亂草坡。露體露形千萬指，懇祈天語許降和。

【校釋】

[一] 李文田箋注本作「窩」，《廣韻》徒何切，形似碾砣的山。《玉篇》陂陀，險阻也。《爾雅·釋地注》陂陀，不平。漢·司馬相如《子虛賦》：罷池陂陀，下屬江河。元·袁桷《次韻伯宗同行至上都》：藉草各小憩，側身復登陀。

崿峇

畔敵休矜戰騎多，紛羅區落遍山坡。那知未鼓投戈地，待閱前徒競倒戈。

我軍與敵陣 [李文田箋注本作陳] 於崿峇，未鼓敵潰。投降者什五六，《馮奉世傳》：將軍有叛敵之名。注曰：不敢當敵攻戰，為畔敵也。崿峇，地名，在和林西南。

降王

控黃龍戍爭雄地，登白龍堆搏戰場。奇正相生神算在，糞除勍 [一] 敵獻降王。

【校釋】

[一] 勍，強也。《春秋傳》曰：「勍敵之人。」從力京聲。渠京切。

科爾結

初若疾雷威似虎，復如脫兔速於神。想當持節為飛將，只是如今著翅人。

我軍輕騎取敵輜重於科爾結，蓋河南地也。後周韓果北征敵人，憚其勁勇矯捷，號為著翅人。

露布

露布突馳爭逐日，雷鞭攙遞鬥追風。只自向時龍尾道，競來雲集萬寧宮。

燭龍

封略誰容限燭龍，終將天地入牢籠。雲興飆起威名將，也好先收第一功。

遺敵出奔西北大荒，唐燭龍軍之邊地也。

凱樂歌詞曲並序

《周禮·大司樂》曰：王師大獻，則令奏凱樂。《大司馬》曰：師有功則凱樂獻於社。司馬法曰：得意則凱樂凱歌，以示喜也。崔豹《古今注》引《周禮》：王大捷則令凱樂，軍大捷則令凱歌。與其所引不同，周禮無凱樂凱歌之別。然則豹之辯君臣尊卑之說，於理為得，不無所據。郭茂倩編《次樂府詩集》有晉凱歌二首，隋凱樂歌辭三首，唐凱樂歌辭四首，凱歌六首，詠其君臣殊勳異績。聖上恭行，天討北服不庭，命將問罪。南舉江表國家盛事不可不述，擬唐凱歌體，敢作凱樂凱歌云。

征不庭大駕北征也

天下英雄入彀中，得無威震折遁衝。會須六幕氛霾了，化日長明照九重。

取和林恢復皇居也

龍飛天府玉瀜春，德水清流復舊痕。自非電斷光前烈，誰得重沾雨露恩。

金大安元年，河清上下數百里。次年庚午，我太祖皇帝經略中原，易乾鑿度曰：聖人受命，瑞應先見於河，河水清，坤。靈圖曰：聖人受命，瑞必先於河，河清之徵，太祖皇帝受命之符也。德水，見《史記·唐凱樂歌辭》：千年德水清。

和林城，芯伽可汗之故地也。歲乙未，聖朝太宗皇帝城，此起萬安宮，城西北七十里，有芯伽可汗宮城遺址。城東北七十里，有唐明皇開元壬申御製御書闕特勤碑。

下龍庭㦲 [一] 定北方也

翠華一動下龍庭，生意還從一氣生。樂國得非為壽域，聖人須自有金城。

《東漢書·燕然銘》：凌高闕，下雞鹿，經磧鹵，絕大漢 [二]，蹦涿邪，跨安候，乘燕然，至龍庭。以《前後諸傳》事蹟考之，又以《出塞·三千餘里》校之，龍庭，和林西北地也。

【校釋】

[一] 㦲，《廣韻》：「勝也，克也。」

[二] 漢，應為漠。

金蓮川駕還幸所也

金蓮川上水雲間，營衛清沉探騎閒。鎮西虎旅臨青海，追北龍驤 [一] 過黑山。

子史所載黑山不一，北中黑山又多皆非子、史中所見者。

【校釋】

　　〔一〕亦作「龍襄」。昂舉騰躍貌。《漢書‧敘傳下》：「雲起龍襄，化為侯王，割有齊楚，跨制淮梁。」顏師古注：「襄，舉也。」後以泛指英勇的軍隊。《舊五代史‧唐書‧莊宗紀》：「梁有龍驤、神威、拱宸等軍，皆武勇之士也。每一人鎧仗費數十萬，裝以組繡，飾以金銀，人望而畏之。」

折木臺弄兵取敗之戰所也

　　辟易天威與勝風，一場摧折盡奇鋒。西北龍荒三萬里，並隨驅策入提封。

　　上親擊敗西北弄兵藩王於上都之北地，折木臺之西。

駐蹕山駐蹕所也

　　轅門鼓角揚邊雪，營幕旌旗掣朔風。相與河山雄帝宅，威棱尤壯受降宮。

益屯戍詔諸王益戍兵也

　　睿算籌邊勢萬全，益屯貔虎〔一〕在雄邊。東連王塞西通海，南接金山北到天。

【校釋】

　　〔一〕貔虎，泛指猛獸。比喻勇猛的將士。《後漢書‧光武帝紀贊》：「尋邑百萬，貔虎為群。」

恤降附優詔存恤降附也

　　一新汙俗浴恩波，天地間人感慨多。我澤如春民似草，聖元天子布陽和。

著國華西北諸王稱藩，繼有平南之捷也

　　四海承風著國華，更無龍虎龍虎二陣名也漫紛拏。際天所覆人問地，今日都須是一家。

後凱歌詞九首詔發諸軍有事於朔方也

戰盧朐

　　神策霆聲振九區，縱兵雷合戰盧朐。競將蔽野衝雲陣，只片時間掃地無。

區脫

　　雲屯區脫會天兵，雷動龍趨〔一〕從北平。馳驅日逐飛龍陣，夜薄花門偃

月營。

　　國朝以出征遊獵，帳幕之無輕重者，皆謂之區脫，凡軍一甲一灶亦皆謂之區脫，史傳所載區脫即此。《史記》：中間棄地，各居其邊為甌脫。韋昭曰：界上屯守處。《索隱》曰：纂文云甌脫，土穴也。又云：是地名，《前漢書》：漢得甌脫王，發人民屯甌脫以備。漢晉灼曰：甌脫王，因邊境以為官。《蘇武傳》：區脫，捕得生口。服虔曰：區脫，土室北人所作，以候漢者也。李奇曰：北人，邊境羅落守衛官也。師古曰：區與甌同，區脫本非官號，北人邊境為候望之室，若今之伏宿舍也，因其所解不同，故備錄之。以各居其邊及備漢捕生口之說明之，是邏逴〔二〕者之營幕也，審矣。

【校釋】

　　〔一〕《廣韻》趀，俗趨字。《詩・齊風》巧趨蹌兮。《釋文》趨，本亦作趀。

　　〔二〕《廣韻》丑鄭切。《增韻》廉視探伺也。通作偵。

克夷門

　　蟻擾蜂喧笈〔一〕騎過，鼓儳〔二〕爭自落長河。人人鬥說空鞍馬，不似今番數最多。

【校釋】

　　〔一〕笈，李文田箋注本作笑。

　　〔二〕《說文》：儳互，不齊也。從人毚聲。士咸切。段玉裁《說文解字住》：儳互、逗。不齊也。今人作攙和字當用此。

高闕

　　駢馳追銳翼摧鋒，梟獍〔一〕窠巢一夜空。光射鐵衣寒透徹，冷風如箭月如弓。

　　我軍掩遺敵於高闕塞境。《史記》：趙武靈王築長城，自代傍陰山下至高闕，青將六將軍軍出朔方高闕。《漢書》：衛青、李息出雲中至高闕。後漢祭肜出高闕塞，吳棠出朔方高闕，則其地也。《通典》：高闕，唐屬九原郡，九原縣西北到受降城八十里。《唐書》：今之西城，即漢之高闕塞也，北去磧石三百里。追銳、摧鋒，皆軍名也。

【校釋】

　　〔一〕梟獍，《述異記》獍之為獸，狀如虎豹而小。始生，還食其母，故曰梟獍。《韻會》通作鏡。《前漢・郊祀志注》孟康曰：梟，鳥名，食母。破鏡，獸名，食父。破鏡如貙而虎眼。

戰焉支

羽檄交馳召虎賁，期門受戰已黃昏。信剪鯨鯢﹝一﹞知有處，山川爭震盪乾坤。

馬﹝二﹞支山在張掖右，軍珍敵二大慤於此。霍去病涉﹝三﹞奴轉戰過燕支山，即此也。

【校釋】

﹝一﹞《爾雅・釋魚》鯢大者謂之鰕。《注》今鯢魚似鯰，四腳，前似獼猴後似狗，聲如小兒啼，大者長八九尺，別名鰕。《疏》鯢，雌鯨也。

﹝二﹞應為焉，據文義改。

﹝三﹞此處脫匈字，據文義補。

涿邪山

鼓譟歡山撼涿邪，飛龍侈翼掩螣蛇。露營罷繚神鋒弩，雲陣﹝一﹞猶轟霹靂車。

我軍敗敵於涿邪，余嘗有《處月說粹》，載其略於此云云。南鄰處月之郊，和林城，唐碑文也。未曉處月之為言，有問及余者，因為之說云云。處月之言磧鹵地也。《史記》：漢復使因杅將軍公孫敖出西河，與強弩都尉路博德會涿塗山。注：音邪。《前﹝二﹞書》：因杅將軍出西河，與強弩都尉會涿邪山。《後﹝三﹞書・祭彤傳》：出高闕塞九百餘里，得小山，妄言以為涿邪山。《竇憲傳》：鄧鴻與後諸軍會涿邪山。皋林溫禺犢王於涿邪山聞漢兵來，悉度漠去。班固《燕然山銘》：經磧鹵，絕大漠，踰涿邪。涿邪山者，其山在涿邪中也。涿邪後聲轉為朱邪，又聲轉為處月。按：《唐史》：沙陀，處月種也。《莊宗紀》：其先本號朱邪，後自號沙陀，而以朱邪為姓者，是也。《南部新書》：北人三十輩於大山中見一小兒，遂收而遞豢之，長求姓。眾云：人共育得大，遂以諸耶為姓。朱邪者，訛也，此說可笑。朱邪，即涿邪也。諸耶二字俱是華言，遐荒殊俗隔絕中華，焉如﹝四﹞華言以為族望處月，部居金娑山之陽，蒲類海之東，皆沙漠磧鹵地也。《西漢書注》薛瓚曰：沙土曰漢，其說得之，即今華夏猶呼沙漢為沙陀，突厥諸部遺俗至今亦呼其磧鹵為朱邪，豈可謂以諸人為父耶？朱邪初曰涿邪，後聲轉為朱邪，又聲轉為處月。今又語訛，聲轉為川如，天竺初曰身毒，後轉為捐毒，又轉為天篤，篤省文作竺。竺又轉為竹，音蠥，蠥初曰柔，然後曰蠥，蠥又曰芮。芮狄歷訛為敕勒，又訛鐵革。步搖訛為慕容，禿髮訛為吐蕃，若此之類，不可勝記，是皆從其鞮譯。及所書之人，鄉音輕重緩急而致然。爾且諸夏方言尚不能同，況中國事記外國語，元無本字，但取其音聲之近似，不可取其訓詁。訓者，釋所言之理；詁者，通其指義。所記之語，既無本字，豈有所言之理？所通指義者哉云云。曹孟德攻袁紹，為發石車。紹眾號曰霹靂車，螣蛇，陣名，見《後魏書》。飛龍，亦陣名。

【校釋】

　　［一］李文田箋注本作「陳」，義同。

　　［二］此處脫「漢」，據李文田箋注本補。

　　［三］此處脫「漢」，據李文田箋注本補。

　　［四］李文田箋注本作「知」，據改。

金滿城

　　元取北庭都護府，府境都鄙有城曰金滿城，《後漢書》云金滿城，此其西域之門戶也。

　　寄重旌分閫［一］外憂，順時驅率萬貔貅［二］。回臨金滿城邊日，奄奪蒲昌海氣秋。

【校釋】

　　［一］閫，《廣韻》苦本切，音悃。門限也。《史記‧馮唐傳》：閫以內者寡人制之。
　　　　特指城門的門檻，李延壽《南史》：送迎不越閫。

　　［二］貔貅，古書上說的一種兇猛的野獸。《禮記‧曲禮》：前有摯獸，則載貔貅。比
　　　　喻驍勇的部隊。《晉書‧熊遠傳》：命貔貅之士，鳴檄前驅。

金水道

　　旁張虎翼攙風陣，直突龍城襲雪山。遑［一］夜可偵金水道，防秋豈在玉門關。

【校釋】

　　［一］李文田箋注本作「連」，據改。

京華

　　橫車組練似春花，來自天涯與海涯。說道掃除祲氛［一］了，凱還歌奏到京華。

【校釋】

　　［一］祲，《廣韻》子心切，《說文》精氣感祥，又曰旁氣。《左傳‧昭十五年》吾見赤
　　　　黑之祲。《注》祲，妖氛也。《疏》陰陽氣相侵，漸成祥者。此處從「妖氛」義項。

德勝樂二首

　　揖讓躋龍歷，謳歌適鳳符。鑿空十萬里，攘地幾千都。

　　神斷光宏業，天威震八區。控玄［一］三百萬，自號感恩都。

【校釋】

〔一〕李文田箋注本作弦，據改。

騎吹曲辭九首

金奏

大夏王庭前納款，大秦歸義繼來降。舞鸞歌鳳音相和，未許天山數帝江。

大夏國，大秦國。皆見《漢書·王庭歸義州》見《唐書·羈縻州府》。

玉音

燕巢飛幕負恩私，遠近囂然共一辭。列聖玉音明在耳，敢〔一〕忘龍道請降時？

【校釋】

〔一〕敢，豈敢，哪敢。《玉臺新詠·古詩為焦仲卿妻作》：奉事循公姥，進止敢自專？

白霞

前騎傳聲掩白霞，後軍猶未過烏沙。勢須貴合為猿臂，相制尤當似犬牙。

白霞，在和林西。

眩雷

粗幕雲羅寒露野，羽旄星屬眩雷鄉。悔將峴望風塵眼，不為長觀日月光。

塞門

邏騎紛紛與冠〔一〕軍，遞相窺隙伺攙〔二〕昏。倚〔三〕曾延敵臨高闕，示斂疑兵突塞門。

【校釋】

〔一〕李文田箋注本作「寇」，據改。

〔二〕李文田箋注本作「殘」，據改。

〔三〕李文田箋注本作「憶」，據改。

受降山

望風降附祈為地，披露精城示所天。若非上將龍旗下，會是中軍虎帳前。

自高闕之捷，敵稍稍來附。我軍遂屯古受降城山下，其土俗曰拂雲堆者，此也。由是知其非漢公孫敖所築受降城，是唐張仁願所築。三受降城中之受降城也，因以受降名其山，即述其事云。

鳳林關

只須盡敵巡烏水，未可移屯過鳳林。切索 [一] 更虞 [二] 蜂蠆 [三] 毒，恐還爭縱虎狼心。

【校釋】

[一] 索，切記之意，《易·震卦》震索索。《疏》心不安之貌。《釋文》懼也。

[二] 虞，準備，防範。《孫子·謀攻》：以虞待不虞者。

[三] 蠆，蛇、蠍類的毒蟲的古稱。蠆盆，古代酷刑，將作弊官人跣剝乾淨，送下坑中，喂毒蛇。

司約

留犁可要教撓酒，徑路何為更契金。事豈出人明算外，慕容虛美漫薰心。[一]

北中諸國風俗，凡大盟約必以金屑和飲，其所從來遠矣。漢車騎都尉韓昌、光祿大夫張猛與呼韓邪單于為盟約，呼韓邪單于徑路契金留犁撓酒。應劭曰：徑路，北人寶刀也；留犁，飯匕也；撓，和也。契金著酒中撓攪飲之。顏師古曰：契刻，撓攪也。撓，呼高反。

【校釋】

[一]《漢書·匈奴傳下》：「昌猛與單于及大臣俱登匈奴諾水東山，刑白馬，單于以徑路刀金留犁撓酒，以老上單于所破月氏王頭為飲器，共飲血盟。」顏師古注引應劭曰：「徑路，匈奴寶刀也。金，契金也。留犁，飯匕也。撓，和也。契金著酒中，撓攪飲之。」用寶刀「徑路」、飯匕「留犁」攪酒，作血盟之飲，是漢時漢與匈奴間訂盟的一種儀式。後以「留犁撓酒」謂漢族王朝與其他少數民族統治者訂立和約。宋·王安石《次韻平甫喜唐公自契丹歸》：「留犁撓酒得戎心，繡袷通歡歲月深。」宋·秦觀《送林次中奉使契丹》詩：「留犁撓酒知胡意，尺牘貽書見漢情。」

軍容

雖許侯王復正封，養威尤可耀軍容。漁陽馬厭銀山草，雞鹿屯營鐵堝峰。

銀山，在北都護府境，土人今尚有此稱。銀山外有大磧曰銀山磧，世俗所謂鐵堝者在金山下。

後騎吹曲詞九首

吉語

交鋒接矢無虛月，按甲休兵定幾時。計日必須聞吉語，敢 [一] 先期獻凱

歌辭。

【校釋】

[一] 敢，謙詞，自言冒昧。《左傳·僖公三十三年》：寡君聞吾子將步師出於敝邑，敢犒從者。

金山

黃花堆上冷雲閒，獷[一]騎雷奔去又還。說敵自相爭粉[二]潰，回戈霆鬥過金山。

【校釋】

[一] 李文田箋注本作「獷」，據改。

[二] 李文田箋注本作「紛」，據改。

天山

耀我皇威下帝臺，靈旗真[一]傃[二]北庭開。定應六出奇寒雪，沴海[三]陰風結陣來。

【校釋】

[一] 李文田箋注本作「直」，據改。

[二] 傃：向，向著。《廣韻》：桑故切，音素。向也。蕭子雲《歲暮直廬賦》日臨圭而易落，晷中臬而南傃。《蘇軾·放鶴亭記》縱其所如，暮則傃東山而歸。

[三] 李文田箋注本作「瀚海」，李文田箋改，據以乙正。指沙漠。蒙古大沙漠的古稱。唐·陶翰《出蕭關懷古》詩：「孤城當瀚海，落日照祁連。」

處月

陳兵閼里黃蘆澱，轉戰斜車尺遮切白草堝。飛騎星馳穿處月，追亡逐北入沙陀。

我軍敗敵右部於處月，閼里嶺名，臨處月。黃蘆澱、斜車，山名，在閼里南大漠，又去斜車西南數百里。

獨樂河

貝胄星離爭射日，蜂旗雲合迴生風。雷馳霆擊相紛薄，獨樂河邊水草中。

《唐史》：獨樂河又曰獨邏河。

不周

熊羆[一]此去從無定，梟獍[二]當來自不周。清一[三]八紘[四]天意在，

已教克復了神州。

【校釋】

[一] 熊和羆。皆為猛獸。因以喻勇士或雄師勁旅。《書·牧誓》:「尚桓桓,如虎如貔,如熊如羆。」《書·康王之誥》:「則亦有熊羆之士,不二心之臣,保乂(治理;安定。《爾雅》:乂,治也。《漢書·武五子傳》:保國乂民。)王家。」唐·楊炯《唐右將軍魏哲神道碑》:「勝殘去殺,上馮宗廟之威;禁暴緝奸,下藉熊羆之用。」元·朱守諒《秋夜偶成》詩:「暫止熊羆消大暑,秋深雲合殄妖氛。」黃燮清《黃天蕩懷古》詩:「八千勁旅走熊羆,曾斷金人十萬師。」

[二] 見上文。

[三] 猶統一。《宋書·索虜傳》:「若能成功,清一可待;若不克捷,不為大傷。」

[四] 八方極遠之地。《淮南子·墜形訓》:「九州之外,乃有八殥……八殥之外,而有八紘,亦方千里。」高誘注:「紘,維也。維落天地而為之表,故曰紘也。」漢劉楨《贈徐幹》詩:「兼燭八紘內,物類無偏頗。」泛指天下。《舊唐書·崔慎由傳》:「早致萬乘歸京,以副八紘懇望。」宋范仲淹《六官賦》:「王者富有八紘,君臨萬國。」

還綈絲

長驅席捲盡連營,震攝黔雷撼北溟。虎豹騎從雲騎隊,幾臨西極到殊庭 [一]。

【校釋】

[一] 殊庭,即綈絲。

邏迤

磨崖金字崑崙頌,勒石銀書邏迤銘。且述要知方略在,聖人不戰屈人兵。

柔服

柔服 [一] 禺強 [二] 總四溟,神開寶曆 [三] 見時情。夜陪萬國升平望,蹈詠清風播頌聲。

《後漢·崔駰傳》詠太平之清風。

【校釋】

[一] 謂安撫順服者。《左傳·宣公十二年》:「伐叛,刑也。柔服,德也。」楊伯峻注:「對已服者用柔德安撫之。」晉劉琨《勸進表》:「柔服以德,伐叛以刑。」

[二] 為傳說中的海神、風神和瘟神,也作「禺疆」、「禺京」,是黃帝之孫。海神禺

強統治北海，身體象魚，但是有人的手足，乘坐雙頭龍；風神禺強據說字「玄冥」，是顓頊的大臣，形象為人面鳥身、兩耳各懸一條青蛇，腳踏兩條青蛇，支配北方。《山海經‧大荒北經》：「北海之渚中，有神，人面鳥身，珥兩青蛇，踐兩赤蛇，名曰禺強。」

〔三〕指國祚，皇位。《樂府詩集‧燕射歌辭三‧晉朝饗樂章》：「椒觴再獻，寶曆萬年。」

古戰城南

結陣背南河，指顧望城北。冠軍申號令，謂彼是勍〔一〕敵。今朝一戰在，有國與無國。但得社稷存，此命不足惜。風雲為動色，士卒為感激。奇正遽雷合，橫衝奮霆擊。雌雄勢未決，忽忽日將匿。以劍指羲和〔二〕，揮戈呼天日。天地有情時，敢乞饒一擲。貔虎〔三〕張空拳，搏戰到昏黑。忽焉如海泄，聲震裂區域。對面不辨人，何許可追襲。平明按戰所，澗壑盡平積。畢賀雪前恥，有力於王室。拜詔未央宮，哀懇辭封邑。五湖舊煙景，先師有遺跡。

【校釋】

〔一〕強也。《春秋傳》曰：「勍敵之人。」

〔二〕古代神話傳說中羲氏和和氏的並稱，駕御日車的神，此代指太陽。《後漢書‧崔駰傳》：「氛霓鬱以橫厲兮，羲和忽以潛輝。」李賢注：「羲和，日也。」

〔三〕泛指猛獸，比喻勇猛的將士。《辯命論》：「驅貔虎，奮尺劍，入紫微，升帝道。」

戰城南

自來古戰場，多在長城南，少在長城北。茫茫白骨甸〔一〕，如何直接黃龍磧？或云是從漢武開西域，耗折十萬眾，博得善馬數十匹。奮軍勢，務鏖擊，往來誰洗兵〔二〕？赤河水猶赤，終棄輪臺地。其地於中國，失之且何損？得之本無益，歷計其所得，皆不償所失，雖下哀痛詔，追悔將何及？此是萬萬古，華夏覆車轍。底事夤緣〔三〕其軌，迄李〔四〕唐競喜邊功！好天矜英哲，明皇不慮漁陽厄。萬里孤軍征碎葉，隻輪曾不返〔五〕。得無五情熱，暴殄生靈塗草莽。忍徇虛名為盛烈。君不見世間人心固結，是謂帝王真統業！君不聞四海內有美談？至元天子平江南，何曾漂杵與溺驂？聖人有金城，貴謀賤戰，不戰屈人兵。

【校釋】

〔一〕白骨甸在唐燭龍軍地，有西僧智全者，該通漢字，云古老相傳，白骨甸從漢時有此名。

　　[二] 傳說周武王出師遇雨，認為是老天洗刷兵器，後擒紂滅商，戰爭停息。事見
　　　　漢・劉向《說苑・權謀》。後遂以「洗兵」表示勝利結束戰爭。唐・劉長卿《平
　　　　蕃曲》之一：「吹角報蕃營，回軍欲洗兵。」

　　[三]《說文》：夤，敬惕也。從夕，寅聲。按，即寅之別體。因寅為借義所專，別製
　　　　此字。此處義為攀附上升，如：夤緣鑽刺（巴結奉承，投機鑽營）。

　　[四] 李文田箋注本作季，據改。

　　[五]《通鑑天寶》十年，安祿山兼領三鎮。是歲高仙芝及大食戰於怛羅斯城，敗績。

結襪子二首並序

　　《帝王世紀》曰，文王伐崇侯虎，至五鳳墟，襪係解，顧左右，無可使者，乃俯而結之。武王至商郊牧野誓眾，左仗黃鉞右秉白旄，王襪解，莫肯與王結，王乃釋旄鉞，俯而結之。《漢書》王生襪解，張釋之跪而結之。唐李白《結襪子辭》大抵言感恩之重，而以命相許也。郭茂倩編《次樂府詩集》所序如此：燕南壯士吳門豪築中置鉛魚隱刀，感君恩重許君命，泰山一擲輕鴻毛，太白《結襪子辭》也。可謂絕唱，然則高漸離專諸之任君子，不取詳味題意，紬繹 [一] 史氏感恩許命，則太公其人也，太公八十。《孔叢子》：太公八十而遇文王。諸書所載皆不同。而遇文王，武王十三年《史記》作十一年牧野之戰，太公年近九十時，諸侯兵會者車四千乘，紂之兵七十萬，太公與百夫致師，武王馳之，紂眾崩畔，是其感恩許命之效也。故作《前結襪子》，壬子歲夏聖上在，潛僕受再生之恩，自上即真 [二]，西北諸藩弄兵不已，因作《後結襪子》以寫愚懇，非敢傳諸作者，庶可示之子侄而已。

【校釋】

　　[一] 也作「抽繹」，理出頭緒。

　　[二] 李文田箋注本作「位」，據改。

前結襪子

　　五鳳聲騰白日光，牧野昏荒慘無色。精誠 [一] 感激致師人，叱吒雷霆覺天窄。

後結襪子

　　未應一吐 [二] 明月珠，便欲延光萬千 [三] 載。請吞梟獍剪鯨鯢，直蹴崑崙過西海。

【校釋】

　　[一] 一作「風雲」。

[二] 一作「只」。

[三] 一作「千萬」，據詩律，應為千萬。

前突厥三臺

騎生馬射雕兒，恰似征西小月氏。笑說漢家將野戰，得非 [一] 是我受降時。

雁門關北分降地，馬邑山南已拜 [二]。盡道漢家無顧籍，錦帆終不有回期。

【校釋】

[一] 得非，猶得無，古漢語凝固結構，莫非是，恐怕是。《魏書・郭祚傳》:「祚曰:

『高山仰止。』高祖曰:『得非景行之謂？』」

[二] 一作「拜戰旗」。

後突厥三臺

陣雲寒壓渭橋低，四野驚雷殷鼓聲。約定引還雲騎去，一時爭噴北風嘶。

突厥凡征戰惡馬噴嘶，以為將敗之徵。

貔虎揚威指顧間，先聲已碎玉門關。向來香火情何在，已說元戎逼鐵山。

婆羅門六首並序 [一]

有索賦《婆羅門辭》者，時西北諸王弄邊，余方閱《西域傳》，因為賦此。回樂峰前沙似
雪，受降城外月如霜。不知何處吹蘆管，一夜征人盡望鄉。唐《婆羅門辭》也。《樂苑》曰，婆
羅門，商調曲，開元中西涼府節度楊敬述進 [二]。《會要》曰，天寶十三載，改《婆羅門》為
《霓裳羽衣》:

熱海氣蒸為喜雨，凍城寒結就愁陰。中心甚欲期真宰，教使人知造物心。

青嶺亙如頹碧落，赤河長似浸紅霞。是天柱折天傾處，龍戰重淵尚攫拿。

雪海迤延窮地界，雪山迢遞際天涯。但為日月光臨處，終一曾偏照一家。

黃草泊圍青草甸，白楊河繞綠楊堤。依然名是參天道，誰使唯聞戰馬嘶。

弓月山風長似箭，燭龍軍火亂如星。只除盡挽天河水，可洗兵塵戰地腥。

黑水且誰為翠水，白山原自是冰山。得非煙客乘龍火，為煽洪爐到世間。

【校釋】

[一] 按：詩前有序，故補。

[二] 推薦，進獻。《史記・孫子吳起列傳》:於是忌進、孫子於威王。

上雲樂

金天老文康，平居臨神州。金丹清真仙，相將汗漫遊。同流六合棲，遲

七邱涉歷。八表盤桓十洲，鵬其化龍其變地軸。為之回其運天輪，為之平其轉日城。為其上陽宮月窟，為其清涼殿鷥鷟。是家雞狻猊，是家犬真樂。萬春為局促，待把三光更舒展。非聖不足知，天長將地遠扶桑。有時枯蒙汜，有時竭南山。有時摧鈞天，有時閟殊度。仙曲擬進帝闕，九成玄雲六變。絳雪五色成文而不亂，庶可播振芳聲騰浩劫。上天下地惟康老，畢竟孰能知歲月。玄都仙伯，太山老叟。延致異鳥，名曰稀有。一翼左覆東王公，一翼右覆西王母。得人備羽駕，故能出入遊。造化逍遙巡宇宙，感麟鳳在郊藪。至道之國常為稱，首驟來輒敢戀明，時表其老耄〔一〕，知去就擁仙。仗攜仙友襃拜聖，君奉神睨鳳簫。在前鼉鼓在後玉笙，在左錦瑟在右作天。樂獻天授，若鸞自歌。鳳自舞焚返魂香，頂玉斗健〔二〕舞起自補。天手浩歌發自談，天口仍倚鳳臺曲。鳳凰和九奏，南極老人稱。觴北斗挹酌天酒，願與九州島四海同上千萬歲壽。

　　《古今樂錄》：《上雲樂》有《鳳凰曲》、又有《鳳凰臺曲》、《和云真樂》、《萬春》、《太山老叟》，見《容齋五筆》載。五方老人祝《聖壽文》。

【校釋】

　　〔一〕李文田箋注本作耊，義同。

　　〔二〕峭拔剛健。斗，通「陡」。清沈德潛《說詩晬語》卷上：「至收結處，紆徐而來者，防其平衍，須作斗健語以止之。」

門有車馬客

　　烏鵲繞屋鳴，有客停征駟。〔一〕問客何自來，君家寄家書。攝衣起迎客，開書多苦辭。蕣花不長好，玉顏亦易衰。水行有卻流，人行無反期。置書拜謝客，豈不心懷歸。事君有明義，不得顧所私。作書附客返，路遠幸勿遺。上言重自愛，下言長相思。相思勿相怨，自古多別離。

【校釋】

　　〔一〕古代駕車的馬，在中間的叫服，在兩旁的叫駟，也叫驂。王勃《滕王閣序》：
　　　　「儼驂騑於上路，訪風景於崇阿。」

起夜來

　　是處笙歌席，一一凝塵埃。羞掩合歡帳，獨燭夜明苔。徙倚步中庭，候蟲一何〔一〕哀。滿天秋色裏，雁過黃金臺。所願隨清風，明月入君懷。中心有勞結，期以向時開。頹想就珍簟，還出繞蘭階。美人來幾時，知人起夜來。

【校釋】

〔一〕何其，多麼。《樂府詩集‧陌上桑》：使君一何愚。

採荷調並序

泛舟方湖，見其荷盤布濩〔一〕，露珠凌亂，有歌蔡蕭閒「翡翠盤高走夜光」〔二〕詠蓮樂府催酒，遂以荷杯〔三〕相屬，偶憶江從簡《採荷調》，擬賦此樂府廣題，曰：梁太尉從事中郎江從簡為《採荷調》，曰欲持荷作柱，荷弱不勝，梁欲持荷作鏡，荷暗本無光。以刺何敬容，敬容時為宰相，覽之不覺，嗟賞愛其巧麗：

荷盤承露珠，何時成夜光。荷蓋承日華，何地得清涼。雖曰是荷衣，且難作霓裳。雖曰是荷杯，長難酌酒漿。欲以荷為鈿，不可飾時妝。欲以荷為錢，不可博明璫。擬荷如寶鏡，不能照膽知肝腸。擬荷如紈扇，不能鮮潔如雪霜。其莖有輕絲，難織錦流黃。其氣有微馨，難劑水沉香。有名無實不足取，似是而非良可傷。流螢〔四〕將擬流火，烏亦與姬發呈休祥〔五〕。

【校釋】

〔一〕布濩：遍布，布散。《史記‧司馬相如列傳》：「鮮枝黃礫，蔣芧青薠，布濩閎澤，延曼太原。」《文選‧張衡〈東京賦〉》：「聲教布濩，盈溢天區。」薛綜注：「布濩，猶散被也。」

〔二〕蕭閒《樂善堂賞荷花》詞云：「胭脂膚瘦薰沉水，翡翠盤高走夜光。」《瀟南詩話》曰此句「世多稱之」，《中州樂府》和《全金元詞》載蔡松年《鷓鴣天》：「秀樾橫塘十里香，水花晚色靜年芳。胭脂雪瘦薰沉水，翡翠盤高走夜光。山黛遠，月波長，暮雲秋影蘸瀟湘。醉魂應逐凌波夢，分付西風此夜涼。」

〔三〕即荷葉杯。唐戴叔倫《南野》詩：「茶烹松火紅，酒吸荷杯綠。」

〔四〕飛行無定的螢。南朝‧齊‧謝朓《玉階怨》詩：「夕殿下珠簾，流螢飛復息。」唐‧杜牧《秋夕》詩：「紅燭秋光冷畫屏，輕羅小扇撲流螢。」

〔五〕《史記‧周本紀》載：相傳周武王伐紂，渡孟津，有白魚入王舟，有火覆蓋武王帷幕，變為赤烏飛去。後用「流火」指為王朝勃興之典。《南齊書‧祥瑞志》：「夫流火赤雀，實紀周祚，雕雲素靈，發祥漢氏，光武中興，皇符為盛，魏膺當塗之讖，晉有石瑞之文，史筆所詳，亦唯舊矣。」唐‧柳宗元《為王京兆皇帝即位禮畢賀表》：「周王謝流火之符，《魯史》愧書雲之典，食毛含齒，歡抃無窮。」《宋史‧禮志十一》：「昔者流火開祥，周發薦文王之號；黃星應運，曹丕揚魏祖之功。」休祥，吉祥。《書‧泰誓中》：「朕夢協朕卜，襲於休祥，戎商必克。」孔疏：「言我夢與卜俱合於美善。」明‧楊慎《辟雍非太學》：「太

學所以集儒林，高禖所以祈休祥。」

大道曲

春風吹繡陌，花滿帝鄉樹。絲柳嫋芳煙，細用黃金縷。分明須盡是，引蕩人心處。車馬往來塵，盡結成紅霧。樓上琵琶聲，倚歌臨大路。鄭重且 [一] 休教，放得春回去。

【校釋】

　[一] 一作「只」，從詩律拗救角度看，應從只。

玉華鹽三首並序

《樂府雜記》載：隋薛道衡《昔昔鹽》一首，又曰《析析鹽》，唐趙嘏廣《昔昔鹽》為二十章，《樂苑》以為羽調曲，《樂府詩集》又有無名氏《昔昔鹽》一首。《朝野僉》載：龍朔已來人唱歌名《突厥鹽》。《容齋》：載元怪錄篷筱三娘工唱《阿鵲鹽》，又《黃帝鹽》《白鴿鹽》《神雀鹽》《滿座鹽》《歸國鹽》。《唐詩》媚賴吳娘唱是鹽，更奏新聲《刮骨鹽》，然則歌詩謂之鹽者，如吟行曲引之類也，因獨醉園對雪，作《玉華鹽》三曲云：

玉華仙詠玉華鹽，愛玉華鹽分外甜。但是梨花春在處，不消重設卻寒簾。

梨花春，見吉甫詩「長恒沽此酒」，樂天詩「青旗沽酒趁梨花」。時俗號為梨花春，吉甫詩中所載非樂天所詠梨花春也。

玉妃隱映水精簾，相與天花舞畫簷。玉潔冰清誠可愛，不因仍更有人嫌。

韓昌黎《雪詩》：白帝盛羽衛，從以萬玉妃。

瑞雪香融注玉蟾，羨誰家醉卷珠簾。風流柳絮因風起，只謝娘宜唱是鹽。

白霫 [一] 有雪香酒。玉蟾，盞名，見《逢原記》。

【校釋】

　[一] 白霫，我國古代北方少數民族。鐵勒十五部之一。《舊唐書・北狄傳・鐵勒》：
　　　「鐵勒，本匈奴別種。自突厥強盛，鐵勒諸郡分散，眾漸寡弱。至武德初，有
　　　薛延陀……白霫等，散在磧北。」

沐浴子

濯纓與濯足，應欲任其真。沐芳及浴蘭，應務潔其身。難洗耳中事，易洗心上塵。世間原自有，常是洗心人 [一]。

【校釋】

　[一] 一作「只當憐洗耳，不似洗心人。」

築城曲

一行杵後一行錐，只是嫌虛恨役遲。誰謂築城堅不得，堅城豈在隱金椎 [一]。

【校釋】

[一] 鐵鑄的捶擊具。《莊子·外物》:「儒以金椎控其頤。」

五言古詩

古意

黃鵠 [一] 巢高林，黿鼉穴深淵。且各得棲宿，人獨胡不去聲然。釋耕於壟上，妻子耘其前。人笑苦畎畝，何以遺子孫。聊以一二答，不可求備論 [二]。人皆遺以危，我獨遺以安。春風吹布袖，雲滿鹿門山。

【校釋】

[一] 一作「鴻鵠」。

[二] 《集韻》《韻會》《正韻》並盧昆切，音侖。平聲《說文》議也。《廣韻》說也。《周禮·春官·大司樂·賈疏》直言曰論，答難曰語。論者，語中之別，與言不同。又《論語·序解正義》論者，綸也，輪也，理也，次也，撰也。以此書可經綸世務，故曰綸，圓轉無窮故曰輪，蘊含萬理故曰理，篇章有序故曰次，群賢集定故曰撰。

遊仙

絳節擁紅雲，鳳吹隨鸞扇。遊歷萬華宮，轉宴諸仙殿。金母願接歡，玉真求識面。為我問一作謝時人，誰曾是媒援 [一]。高蹈步天衢，真遊不知倦。又遇西王母，屢會瑤池宴 [二]。前後三千年，蟠桃開一遍。為我問群仙，幾見春風面。

【校釋】

[一] 媒援，指引薦、攀援的人。唐·劉禹錫《蘇州謝恩賜加章服表》:「曾經誣毀，每事防虞。唯託神明，更無媒援。」

[二] 仙傳王母瑤池宴，宴蟠桃也。

真遊挾飛仙

真遊挾飛仙，懸居何縹緲。琪樹 [一] 不知秋，玉庭 [二] 長似曉。碧落無纖翳 [三]，天衢 [四] 淨如掃。底許吟真聲，仙韶動雲表。容與太素域，時復隨

青鳥。朝遊閬風苑，夕宴蓬萊島。昌城玉蕊花，昆墟玉紅草。可醉亦可玩，堪期後天老。

【校釋】

　［一］仙境中的玉樹。《文選·孫綽〈遊天台山賦〉》：「建木滅景於千尋，琪樹璀璨而垂珠。」呂延濟注：「琪樹，玉樹。」唐·崔珏《哭李商隱》詩：「應遊物外攀琪樹，便著霓衣上玉壇。」

　［二］仙人的居所。《雲笈七籤》卷四：「遂金書紫極，藏簡玉庭。」

　［三］微小的障蔽。多指浮雲。南朝·宋·劉義慶《世說新語·言語》：「司馬太傅齋中夜坐，於時天月明淨，都無纖翳。」宋·陸游《入蜀記》卷六：「是日，天宇晴霽，四顧無纖翳。」

　［四］天空廣闊，任意通行，如世之廣衢，故稱天衢。南朝·梁·劉勰《文心雕龍·時序》：「馭飛龍於天衢，駕騏驥於萬里。」唐·皎然《奉陪鄭使君諤遊太湖至洞庭山登真觀卻望湖水》詩：「突兀盤水府，參差杳天衢。」

問真宰

九色夜明珠，豈不有光彩。終惜暗投人，含情慾誰待。不惜珊瑚鞭，為君策駑駘［一］。此意竟何如，將何問真宰。

【校釋】

　［一］指劣馬。《楚辭·九辯》：「卻騏驥而不乘兮，策駑駘而取路。」喻低劣的才能。《晉書·荀崧傳》：「臣學不章句，才不弘通……思竭駑駘，庶增萬分。」

小垂虹

虹光迴回［一］繞，似令殊有待。延留五色節，俄軫九華蓋。泰山是邱垤［二］，黃河細於帶。且昔欲誰知，遊心在天外。

【校釋】

　［一］回，李文田箋注本作曲，據改。

　［二］垤，小土山。金元好問《箕山》詩：「至今陽城山，衡華兩邱垤。」

村行一篇，未第時在大阪作

青山護村落，暗水通溝渠。人行禾黍間，漫漫迷所之。里社壓新醪，擊鮮賽叢祠。田父相勞苦，雨暘［一］無失時。龍骨掛屋敖，秋熟可預期。行行度崗澗，泉石多幽奇。微風發清籟，好鳥吟高枝。此中有佳趣，豈無幽人知。去住

兩不可，空吟招隱詩。

【校釋】

　　[一]《唐韻》與章切，音陽。《說文》：「日出也。」

隋堤田家行

　　日月會龍狵，三農能事休。犁杖倚空室，霜林臥羸牛。十二三年間，不如今歲秋。田翁復何事，終不信眉頭。云以縣官令，稅租俱見收。赤窮固有命，白著[一]非自由。又云有飛詔，少壯不一留。半鑿通濟渠，半構迷藏樓。言罷長歎息，涕淚交橫流。出門竟無語，回首漫夷猶。

【校釋】

　　[一] 亦作「白箸」，正稅以外橫取於民的苛稅。《新唐書·劉晏傳》：「初，州縣取富人督漕挽，謂之『船頭』；主郵遞，謂之『捉驛』；稅外橫取，謂之『白著』。」宋·宋敏求《春明退朝錄》卷下：「租庸使元載以吳越雖兵荒後，民產猶給，乃辟召豪吏分宰列邑以重斂之……其科率之列，不約戶品之上下，但家有粟帛者，則以人徒圍襄，如擒捕寇盜，然後薄錄其產而中分之，甚者十八九，時人謂之白箸。言其厚斂無名，其所著者，皆公然明白，無所嫌避。」元·陳世隆《北軒筆記》：「受者非惠，與者如棄，謂之白著。」

送胡壽卿南歸

　　雲山千萬里，馳駬來帝闕。君自到和林，寓居四逾月。客中太寂寞，虀鹽[一]事孤潔。錦衣歸故里，薄官試鹽鐵[二]。匹馬送君歸，關山正黃葉。征雁聲淒淒，悲笳[三]鳴咽咽。回首南州道，行人愁欲絕。龍庭八月初，西風吹寒雪。之子到甘棠，黃菊重陽節。信筆作此詩，贈子以為別。

【校釋】

　　[一] 指窮苦人的素食。泛指粗食。清·張廷璐《南歸》詩之四：「奉席兒能謝簪綬，扶笻[扶杖]婦尚理虀鹽。」

　　[二] 即西漢桓寬《鹽鐵論》。

　　[三] 悲涼的笳聲。笳，古代軍中號角，其聲悲壯。三國·魏·曹丕《與朝歌令吳質書》：「清風夜起，悲笳微吟。」唐·杜甫《後出塞》詩之二：「悲笳數聲動，壯士慘不驕。」元·揭傒斯《重餞何太虛》詩：「結軫赴悲笳，凝酸屬哀角。」

送潤甫行得水字

　　拊節 [一] 遏行雲，浩歌山色裏。落絮積晴雪，東風吹不起。遠道趨鵬程，相思若為己。攬轡入長煙，孤吟送春水。

【校釋】

　　[一] 擊節。節，一種古樂器，用竹編成，擊之成聲。晉・葛洪《抱朴子・疾謬》：「諂媚小人，歡笑以贊善；面從之徒，拊節以稱功。」宋・梅堯臣《和潘叔治六鶴圖・舞風》：「拊節餘欲助，和歌誰爾類。」

送 [一] 人還燕然

　　去年來帝闕，籬落正黃菊。今年還燕然，春光明遠目。再三挽不留，歸心何太速。回首落花多，滿川紅蕀蕀。馳驅萬里程，阿誰慰幽獨。寂寂寒山行，寂寂寒山宿。啼鳥幾聲遲，淡煙芳草綠。東風千里人，明月半軒竹。漢苑穴狐兔，姑蘇走麋鹿。功名半紙薄，興亡等棋局。可笑百年身，黃粱猶未熟。不發離別歎，不唱陽關曲 [二]。桃李醉逢場，夕陽倒船玉。

【校釋】

　　[一] 脫友字，據李文田箋注本補。

　　[二] 古曲名。又稱《渭城曲》。因唐・王維《送元二使安西》詩「渭城朝雨浥輕塵，客舍青青柳色新。勸君更盡一杯酒，西出陽關無故人」而得名。後入樂府，以為送別之曲，反覆誦唱，逐謂之《陽關三疊》。宋・蘇軾《仇池筆記・陽關三迭》：「舊傳《陽關三疊》今歌者每句再疊而已。若通一著，又是四疊，皆非是。每句三唱，已應三疊，則叢然無復節奏。有文勳者，得古本《陽關》，每句皆再唱，而第一句不迭，乃知唐本三疊如此。樂天詩云：『相逢且莫推辭醉，聽唱《陽關》第四聲。』『勸君更盡一杯酒。』以此驗之，若一句再疊，則此句為第五聲；今為第四，則一句不迭審矣。」

對竹引

　　勁節凌雲漢 [一]，沉沉 [二] 翠如束。春靜 [三] 窗深，驚風碎寒玉。聯聲金鳳凰，雙飛夜雙宿。寂寞野桐花，年年老空谷。

【校釋】

　　[一] 雲漢，一作「雲霄」，依詩律，當為雲霄。

　　[二] 沉沉，一作「森森」，據詩義，當為森森。

　　[三] 脫鎖字，據李文田箋注本補。

剪流水

莫持金剪刀，決絕剪流水。莫將尺素書，殷勤託雙鯉。水豈似人情，魚豈知人意。魚水自相親，肯與人為計。

同心結

湖中已種藕，湖邊還種柳。柳絲與藕絲，同在佳人手。除是結同心，同心最長久。

春自來

日月雙飛翼，天地一遺卵 [一]。無天地不卑，無日月不滿。時序相代謝，曾不偏寒暖。晝夜互乘除，曾不有長短。因究萬物情，凝神舒頓緩。斷知春自來，何須候灰管 [二]。

【校釋】

[一]《西天諸國曆議》亦云天地之形如卵。

[二] 灰管，古代候驗節氣變化的器具。以葭莩之灰置於律管，故名。《晉書·律曆志上》：「又葉時日於晷度，效地氣於灰管，故陰陽和則景至，律氣應則灰飛。」宋·梅堯臣《和十一月八日圃人獻小桃花》之二：「丹豔已先灰管動，不由人力與栽培。」

對酒

漊者沉杯杓，醇醨 [一] 同一味。狂風偃秋草，蘭艾同一悴 [二]。賢愚不同調 [三]，薰蕕 [四] 不同氣。如何昧去就，欲令為一致。安得使賢愚，各分於一器。安得使薰蕕，各生於一地。我志誠如斯，未審化工意。

【校釋】

[一] 亦作「醇漓」。厚酒與薄酒；酒味的厚與薄。宋·王禹偁《北樓感事》詩：「樽中有官醞，傾酌任醇醨。」宋·陸游《以事至城南書觸目》詩：「百錢且就村場醉，舌本醇醨莫苦分。」

[二] 憂愁，悲傷。《晉書·涼武昭王李玄盛傳》：「人力雕殘，百姓愁悴。」

[三] 賢愚，賢愚酒，見《醉鄉日月》，即唐·皇甫嵩著《醉鄉日月》。

[四] 香草和臭草。喻善惡、賢愚、好壞等。語本《左傳·僖公四年》：「一薰一蕕，十年尚猶有臭。」杜預注：「薰，香草；蕕，臭草。十年有臭，言善易消，惡難除。」

金庭不死鄉

金庭不死鄉，真境延閒燕。璨璨瓊瑤樹，朝映朝元殿。靈景一何清，寂然聞鳳轉。但見玉階前，遊蜂弄花片。

對月吟擬諸公體

獵人設網羅，不掛月中兔。豈無烹兔意，難求登月路。月殿兔長生，人間幾今古。抱杵影徘徊，天狼空自苦。樵者勞斧斤，不斫月中桂。豈無薪桂思，難籌攀月計。月殿桂長榮，人間幾興廢。倚鏡影婆娑，天風搖不碎。傾影聽人歌，揚輝伴人舞。何事在華筵，分明作賓主。蹤蹤各無聊，乾坤兩栖旅。舉酒壽姮娥 [一]，向人終不語。

【校釋】

[一] 神話中的月中女神，即嫦娥。《淮南子·覽冥訓》：「羿請不死之藥於西王母，姮娥竊以奔月。」高誘注：「姮娥，羿妻。羿請不死之藥於西王母，未及服之，姮娥盜食之，得仙，奔入月中，為月精也。」漢代因避文帝劉恒諱，改稱常娥，通作嫦娥。

七言古詩

讀新樂府

霓裳羽衣 [一] 曲，玉樹後庭 [二] 花。不知相與迷春夢，綿曆人間第幾家。

【校釋】

[一]《霓裳羽衣曲》，唐代樂曲名，相傳為唐玄宗所制，唐·白居易《琵琶行（並序）》：輕攏慢撚抹復挑，初為《霓裳》後《六么》。

[二]《玉樹後庭花》，南朝陳後主所作。唐·李商隱《陳後宮》詩：「壽獻金莖露，歌翻『玉樹』塵。」元·孫周卿《蟾宮曲·自樂》曲：「低歌『玉樹』，爛醉金釵。」

苦旱歎

六月亢旱田苗枯，自嗟自歎耕田夫。差官咫尺徵秋稅，今歲田家一粒無。饑民日日望霖雨，雨意欲成雲散去。天公胡不用老龍，年年只被蛟螭 [一] 誤。

【校釋】

[一] 猶蛟龍。亦泛指水族。漢·揚雄《羽獵賦》：「探岩排碕，薄索蛟螭。」

觀友人所藏佛牙

竺乾大士哀群靈，出示大教拔幽沉。漢明夢兆頗神異，具書 [一] 譯 [二] 來千岑。翕然風譽聳華夏，寶方精像輝雲林。傳聞遺骨未灰朽，流散諸國磨古今。朅來偶得見一齒，照坐粲爛 [三] 如璆琳 [四]。當時左右廣長舌，咀嚼風雷興潮音。炯如珠珞吐光怪，洗我曠劫塵埃襟。目瞻頂禮固其事，豈必窆堵埋千尋。憑君韞櫝 [五] 善持護，為絕陰怪窺窬 [六] 心。

【校釋】

[一] 脫「梵」字，據李文田箋注本補。

[二] 李文田箋注本作釋，據改。梵釋指色界諸天王及欲界帝釋天王。《法苑珠林》卷十六：「梵釋及四天王等，亦召十方諸佛來集香山。」《法苑珠林》卷十七：「時諸梵釋、龍王等競來爭取我髮。」

[三] 鮮明貌。戰國·楚·宋玉《風賦》：「眴煥粲爛，離散轉移。」《史記·司馬相如列傳》：「皓齒粲爛，宜笑的皪。」司馬貞《索隱》引郭璞曰：「鮮明貌也。」

[四] 泛指美玉。《爾雅·釋地》：「西北之美者，有崑崙虛之璆琳、琅玕焉。」郭璞注：「璆琳，美玉名。」《魏書·西域傳·大秦》：「其土宜五穀桑麻，人務蠶田，多璆琳、琅玕、神龜、白馬朱鬣、明珠、夜光璧。

[五] 藏在櫃子裏；珍藏，收藏。《論語·子罕》：「有美玉於斯，韞櫝而藏諸？求善賈而沽諸？」何晏《集解》引馬融曰：「韞，藏也；櫝，匱也，謂藏諸匱中。沽，賣也。得善賈寧肯賣之邪。」邢昺疏：「此章言孔子藏德待用也……言人有美玉於此，藏在櫝中而藏之，若求得善貴之賈寧肯賣之邪。」漢·陳琳《答東阿王箋》：「載歡載笑，欲罷不能，謹韞櫝玩耽，以為吟頌。」唐·李德裕《通犀帶賦》：「析以為帶，加之盛服，御之則衬身，襪之則韞櫝。」

[六] 門邊像圭形的小洞。《說文》：窬，穿木戶也。

漆城謠

漆城光蕩蕩，寇來不得上。一朝變起望夷宮，不及思旆 [一] 曾技癢。

【校釋】

[一] 泛指旌旗。晉·陸機《飲馬長城窟行》：收功單于旆。

述實錄四十韻並序 [一]

修徵《蜀實錄》，每以二鼓為期，方息。中夜聞笛，既覺緬想《實錄》事蹟，亦如夢寐愴

然無以為懷，述此寫之：

承天聖祖開天業，四海為家盡臣妾。規模宏遠古無比 [二]，統緒 [三] 豈唯垂萬葉 [四]。曷來 [五] 海水不揚波，向見靈河已清澈 [六]。際天所覆樂心戴，愈見人情皆感切。折衝 [七] 猛銳 [八] 競陳力，骨鯁 [九] 貞良咸就列。龔行天罰攘攙槍，著處鯨鯢殊前截。列聖未出無名師，歷世彌光光聖烈。推亡固存非一國，迷不知時非俊傑。世評青野食前言 [一〇]，不若犬偷及鼠竊。誣天復敢拘行人 [一一]，妄專狙詐 [一二] 誇明哲。國猶攝生貴處順，水背流時源易竭。即今日削盡疆場，其勢得無憂迫脅。若然仍不畏天威，曷異螳螂怒當轍 [一三]。未知其可將蠻觸 [一四]，相與區區較優劣。

武皇問罪揮天戈，徵發諸軍自昆碣。翠華遙下五雲 [一五] 來，輒報錦城氛祲滅。扈蹕貔貅三十萬，爭欲先驅掃妖孽。搏熊攫豹捷飛猱 [一六]，赴險蹈虛矜膽決。紛馳傳檄啟途使，英蕩 [一七] 輔之龍虎節。懸崖萬仞入雲端，前馬不行應氣攝。虹梁 [一八] 縹緲架層霄 [一九]，高興動人殊可悅。若非由蜀道登天，豈與飛仙得相接 [二〇]。騰傾湍瀑翻驚濤，怒震橫流還逆折。千岩萬壑殷晴雷，捲起千堆萬堆雪。飛閣尤非地上行，劍門呀似天中裂 [二一]。壁立千尋冷翠屏，碧霞城擁清都闕。振衣直上玉女臺，下視煙塵望吳越。五丁 [二二] 碎徙青黛山，萬簇蠶叢 [二三] 亂堆棧。金城雖包裹全蜀，勝負莫非由勇怯。孰云無所騁驍騎，閉口勢何勞捕舌 [二四]。

天衷應未誘蚩 [二五] 萌，堪歎顓 [二六] 蒙與天絕 [二七]。寧知皇化如時雨，與濟迷津作舟楫。會聞蓬閬朝真仙 [二八]，簞食壺漿盡迎謁。紛綸諸將無虛日，爭奏歸期 [二九] 爭獻捷。旌門敕樹受降旌 [三〇]，冀致窮民遂安帖。莫知天欲將如何，英猷 [三一] 一旦為虛設。無雷東陊 [三二] 孤山峰 [三三]，驚風西卷旗竿折 [三四]。龍橋忽焉悉中圮 [三五]，鼛鼓 [三六] 鼕然尋亦歇 [三七]。忍令飛駕鼎湖龍，持拔龍髯墮塵劫 [三八]。笛聲喚得夢回來，梅梢猶印西窗月。

【校釋】

[一] 並序，詩前有序，據補。

[二] 太祖封諸親王，封域束 [誤，應為東，據李文田箋注本乙正] 盡東海，西盡西海，自古未有如此規模之宏遠也。

[三] 統緒，指皇室世系。宋・司馬光《太子太保龐公墓誌銘》：「公上言，比者陛下皇子繼天，宮坊虛位，立嗣之義，禮有明文，願陛下深思祖宗統緒之重，歷選宗室宜為嗣者。」

[四] 李文田箋注本作「業」，誤。當為葉，簡化為葉。《唐韻》與涉切《集韻》《正韻》弋涉切，並音枼。《說文》世也。《詩·商頌》昔在中葉，有震且業。

[五]《集韻》丘竭切，音訖，句首助詞：「疑是花神，朅來人世。」

[六] 金大安元年，河清上下數百里。次年庚午，我太祖皇帝經略中原，《易乾鑿度》曰：聖人受命，瑞應先見於河水清，河清之徵，太祖皇帝受命之符也。清·孫詒讓全集《札迻》載：《易乾鑿度》鄭康成注。

[七] 使敵人的戰車後撤。即制敵取勝。衝，衝車。戰車的一種。《呂氏春秋·召類》：「夫修之於廟堂之上，而折衝乎千里之外者，其司城子罕之謂乎？」高誘注：「衝，車。所以衝突敵之軍，能陷破之也……使欲攻己者折還其衝車於千里之外，不敢來也。」

[八] 勇猛而富有銳氣。《三國志·吳志·孫策傳論》：「策英氣傑濟，猛銳冠世。」《隋書·天文志下》：「凡猛將之氣如龍。兩軍相當，若氣發其上，則其將猛銳。」

[九] 比喻剛直。《史記·吳太伯世家》：「方今吳外困於楚，而內空無骨鯁之臣，是無奈我何。」《南史·徐勉傳》：「勉雖骨鯁不及范雲，亦不阿意苟合。」

[一〇] 辛巳年，宋主寧宗遣國信使苟夢玉通好乞和，太祖皇帝許之，敕宣差噶哈護送還其國。辛卯冬太祖皇帝南征女真，遣信使綽布干等使宋青野，原宋沔州統制張宣誘蘇巴爾罕，殺之。此其伐宋之端也。

[一一] 後戊戌年七月，哩密什等百人使宋，竟拘留不遣。

[一二] 狡猾奸詐。《漢書·敘傳下》：「吳孫狙詐，申商酷烈。」《後漢書·黨錮傳序》：「霸德既衰，狙詐萌起。」李賢注：「《廣雅》曰：『狙，獼猴也。』以其多詐，故比之也。」

[一三] 出自宋·王令《魯仲連辭趙歌》「螳螂何怒兮轍下」

[一四]《莊子·則陽》：「有國於蝸之左角者，曰觸氏；有國於蝸之右角者，曰蠻氏。時相與爭地而戰，伏屍數萬，逐北，旬有五日而後反。」後以「蠻觸」為典，常以喻指為小事而爭鬥者。唐·白居易《禽蟲》詩之七：「蟭螟殺敵蚊巢上，蠻觸交爭蝸角中。」

[一五] 按指方入蜀使告雲頂之捷。

[一六] 諸將綠蜀道，搏熊豹，捷猱猭輪之和林。

[一七] 古代竹製的符節，持之以作憑證，猶漢代的竹使符。後亦泛指外任官員的印信和證件。《周禮·地官·掌節》：「凡邦國之使節，山國用虎節，土國用人節，澤國用龍節，皆金也。以英蕩輔之。」

[一八] 拱橋。後蜀‧何光遠《鑒誠錄‧高僧諭》:「雙飛碧水頭,對語虹梁畔。」宋‧
周邦彥《繞佛閣‧旅況》詞:「還似汴堤,虹梁橫水面。」

[一九] 興利州至三泉縣,橋閣共一萬九千三百十八間,護險偏欄共四萬七千一百三十
四間。

[二〇] 飛仙嶺,相傳徐佐卿化鶴跧泊之地,故名。飛仙上有閣道百餘間,即入蜀路。
參見《方輿勝覽》:飛泉嶺,在興州東三十里,相傳徐佐卿化鶴跧泊之地,故
名飛仙。上有閣道百餘間,即入蜀路。《通志》:棧道在褒斜谷中。飛仙閣,即
今武曲關,北棧閣五十三間,總名連雲棧。唐杜甫有五古《飛仙閣》。

[二一] 劍州劍門縣,在州東北五十里。酈元《水經注》曰:大劍戍至小劍戍三十里飛
閣相通,謂之閣道。

[二二] 神話傳說中的五個力士。《藝文類聚》卷七引漢‧揚雄《蜀王本紀》:「天為蜀
王生五丁力士,能獻山,秦王(秦惠王)獻美女與蜀王,蜀王遣五丁迎女。見
一大蛇入山穴中,五丁並引蛇,山崩,秦五女皆上山,化為石。」另一說見北
魏‧酈道元《水經注‧沔水》「秦惠王欲伐蜀而不知道,作五石牛,以金置尾
下,言能屎金,蜀王負力。令五丁引之成道。」

[二三] 叢,一作簇。蠶叢,指蜀道。唐‧李白《送友人入蜀》詩:「見說蠶叢路,崎
嶇不易行。」清‧沉紹姬《司馬懿故居》詩:「掀髯西指蠶叢路,丞相祠堂尚
錦官。」亦省作「蠶叢」。故不取「一作簇」說。

[二四] 時得。宋《蠟丸書》:云云雖驍騎,萬群安所用之?

[二五] 即蚩尤,《書‧呂刑》:蚩尤惟始作亂。馬注:「少昊之末九黎君名。」按,鄭
注:「蚩尤霸天下,黃帝所伐者,學蚩尤為此者,九黎之君在少昊之代也,是
黃帝擒於涿鹿者。

[二六] 顓頊,傳說中的上古帝王。黃帝之孫,年十歲,佐少昊,二十即帝位,在位七
十八年。

[二七] 劍門苦竹隘,招之不降,遂拔之。

[二八] 蓬閬等州皆納土降。

[二九] 李文田箋注本作明,誤

[三〇] 時旌門外勒樹受降旌,凡降者於其下待詔優恤。

[三一] 猶良謀。《晉書‧宣帝紀》:「〔宣皇〕雄略內斷,英猷外決,珍公孫於百日,
擒孟達於盈旬,自以兵動若神,謀無再計。」《舊唐書‧音樂志四》:「英猷被
寰宇,懿躅隆邦政。」

［三二］彸，《廣韻》山崩也。《玉篇》壞也。

［三三］御營東山，無雷傾圮。

［三四］御營西軍風折旗竿。

［三五］攻釣魚山上下浮橋，遽中圮。

［三六］見《山海經·大荒東經》：「〔流波山〕其上有獸……其名曰夔。黃帝得之，以
其皮為鼓，橛以雷獸之骨，聲聞五百里，以威天下。」後因以「夔鼓」作為戰
鼓的美稱。《隋書·虞世基傳》：「曳虹旗之正正，振夔鼓之鎧鎧。」

［三七］大駕戰鼓初聞數十里之外，後雖三數里不聞。

［三八］《列仙傳》丁約曰：儒謂之世，釋謂之劫。

密谷行並序 ［一］

金崇慶間，添壽榮祿領驍果駐京畿為聲援，聞聖朝太祖皇帝圍守西京東海，遂命添壽將諸
路兵八十餘萬，號稱百萬援之，仍賜手詔曰：今悉國力當清北方，次密谷口。時太祖皇帝親率
大軍，先以前騎三千嘗之，大軍繼至未鼓，敵潰，全軍覆沒。

命驍銳為聲援，選步騎發畿甸。號稱一百萬，一一皆精練。旌旗虹亂渡桑
乾，絢野如花陳組練。移圍佈陣密谷口，吞敵出奇將伺便。前拒避賈勇，中堅
已受戰。天兵震天威，不異弄雷電。先驅游擊隊，勢若風雲變 ［二］。雕鶚 ［三］
橫秋空，奮翼鷙雞犬。斯須跆籍 ［四］ 盡八九，終了不會還一箭。永安宮大安殿，
方待凱旋回賜宴。惟有孤臣鬢成雪，緣底眉頭殊不展。智謀士見未然事，竊歎
眾皆非所辯 ［五］。堪憐當日金源氏，誰編良將忠臣傳？

【校釋】

［一］並序，詩前有序，據補。

［二］兵有風陣雲陣。

［三］雕與鶚。猛禽。戰國·楚·宋玉《高唐賦》：「虎豹豺兕，失氣恐喙；鵰鶚鷹鷂，
飛揚伏竄。」

［四］跆，音臺。跆籍，踐踏。《漢書·天文志》：「因以張楚並興，兵相跆籍，秦遂
以亡。」

［五］參政孟鑄數上書言北方必稱兵，胡沙虎必變。

蜀道有難易並序

李白作《蜀道難》，以罪嚴武，後陸暢感韋皋之遇，作《蜀道易》，云：蜀道易，易於踐平
地。戊午秋，余入蜀漫天嶺，阻雨，次秋回至此嶺，帶雨。因二公之作為《賦蜀道有難易》云。

　　有言蜀道難，有說蜀道易。難於上青天，易於踐平地。說易有所媚，說難有所激。君曾不見與前修，折衷誰秉江山筆。我來高蹈仙人蹤，控御遺風縱遊歷。連雲氣象霸圖中[一]，險阻形勝限疆域。黑龍衝斷萬層山，駭浪轟雷恣奔擊。攢峰疊嶂冷雲間，綿亙倚天駢翠壁。飛梁架雲棧，勢欲跨南北。虹橋絡河漢[二]，鳥道[三]掛空碧。歷其天險臨其峻，極望舒按節。陽烏[四]斂[五]翼擬循雲路，趨鵬程仰天直。上青雲梯，躡虛[六]且何異登仙。但覺日月行，寢[七]低終踰絕。險得馳驟驟[八]，步媧皇補天石。微茫一徑通煙霄，攀緣更上蒼龍脊。彌旬霖雨，秋行潦迷原隰[九]。豈不慮蹉跌路岐多墊溺，一聞漫天名，心寒已如失。況復壅[一〇]大道，與道為通塞。無慮千籌將萬計，智推力引方行得。請設漫天前後論蜀道，一言或可畢。未應難於上青天，飛閣遞連通利走名趨[一一]，日夜往來何絡繹。不應易於踐平地，棧蹬[一二]缺尋引天荒地老，蕭條斷絕人聲跡。致令振古豺狼心，會不祈天賭一擲。自蠶叢且稽代謝幾人[一三]，恃險會終吉。適足笑王公，設險以守國。在德不在險，昭然如白日。上青天踐平地，始可與之言其道難與易。行路之難難於上青天，蜀道之難[一四]若比行路是平地。出處雖然全在人，世路不能無險易。長途豈可比青天，誓鏟漫天作平地。

【校釋】

　　[一] 世俗總號蜀道為連雲棧道。

　　[二] 指銀河。《古詩十九首·迢迢牽牛星》：「河漢清且淺，相去復幾許。」

　　[三] 險峻狹窄的山路。唐·李白《蜀道難》詩：「西當太白有鳥道，可以橫絕峨眉巔。」

　　[四] 神話傳說中在太陽裏的三足烏。唐·李白《上雲樂》：「陽烏未出谷，顧兔半藏身。」因用以借指太陽。

　　[五] 一作「側」。

　　[六] 謂得道成仙後可騰空而行。晉·孫綽《遊天台山賦》：「王喬控鶴以衝天，應真飛錫以躡虛。」

　　[七] 睡眠。

　　[八] 《說文》：驟，馬疾步也。

　　[九] 廣平與低濕之地。《國語·周語上》：「猶其原隰之有衍沃也。」韋昭注：「廣平曰原，下濕曰隰。」泛指原野。南朝·梁·沈約《齊故安陸昭王碑文》：「於是驅馬原隰，卷甲遄征。」

[一〇] 堵塞。《廣雅》：壅，障也。《左傳·宣公十二年》：川壅而潰。

［一一］趨，去聲。通促。

［一二］踩；踏。《廣雅》：蹬，履也。

［一三］人，一作家。

［一四］難，應為易，據詩義改。

送楊子陽南還

鞭催瘦馬出龍庭，白酒一杯送子行。山頭積雪寒皎潔，風物淒淒傷別情。窮廬冰澌［一］結吟硯，行人慾去愁展轉。功名入手頭未白，世態浮雲幾千變。何如有酒且高歌，百歲風光如過電，如過電［二］，人生幾度春風面。

【校釋】

　［一］亦作「冰澌」，冰稜。宋・張元幹《夜遊宮》詞：「半吐寒梅未坼，雙魚洗，冰澌初結。」

　［二］如過電，衍，據李文田箋注本刪改。

送玄之

東風二月吹和林，綠楊庭院空深沉。整襟危坐罷舜琴，時聽百鳥自在吟。泠泠流水漱寒玉，半天蕭颯松風音。呼童為我金波斟，悠然一笑忘古今。書齋盡日無人到，門掩落花春自老。裴回［一］杖履夕陽閒，回首春風又衰草。長安遠客來紫宸，紅塵滿面初相親。挑燈風雨秋夜永，詩成落筆愁鬼神。縱橫議論小天下，當時誰謂秦無人。一朝別我出祁連，黑山風雪十月天。分襟執手小溪邊，何時客床相對眠。他年乘興遊京洛，詩酒無寒金谷約。

【校釋】

　［一］徐行貌。《史記・司馬相如列傳》：「於是楚王乃弭節裴回，翱翔容與。」

送趙敬叔

去年見君瀚海東，蒼松鬱鬱山重重。今日送君之鎮陽，寒煙漠漠天蒼蒼。休歎蕭蕭行路難，兩袖春風衣錦還。二年兩度客天涯，離合都無咫尺間。一樽白酒羨君侯，入手功名正黑頭［一］。今年蝗旱民切痛，賦稅須知有輕重。一生富貴將幾何，西風吹破邯鄲夢［二］。自愧趨鳳池，空有別離詩。紅塵無處避，擾擾心如醉。何時高隱舊林泉［三］，臥看人間等兒戲［四］。

【校釋】

　［一］髮黑之頭。形容年青。唐・杜甫《晚行口號》：「遠愧梁江總，還家尚黑頭。」

宋·司馬光《慶文公八十會口號》：「黑頭強仕之時，已登廊廟；黃髮老成之日，還賞林泉。」

[二] 唐·沉既濟《枕中記》載：盧生在邯鄲客店中遇道士呂翁，用其所授瓷枕，睡夢中歷數十年富貴榮華。及醒，店主炊黃粱未熟。後因以「邯鄲夢」喻虛幻之事。宋·王安石《中年》詩：「中年許國邯鄲夢，晚歲還家壙埌遊。

[三] 見宋·梅堯臣《送李泰伯歸建昌》：「重到舊林泉」。

[四] 見宋·陳翊《借榻竹庵》：「百年等兒戲」。

送人還鎮陽

雲黯慘風浩蕩，故里風光空想像。寒餘三月索貂裘，凍崖冰雪三千丈。天淡淡路茫茫，送君萬里還鎮陽。楊花點點山城雪，啼鳥一聲春晝長。多離別少歌笑，功名摧促行人老。玉簫吹斷碧雲寒，梨花 [一] 寒食 [二] 空過了。君不見洛陽樓觀今蕪荒，梧桐葉落秋風涼，寒波寂寂山蒼蒼。

【校釋】

[一] 指雪花，寒冬。唐·岑參《白雪歌送武判官歸京》：「北風卷地白草折，胡天八月即飛雪。忽如一夜春風來，千樹萬樹梨花開。」

[二] 節日名。在清明前一日或二日。相傳春秋時晉文公負其功臣介之推。介憤而隱於綿山。文公悔悟，燒山逼令出仕，之推抱樹焚死。人民同情介之推的遭遇，相約於其忌日禁火冷食，以為悼念。以後相沿成俗，謂之寒食。《周禮·秋官·司烜氏》「中春以木鐸修火禁於國中」，則禁火為周的舊制。

次韻趙德載大監餞行

君不見畢毛召芮強宗周，亮天不朽言行功。間平歆 [一] 向漢人望，道宗孝恭唐治戎。一時入相九才傑，白賀胸中五色茸。聖朝舉親加東擢，封植 [二] 教誘 [三] 從元豐。燕皋卑飛華嶽隼 [四]，鼓車暫屈翔麟驄 [五]。召還喻蜀監王國，三雍入對文清雄。昨者臨分勤造請，是時暑退火星中。公瑾之交似醇酎，吉甫之頌如清風。博山麝注玉鎮席，翠壁雪乳金釜龍。小人自分悠悠者，裨諶謀野淵明窮。急觴高詠鼓英氣，颯然危冠髮上衝。端敏高明必貴達，果信頑鄙根中庸。

【校釋】

[一] 饗，嗅聞，古指祭祀時鬼神享受祭品的香氣。《詩·大雅》其香始陞，上帝居歆。

[二] 壅土培育。《左傳·昭公二年》：「宿敢不封殖此樹，以無忘《角弓》，遂賦《甘

棠》。」杜預注：「封，厚也；殖，長也。」引申為扶植勢力；培養人才。《國
語·吳語》：「今天王既封植越國，以明聞於天下，而又刈亡之，是天王之無成
勞也。」韋昭注：「封植，以草木自喻。壅本曰封；植，立也。」漢·蔡邕《鼎
銘》：「貞良者封植，殘戾者芟夷。」

[三] 教育誘導。唐·皇甫曾《贈鑒上人》詩：「律儀傳教誘，僧臘老煙霄。」《資治
通鑒·漢獻帝初平二年》：「王烈器業過人……善於教誘。」

[四] 短尾鳥的總稱。《國語·魯語》：有隼集於陳侯之庭而死。

[五] 青白雜毛的馬。今名菊花青馬。《說文》：驄，馬青白雜毛也。從馬，恩聲。《玉
臺新詠·古詩為焦仲卿妻作》：躑躅青驄馬，流蘇金鏤鞍。

摘阮行呈呂西岡 [一]

西岡老子古鄭客，灑落心胸如 [二] 李白 [三]。或歌或嘯或吟臥 [四]，萬壑
清風松下座。呼童取得古錦囊，月魄囊中暗驚墮。制度風流特奇絕，韻高不許
俗人別。試問先生是何物，云是阿咸 [五] 葬時物。英雄無限俱為土，如何此物
傳今古。寥寥千載阿咸志，憑誰寫出阿咸意，悠然抱此明月腹。林下溪邊時一
曲，十三玉柱秋蟾淨。指底松風四絃冷，大絃鳴鳴純且雅，小絃切切清且勁。
秋高千丈寒泉瀑，露滴銅盤碎金玉。千岩夜雨猿鶴悲，半夜西風鬼神哭。物奇
不肯人間住，變作孤鶴上天去。

【校釋】

[一] 宋·黃庭堅作《聽宋宗儒摘阮歌》，宋宗儒，生平不詳。摘，彈奏。阮，即阮
咸。一種形似琵琶的樂器，相傳為西晉著名音樂家、文學家阮咸所創製。全詩
在總括宋宗儒家世、形貌性格、超群技巧、音樂場面之後具體描寫阮樂。

[二] 如，一作「唐」。據詩義，當為唐。

[三] 唐·李白作古風《鄭客西入關》。

[四] 一作「吟哦散髮披襟坐」。依詩律，當為「吟哦散髮披襟坐」。

[五] 三國·魏·阮籍姪阮咸，有才名，後因稱姪為「阿咸」。宋·蘇軾《和子由除
夜元日省宿致齋》之二：「朝回兩袖天香滿，頭上銀幡笑阿咸。」王文誥輯注
引查慎行曰：「用阿咸，當指子由諸郎。」

長笛續短笛引並序

戊午歲秋，有自長安特遺余名笛數管，短長大小不一，余素蓄玉笛，因戲作《長笛續短笛
引》為贈。

　　長笛短笛有指的，清濁有氣亦有質。李謩吹笛動長安，宇內競推為第一，笛聲斷絕續者誰？得許雲封繼其跡，落梅宛轉折柳聲 [一]。不止飛砂將走石，石裂雲穿天亦驚。吟龍許雲封怨笛，雲封煙鎖不可開。直至如今吹不得，有客手把昭華管。未應曠代無人識，什襲天然希世珍。尤當只自私珍惜，會須奇寶吐奇聲 [二]。擬寫幽情聊自適，遂據胡床弄秋月。蕭條萬籟沉凝寂，凡奏一疊十二節。每發一聲累九息，流韻寥亮入太清。嫋嫋餘音遊八極，但聞天外鸞鳳鳴。豈知海底魚龍泣，高遷亭化為灰燼。平陽塢久生荊棘，揄揚天下之至音。非為俗聲 [三] 矜結習，伶倫 [四] 嗟味願從事。列和悵然尋屈膝，武昌老人請易業。洞庭老人還自失，欲儷清歌妙入神。惜無李白生花筆，孰知時尚紫雲回，屢變新聲延化日。

【校釋】

　　[一] 許雲封說笛有《落梅》《折柳》二曲，雲封，李謩之外孫也。

　　[二] 宋玉《笛賦》：芳林皓幹有奇寶。邪穢氣隨聲蕩滌，靜尋白雪引流風。《開元傳信記》云：余慮遺忘上清之樂，故懷玉笛以手指上下尋之。馬融《長笛賦》中取度於白雪綠水。

　　[三] 見《墨子·尚賢下》：「此譬猶瘖者而使為行人，聾者而使為樂師。」宋·梅堯臣《依韻和達觀師聞蟬》「噪遍高枝為俗聲」。

　　[四] 傳說為黃帝時的樂官。古以為樂律的創始者。《呂氏春秋·古樂》：「昔黃帝令伶倫作為律。」

天祐行

　　魏創紀勳觀，齊崇嘉德樓。忍名天佑旌功閣，圖寫朱三在上頭。

戰扼狐 [一]

　　我太祖皇帝未始輕出無名之師，太祖皇帝伯父錫巴哈汗為女真之所害，南伐中原，此其辭也。前戰扼狐嶺下，敵之精銳盡於是役。

　　龍旗天上來，神兵落天闕。問罪下中原，先有扼狐捷。勁敵四十萬，一何爭勇決。衝鋒競突刃，奮不待成列。矢雨注鼓雷，迭長兵盡短 [二]。兵接 [三] 勢霆擊天柱，折聲海振地維絕。烈日照雪霜幾何，不殄滅若是數百陣，然後成帝業，通道守文元 [四] 不易，聖統在垂千萬葉，敢忘開國緬良難，太祖新征戰時節 [五]。

【校釋】

　　[一] 並序，詩前有序，據補。扼，文津閣本作「搤」，王國維箋改作「扼」。

　　[二] 依詩律，應為接，疑與下句「兵」後之「接」在刊刻過程中誤，故乙正。

〔三〕見上注，乙正後應為短兵。

〔四〕指帝王年號。《史記》：元，宜以天瑞命，不宜以一二數。

〔五〕《說苑・武王伐紂》云：云〔衍，據遼海叢書本乙正〕武王曰，天落兵也。

五禽言〔一〕

大麥熟，簸箕漏麥。飯熟，即快活提葫蘆沽美酒。燒香撥火不如歸去〔二〕五禽〔三〕也。

我愛五禽言，味之殊有味。不惟由此知物情，更是分明見天意。大麥熟簸箕漏，傷時節感農叟。麥飯熟即快活，祛顑頷〔四〕略契闊〔五〕。提葫蘆沽美酒，繞溪山占花柳。燒香撥火願言康且壽，不如歸去莫饒舌，只合吞聲牢閉口。

【校釋】

〔一〕並序，詩前有序，據補。

〔二〕暗指隱居生活，晉・陶潛作《歸去來兮辭》：「歸去來兮！田園將蕪，胡不歸？」

〔三〕指鶴、孔雀、鸚鵡、白鷳、鷺鷥五種飛禽。宋・郭若虛《圖畫見聞志・近事・五客圖》：「李文正〔李昉〕嘗於私第之後園育五禽，以寓目，皆以客名之，後命畫人寫以為圖：鶴曰仙客、孔雀曰南客、鸚鵡曰隴客、白鷳曰閒客、鷺鷥曰雪客。」這裡代指農家快樂安適的生活。

〔四〕因飢餓而面黃肌瘦的樣子。《楚辭・離騷》：「苟余情其信姱以練要兮，長顑頷亦何傷。」洪興祖補注：「顑頷，食不飽，面黃貌。」

〔五〕勤苦，勞苦。《詩・邶風・擊鼓》：「死生契闊，與子成說。」毛傳：「契闊，勤苦也。」

放雁詞

銜蘆遠避駕鵝聲，人間多避海東青。冥飛休近雙梟遊，恐因誤引到天明。稻粱足網羅輕湖，海多洲汀太虛無。閡且何慕鸚鵡，玉籠籠下生。與爾全六翮，好去恣騰騰。若期寥廓求稀有，必欲翱翔從大鵬。宜審遙弓鳴，勿為虛弦驚，古來惟有一更盈。

採蓮曲

錦雲〔一〕承露珠盤冷玉，女佩環鳴玉井〔二〕凝。歌聲入天鏡，來蘭橈攪碎蓬。壺影弄香，浮葉一何繁，翠蓋霞幢不齊整。可是芳心空自苦，凌波無夢唯煙景。

【校釋】

〔一〕彩雲。《海內十洲記・聚窟洲》：「紫翠丹房，錦雲燭日。」

　　〔二〕星宿名，參宿下方四顆星，形如井，故名。《後漢書・郎顗傳》：「臣竊見去年
　　　　閏月十七日己丑夜，有白氣從西方天苑趨左足，入玉井，數日乃滅。」李賢
　　　　注：「參星下四小星為玉井。」

長相思

　　燕子不來花著雨，鶯聲巧作煙花主。滿庭重迭綠苔斑，斜倚欄干臂鸚鵡。
清渭東流劍閣深，不知消息到如今。相思前路幾回首，一夜月明千里心。

壺天圖歌

　　三十六洞天，七十二福地。共春長在一壺中，盡可浮遊與沉醉〔一〕。

【校釋】

　　〔一〕亦作「沉醉」。大醉。《三國志・蜀志・蔣琬傳》：「先主嘗因遊觀奄至廣都，見
　　　　琬眾事不理，時又沉醉。先主大怒，將加罪戮。」唐・李商隱《龍池》詩：「夜
　　　　半宴歸宮漏永，薛王沉醉壽王醒。」

乾海子〔一〕

　　余因六盤之變，經西夏信都府，過乾海子，是夏其地無雨，草萎水涸，北中凡陂濼皆謂之
海子。

　　沙蔥焦枯沙蓬乾，海子乾枯龍子殫。顧非海變桑田日，如何一旦無涓滴。
琴高控鯉〔二〕遊何許，好探麻姑〔三〕問消息。龍子，馬名也。

【校釋】

　　〔一〕並序，詩前有序，據補。
　　〔二〕傳說戰國時趙人琴高，入涿水取龍子，與諸弟子相約，當於某日返。至期果乘
　　　　赤鯉而出。見漢・劉向《列仙傳・琴高》。後因以「控鯉」指得道成仙。
　　〔三〕神話中仙女名。傳說東漢桓帝時曾應仙人王遠（字方平）召，降於蔡經家，為
　　　　一美麗女子，年可十八九歲，手纖長似鳥瓜。蔡經見之，心中念曰：「背大癢
　　　　時，得此爪以爬背，當佳。」方平知經心中所念，使人鞭之，且曰：「麻姑，
　　　　神人也，汝何思謂爪可以爬背耶？」麻姑自云：「接侍以來，已見東海三為桑
　　　　田。」又能擲米成珠，為種種變化之術。事見晉・葛洪《神仙傳》。

紀夢

　　衰草淡煙迷故壘，情思迢迢似流水。關山目斷雁聲沉，幾曲欄干悶獨倚。
倚欄還憶早春時，軟軟東風綻桃李。青春如昨歲雲暮，大抵人生如寄耳。如何

攜酒對明月，一笑紅塵等白蟻。歸來夢蝶惱莊周，蝶去悠悠幾千里 [一]。吟哦猶在月明下，詩就清歡未能已。舉手欲折桂枝去，行入青天廣寒 [二] 裏。

【校釋】

　　[一] 見《莊子・齊物論》：「昔者莊周夢為蝴蝶，栩栩然蝴蝶也，自喻適志與！不知
　　　　周也。俄然覺，則蘧蘧然周也。不知周之夢為蝴蝶與，蝴蝶之夢為周與？周與
　　　　蝴蝶，則必有分矣。此之謂物化。」

　　[二] 即廣寒宮。宋・楊萬里《木犀初發呈張功父》詩：「塵世何曾識桂林，花仙夜
　　　　入廣寒深。」

松聲行

　　水淙淙山重重，前溪後嶺萬蒼松。我來秋雨霽，夜宿深山中。霜寒千里龍蛇怒，岩谷蕭條嘯貔虎。波濤漾漾生秋寒，碧落無雲自飛雨。瓏瓏兀兀驚俗聾，餘韻飄蕭 [一] 散碧空。悠然策杖出門去，方知萬壑生清風。清歡一夕無今古，勾引幽人風雅句。那堪更被山頭月，團圓掛在青松樹。

【校釋】

　　[一] 羽毛殘破的樣子，這裡指松葉飄落的樣子。

和漢臣秋日海棠

　　魂黯馬嵬西去路，當時生被春風誤。嫣然猶自帶餘醒 [一]，貪睡那能慰遲暮。難寫花仙舊所思，褪香愁雪淡胭脂。黃昏庭院瀟瀟雨，更是梧桐葉落時。

【校釋】

　　[一] 酒醒後神志不清有如患病的感覺。《說文》：醒，病酒也。

大水行 [一]

　　屯雲墨色日將暮，晦明揮霍雨如注。水聲夜半搖匡床，平旦出門籲可畏。盤渦 [二] 漾漾 [三] 吞邊旁，悍流洶湧行中央。日中雨復緜霢 [四] 下，溝塍水躍皆渾黃。黑風拗怒雷擊地，浪頭起立三丈強。權枒老木根株拔，崚嶒古屋橡桷裂。快馬萬蹄迸突而憑陵，靈龜百面潰洞 [五] 而砯砰 [六]。銳兵鏖戰城柵倒，猛虎嘷吼崖谷崩。旁觀氣奪目力眩，瀕流上下俱不寧。升高避害叫舟楫，篙工倚柁不敢行。寂寥向晚頗衰落，斷霞返照回新晴。鳥飛不盡天界闊，蒼煙淡淡山青青。銜杯引滿幸無恙，收召魂魄猶屏營。往年秋水沉半壁，閣門九死得一生。今日思之痛方定，一見洪波心震驚。吾聞山挾河回沖，底柱東峽江東盤。

投灠瀬魚龍百怪，家其中風濤暴橫。無終窮小溪常時，清且淺漪漣不動。平於板淺津可涉，涉可梁一旦沸騰。能浡茫傳聞潰沺，山裂破黑蛟夜出。作奇禍抉崖走石，勢力粗十家六七無。空廬百年古冢尚漂泊，變生倉卒人為魚君。不見去年四月不雨，至七月澗溪一線皆斷絕川。居人昔死於暍山，居人今死於溺下田。黃塵昔蓬勃，高田白沙今障沒，嗚呼災變何其頻。剗民之命誰肯任，剗民之命誰肯任，蒼天蒼天實照臨。

【校釋】

　　［一］李文田箋注本作「大川行」。

　　［二］水旋流形成的深渦。《文選·郭璞〈江賦〉》：「盤渦谷轉，凌濤山頹。」張銑注：「盤渦，言水深風壯，流急相沖，盤旋作深渦如谷之轉。」

　　［三］《玉篇》浩溔，水無際也。《司馬相如·上林賦》灝溔潢漾。

　　［四］喻雨水瀉注貌。唐·劉禹錫《和河南裴尹侍郎宿齋天平寺詣九龍祠祈雨》：「炎空忽淒緊，高溜懸綆縻。」

　　［五］水勢洶湧。宋·蘇軾《廬山二勝·棲賢三峽橋》詩：「空蒙煙靄間，澒洞金石奏。」

　　［六］象聲詞。形容因輾壓、摩擦、撞擊等造成的聲響。唐·韓愈、孟郊《城南聯句》：「馳門填偪仄，競墅輾砆砰。」

十四夜月

　　秋風滾地來，雲卷河漢淨。遙觀東海底，飛出黃金鏡。雖未十分圓，桂魄明且瑩。停杯對清輝，信筆成新詠。殷勤舉酒囑姮娥，休阻南樓來夜興。

夏夜對月

　　斜陽樓閣西風裏，暑氣著人難睡起。覺來厭暑登東樓，月明如晝天如水。金波漾漾流無聲，中秋月好常人情。青天休使浮雲蔽，不是中秋月也明。

謹上尊大人領省壽

　　驅馳半世誰能曉，一點丹衷［一］天可表。中原不忍萬民疾，肯羨蝸蠅利名好。桑田晚見白蘋洲［二］，天上人間無限秋。筆頭橫掃千人軍，詞源倒卷銀河流。閒來高臥煙霞裏，笑看浮生等白蟻。高歌一笑回東風，春滿漫山桃與李。華堂壽筵張，再拜獻壽觴。試看南山松栢姿［三］，歲寒依舊色蒼蒼。

【校釋】

　　［一］赤誠之心。南朝·梁·沈約《為齊竟陵王解講疏》：「敢誓丹衷，庶符皎日。」

［二］指長滿白色蘋花的沙洲。唐‧李益《柳楊送客》詩：「青楓江畔白蘋洲，楚客
　　　傷離不待秋。」

［三］一作「樹」，依詩律，當為樹。

仰祝尊大人領省壽三首

帳前驚報天子來，臨車下馬無疑猜。攀車引袂呼不起，齁齁酣寢聲如雷。
風雲千載際會秋，堂上嚴君正黑頭。君王一顧聞天下，春滿中原四百州。
蒼蒼松栢貫四時，造物兒童元是私。戲彩高歌獻壽巵，壽巵願約乾坤期。

哭尊大人領省 ［一］

尊大人領省臥疾，日忽謂人曰：「天帝釋新起寶輪，請吾為記，記已成，吾為汝輩誦之。」
誦數過左右，無曉書者，即忘之。又云天上寶剎亦成鐘聲，甚佳，謂侍疾者曰：「汝聽此否乎？」
後數日，有白雲突出帳中，如虹蜺 ［二］ 然，上徹霄漢，終日不絕，人皆哭曰：「公行矣！」
尋薨。

孤兒淚眼空血流，一夜不知渾白髮。寶燈輪畢新記成，夢斷疏鐘吼殘月。
白雲隱隱入青冥，生死悠悠兩長訣。人間天上父子情，遺憤有身終盡雪。

【校釋】

［一］並序，詩前有序，據補。

［二］即蝃蝀。為雨後或日出、日沒之際天空中所現的七色圓弧。虹蜺常有內外二
　　　環，內環稱虹，也稱正虹、雄虹；外環稱蜺，也稱副虹、雌虹或雌蜺。戰國‧
　　　楚‧宋玉《高唐賦》：「仰視山巔，肅何千千，炫耀虹蜺。」

瑞井行

赤子半入井，寧無惻隱心？踆走掔其足，啼號嗄 ［一］ 以瘖 ［二］。其親即偕
來，翕然集四鄰。將謂相謝不世恩，忿呼恚詰渠何人，令我兒聲哭酸辛。中心
自誓救顛墜，孰顧若輩怨且嗔，君子謀道不謀身。

【校釋】

［一］聲音嘶啞的《老子》：終日嚎而嗌不嗄。

［二］嗓子啞，不能出聲，失音。《後漢書‧袁閎傳》：遂稱風疾，瘖不能言。

去婦怨

最苦人生生別離，忽忽輕別幾時歸。紫簫吹落燕南月，麗澤門開馬似飛。
雨情 ［一］ 不定雲來去，老雁叫云云不住。琵琶撥盡斷腸聲，斷弦聲斷秋風暮。

【校釋】

　　〔一〕文津閣本、李文田箋注本作「晴」，應據改。

雙溪醉隱集卷三

五言律詩

寄趙虎巖呂龍山

　　年來緣底事，不復出柴關〔一〕兀兀千杯酒，蕭蕭兩鬢斑。一作暮色千峰遠，年華兩鬢斑。月明河漢淡，天闊水雲閒。目斷故人遠，去鴻猶未還。

【校釋】

　　〔一〕柴門。唐·劉長卿《送鄭十二還廬山別業》詩：「潯陽數畝宅，歸臥掩柴關。」元·張可久《水仙子·湖上小隱》曲：「歌《白石爛》，賦《行路難》，緊閉柴關。」猶寒舍，唐·李涉《山居送僧》詩：「失意因休便買山，白雲深處寄柴關。」。

寄高仲傑

　　一枕功名夢，半年風雨床。地高秋易老，人去夜偏長。悲賦傷鸚鵡，哀琴怨鳳凰。晚風吹落日，明月滿寒塘。

寄人

　　空翠撲晴影，輕黃著柳枝。春風戀遊子，渾似縱遊時。除醉更無事，憶君方有詩。如何一片月，兩地照相思。

送元遺山行

　　燕北秋風起，幽花滿地開。既邀今日別，合道幾時來。白玉煙沉閣，黃金草暗臺。不須傷老大，珍重掌中杯。

送李敬齋行

　　一代文章老，素車歸故山。露濃山月淨，荷老野塘寒。茅屋已知足，布衣甘分閒。世人學不得，須信古今難。

送完顏奏差行

　　君侯詣關日，款曲〔一〕為慈親。故國少知己，舊山多逸民。林園隨分雨，

天地自然春。四海滿桃李，惜花無一人。

【校釋】

　[一] 殷勤酬應。《後漢書・光武帝紀下》：「文叔少時謹信，與人不款曲，唯直柔耳。」

送正 [一] 夫行

　　歲窮風景惡，萍梗 [二] 客天涯。咫尺辭蘭省，優游出鳳墀 [三]。霜寒笳韻切，天遠雁聲遲。瘦馬長途晚，癡雲雪欲垂。

【校釋】

　[一] 同「征」。

　[二] 浮萍斷梗，因漂泊流徙，故以喻人行止無定。唐・許渾《晨自竹徑至龍興寺崇
　　　隱上人院》詩：「客路隨萍梗，鄉園失薜蘿。」宋・陸游《答勾簡州啟》：「遂
　　　容萍梗，暫息道途。」

　[三] 宮殿前的臺階。借指朝廷。《宋書・始平孝敬王子鸞傳》：「思玉步於鳳墀，想
　　　金聲於鸞闕。」

春日懷趙超然

　　萬里故鄉夢，五更殘月鐘。去鴻書斷絕，歸燕語朦朧。流水豔春態，好山呈曉容。是誰將怨笛，吹斷綠楊風。

寄郭隱君輔之

　　寄傲人間世，潛真計未疏。鳥行恬豹隱，驚食澹鶉居。座列清談客，門屯好事車 [一]。不應馳素謁，堅待偓波書。

【校釋】

　[一] 車，《廣韻》九魚切，音居。輅也。《古史考》黃帝作車，引重致遠。少昊時加
　　　牛，禹時奚仲為車正，加馬。

秋夜對月贈唐臣

　　寒水 [一] 搖空碧 [二]，西風 [三] 滿玉琴 [四]。孤光 [五] 萬家月，一寸 [六] 百年心。白雁驚殘葉，清霜 [七] 急亂砧。故山休掛夢，無地可投簪 [八]。

【校釋】

　[一] 清冷的河水。唐・杜牧《泊秦淮》詩：「煙籠寒水月籠沙，夜泊秦淮近酒家。」

　[二] 指澄碧的水色。唐・白居易《西湖晚歸回望孤山寺贈諸客》詩：「煙波澹蕩搖
　　　空碧，樓殿參差倚夕陽。」

［三］西面吹來的風。多指秋風。唐‧李白《長干行》：「八月西風起，想君發揚子。」

［四］玉飾的琴。亦為琴的美稱。唐‧常建《江上琴興》詩：「江上調玉琴，一弦清一心。」

［五］孤獨的光，單獨的光。多指日光或月光。唐‧杜甫《王兵馬使二角鷹》詩：「中有萬里之長江，回風滔日孤光動。」仇兆鰲注：「孤光浮動，日映江波也。」唐‧賈島《酬朱侍御望月見寄》詩：「相思唯有霜臺月，望盡孤光見卻生。」

［六］指光陰。唐‧李嶠《書》詩：「請君看入木，一寸乃非虛。」

［七］寒霜；白霜。《藝文類聚》卷九十引晉‧湛方生《弔鶴文》：「獨中宵而增思，負清霜而夜鳴。」唐‧聶夷中《贈農》詩：「清霜一委地，萬草色不綠。」

［八］參見唐‧杜甫《春望》詩：國破山河在，城春草木深。感時花濺淚，恨別鳥驚心。烽火連三月，家書抵萬金。白頭搔更短，渾欲不勝簪。

永嘉周道人求詩一首

氣升期汗漫，世法一黔婁［一］。啟鑰因師旨，咀芝從祖求。肆言諧律呂［二］，不夢本精修。玉室金堂邇，飄飄竹杖遊。

【校釋】

［一］人名。晉‧皇甫謐《高士傳‧黔婁先生》載，黔婁，齊人。隱士，不肯出仕，家貧，死時衾不蔽體。晉‧陶潛《詠貧士》之四；「安貧守賤者，自古有黔婁。」後作為貧士的代稱。

［二］古代校正樂律的器具。用竹管或金屬管製成，共十二管，管徑相等，以管的長短來確定音的不同高度。從低音管算起，成奇數的六個管叫做「律」；成偶數的六個管叫做「呂」，合稱「律呂」。亦用以指樂律或音律。《國語‧周語下》：「律呂不易，無奸物也。」漢‧馬融《長笛賦》：「律呂既和，哀聲五降。」

客中寄懷李先生九山居士

相憶復相憶，登臨百感生。河山分野色，風雨混松聲。白雁書秋思，蒼苔篆古情。如何千萬里，獨自計歸程。

晚集瑤華殿

月浸瑤華殿，雲垂素女幃。水精［一］簾半卷，火玉［二］燭交輝。紫氣遊清宴，休光下太微［三］。不知留帝所，疑執化人衣。火玉，上尖下圓，光照數十步。

【校釋】

［一］李文田箋注本作「晶」，應據改。

〔二〕 火玉，上尖下圓，光照數十步。

〔三〕 亦作「大微」。古代星官名。三垣之一。位於北斗之南，軫、翼之北，大角之
西，軒轅之東。諸星以五帝座為中心，作屏藩狀。《楚辭·遠遊》：「召豐隆使
先導兮，問大微之所居。」王逸注：「博訪天庭在何處也。大，一作太。」《史
記·天官書》：「衡，太微，三光之廷。匡衛十二星，藩臣：西，將；東，相；
南四星，執法；中，端門；門左右，掖門。」古以為天庭。按：此指朝廷或帝
皇之居。宋·沉遘《謝兩府三啟》：「抱槧懷鉛，出入乎承明之署；荷囊持橐，
上下乎太微之廷。」

春日即事

遲日照青春，遊風蕩紫宸。雪霜無氣力，桃李有精神。幽思平欺酒，閒愁
自避人。忘機殊不惡，魚鳥者來馴。

泛太液池同虎巖龍山賦

爛縱飛龍馭，凝神入醉鄉。煙霞生縹緲，絲竹媚微茫。蒲劍割秋水，荷盤
傾夕陽。莫輕年少日，青鬢易驚霜。

飛龍，道陵所制，泛太液之舟也，又名翔龍。

伯哩行

勝氣橫千里，歡聲洽萬夫。虎牙為後拒，犀首是先驅。金練鴉兒隊，銀槍
雁子都。率然乘伯哩，一戰下嵽峇。

伯哩，山名也，遜多伯哩者即此。遜多亦是山名，皆在和林西南。嵽峇又在其南，丁丑冬
弄邊者軍敗之地也，唐高仁願節度西川數敗巢軍，賊號蜀兵為鴉兒，每戰輒戒曰母與鴉兒鬥。

老將

結髮究〔一〕韜略，驅馳〔二〕四十年。長征秦五嶺，苦戰漢三邊〔三〕。萬死
奮不顧，一生今幸全。雲臺無住處，何日上凌煙〔四〕。

【校釋】

〔一〕 究，一作事。

〔二〕 驅馳，一作從戎。

〔三〕 魏徵曰秦事五嶺，漢事三邊云云。

〔四〕 凌煙閣的省稱。宋·葉適《晉元帝廟記》：「漢、唐陋矣，其殊勳盛烈，亦紀官
爵，圖形貌，有麒麟、雲臺、凌煙之目，誇其得意。」元·馬謙齋《快活三過

朝天子四邊靜・夏》曲：「先生豪放，詩狂酒狂，志不在凌煙。」

平南將

江淮平坦裂，元不事梯衝。銳氣吞堅陣，威聲挫戰鋒。高昂 [一] 地上虎，王濬 [二] 水中龍。詎可同年語，論功與定封。

【校釋】

　　[一] 北齊高昂，字敖曹，率兵渡河，祭河伯。曰河伯，水中之神，高敖曹，地上之
　　　　虎，行經所居，故相沃酹。

　　[二] 李文田箋注本作「濬」，二字古同，為異體字。

南征奏捷

宸算 [一] 將雄斷，天然是美談。一徵平漠北，再舉下江南。須不聞漂杵，何曾見溺驂。元和歌聖德，恐未免懷慚 [二]。

【校釋】

　　[一] 宸算，帝王的謀略。唐・李德裕《異域歸忠傳序》：「制置大略，盡出宸算。」

　　[二] 一作展詩陳薦信，頌德為無慚。

西征

白首征西將，封侯盡未貪。遠離窮髮 [一] 北，深入不毛 [二] 南。笑解重圍困，威延轉戰酣。若須求虎子，虎穴是當探。

【校釋】

　　[一] 極北不毛之地。《莊子・逍遙遊》：「窮髮之北有冥海者，天池也。」成玄英疏：
　　　　「地以草為毛髮，北方寒沍之地，草木不生，故名窮髮，所謂不毛之地。」

　　[二] 不生植物。指荒瘠。《公羊傳・宣公十二年》：「君如矜此喪人，錫之不毛之地，
　　　　使帥一二耋老而綏焉，請唯君王之命。」何休注：「堯埆不生五穀曰不毛。」

聞北耗詔發大軍進討

護軍承詔日，驃騎佐輕車。授豹韜攘惡，教龍鈐辟邪。除狼還得虎，養虺竟成蛇。致使雲臺將，如雲過涿邪。

經扼狐嶺得勝口會河戰場

烏兔縱飛走，急於寒女梭。扼狐名好在，得勝事如何。暮雨連芳草，秋風卷素波。戰塵如可洗，當與侍中過。

居庸關

秀拔延天險，寒盤萬古根。東西躧 [一] 日月，南北限乾坤。影落海山冷，氣搖星斗昏。如何戰塵下，荊棘暗重門。

【校釋】

[一] 踐履之意。

仙居亭

意匠驚難狀，天然醉飲圖。兩行風外柳，一冊枕邊書。雲錦薰沉水，鶯簧 [一] 脫串珠。煙光將勝概 [二]，特貯在仙居。

【校釋】

[一] 黃鶯的鳴聲。以其聲如笙簧奏樂，因稱。唐·溫庭筠《舞衣曲》：「蟬衫麟帶壓愁香，偷得鶯簧鎖金縷。」

[二] 量米粟時刮平斗斛用的木板《韓非子·外儲說》：概者，平量者也。

題虛白齋

可待留靈鎖，方期得駐顏。久虛生白室，長啟扣玄關。放浪形骸外，逍遙天地間。要當知霧豹 [一]，依舊在南山。

【校釋】

[一] 漢·劉向《列女傳·陶答子妻》載，答子治陶三年，名譽不興，家富三倍。其妻諫曰，能薄而官大，是謂嬰害，無功而家昌，是謂積殃。南山有玄豹，霧雨七日而不下食者，欲以澤其毛而成文章也，故藏而遠害。後因以「霧豹」指隱居伏處，退藏避害的人。唐·白居易《與元九書》：「時之不來也為霧豹，為冥鴻，寂兮寥兮，奉身而退，進退出處，何往而不自得哉。」

書後堂壁丁未八月二日，自西宮回和林。

放浪形骸外，寄鄉杯酒中。催歸有情鳥，促織可憐蟲。落日隔疏雨，斷雲垂渴虹。弋人何所慕，霄漢點冥鴻。

迎風館

滌暑迎風館，雄風襲玉扉。雲開天乙網，霞卷羽人衣。倒景搖清禁 [一]，飛煙擁翠微 [二]。泛蘭將轉蕙，須更入羅帷。

【校釋】

[一] 指皇宮。皇宮中清靜嚴肅，故稱。漢·應劭《風俗通·十反·司徒九江朱倀》：

「臣願陛下思周旦之言，詳左右清禁之內，謹供養之官，嚴宿衛之身。」

［二］指青翠掩映的山腰幽深處。《爾雅·釋山》：「未及上，翠微。」郭璞注：「近上旁陂。」郝懿行義疏：「翠微者……蓋未及山頂孱顏之間，蔥鬱葐蒀，望之岈岈青翠，氣如微也。」

司春園

地偏饒勝事，花事迴標奇。春自長須在，人誰盡得知。笑宜教捧腹，醉不解攢眉。未那司春子，騰譏釋二疑。

雪香亭月下偶得名酒徑醉為賦

瓊露融雲液，金泉湧月波。帶花浮綠蟻，和月卷紅螺。夜色依香雪，春容動綺羅。是須轟玉笛，倚弄玉龍歌。

余嘗有詩《碎擘桃花泛酒卮時》，亦取花泛酒醼遺花者，依花片數浮以大白。

蘅薄 ［一］

蘅薄頻牽望，陽林六駐鑣。香囊徒叩叩，雲月自苕苕。翠佩傳情密，層波託意遙。翩鴻漸高逝，翻恨隔神霄。

【校釋】

［一］李文田箋注本等諸本佚，且未存目。

擬西崑體後閣

夜枕雨聲細，曉窗花氣濃。玉臺掛秋月，繡幕生春風。藻井翠盤鳳，畫欄金走龍。功名是何物，只合付兒童。

讀新樂府集

攬盡江山秀，珠璣咳唾 ［一］ 新。豔浮天上錦，情動月中人。花鳥音容冶，風雲氣象頻。郢歌將白雪，憔悴對陽春。

【校釋】

［一］《莊子·漁父》：「竊待於下風，幸聞咳唾之音以卒相丘也。」後以「咳唾」稱美他人的言語、詩文等。唐·李白《妾薄命》詩：「咳唾落九天，隨風生珠玉。」

秋閨

供給深閨怨，秋聲又搗衣。鴛鴦不獨宿，燕子自雙飛。塵暗芙蓉帳，風寒翡翠幃。馳心囑明月，將此照金微 ［一］。

【校釋】

〔一〕古山名。即今阿爾泰山。唐貞觀年間，以鐵勒卜骨部地置金微都督府，乃以此山得名。盧照鄰《王昭君》詩：「肝腸辭玉輦，形影向金微。」

春曉月下觀白牡丹

小立猶凝睡，凝情出翠籠。玉盤承曉露，金鏡掛春風。豈為素娥〔一〕妒，不呈青帝〔二〕功。萬花推第一，誰更忌專宮。

【校釋】

〔一〕嫦娥的別稱。亦用作月的代稱。《文選·謝莊〈月賦〉》：「引玄兔於帝臺，集素娥於後庭。」李周翰注：「常娥竊藥奔月，因以為名。月色白，故云素娥。」

〔二〕我國古代神話中的五天帝之一，是位於東方的司春之神，又稱蒼帝、木帝。《史記·封禪書》：「秦宣公作密畤於渭南，祭青帝。」

詠雪

樓曉倚欄干，天低欲壓闌。削冰封岳色，飛席下雲端。風陣連朝凍，星鋩搖夜寒。嶺梅應見怨，何憚一來看。

日淡隔雲幕，地虛鋪雪氈。捲簾看不見，如畫舊山川。豈憶三杯酒，能回六月天。一聲何處笛，吹裂野梅邊。

圓福院竹

虛心雖涉世，貞節自孤堅。翠梢掛明月，錦繡披紫煙。豈無儀鳳日，別有化龍年。玉質捎雲裏，唯須著列仙。

答座客

千紅將萬紫，剪染盡冰葳。莫晚〔一〕誰施巧，惟春自出奇。向陽花易發，伴老病難治。若得如人意，除天是國醫。

【校釋】

〔一〕李文田箋注本作「曉」，應據改。

調人幽居

瑟瑟苔封徑，萋萋草暗階。蓮舟浮太乙〔一〕，玉笛噴洪崖〔二〕。巾漉塗糊酒，爐煨榾柮柴。莫將千古計，取次卻沉埋。

【校釋】

〔一〕天神名。戰國·宋玉《高唐賦》：「醮諸神，禮太一。」《史記·封禪書》：「天

神貴者太一。」司馬貞索隱引宋均云：「天一、太一，北極神之別名。」

〔二〕亦作「洪厓」、「洪涯」。傳說中的仙人名。黃帝臣子伶倫的仙號。漢・蔡邕《郭
　　有道林宗碑》：「將蹈洪崖之遐跡，紹巢許之絕軌。」

賀人飛泉幽居

萬斛驚珠冷，銀河落翠微。自歌還自舞，誰是復誰非。高鳥投何處，浮雲
去未歸。好風將落葉，著意戀柴扉。

旅興

白眼〔一〕看時事，剛腸厭俗流。也知蜂有毒，未信鼠堪投。熟睡消磨日，
清吟撥置愁。倚門應望切，早晚賦刀頭。

【校釋】

〔一〕露出眼白。表示鄙薄或厭惡。《晉書・阮籍傳》：「籍又能為青白眼，見禮俗之
　　士，以白眼對之。」

倦夜時方南征

展轉延清漏，開簾納月光。西風戀殘葉，終夕伴啼螿。靜析沉邊徼，疏鐘
撼客床。六龍〔一〕應振轡，飛日上扶桑〔二〕。

【校釋】

〔一〕古代天子的車駕為六馬，馬八尺稱龍，因以為天子車駕的代稱。唐・李白《上
　　皇西巡南京歌》之四：「誰道君王行路難，六龍西幸萬人歡。」

〔二〕傳說日出於扶桑之下，拂其樹梢而升，因謂為日出處。亦代指太陽。《楚辭・
　　九歌・東君》：「暾將出兮東方，照吾檻兮扶桑。」王逸注：「日出，下浴於湯
　　谷，上拂其扶桑，爰始而登，照耀四方。」

無何狂醉隱三首

無何狂醉隱，慢訑〔一〕更癡蒙。雖涉人間世，殊參塞上翁。只須推倚伏，
不必論窮通。且把無邊事，橫陳在酒中。

無何狂醉隱，直拙更疏慵。花鳥閒情外，江山醉眼中。涉江搴薜荔，緣木
採芙蓉。待把人間事，從頭問化工。

無何狂醉隱，酣適是生涯。馴護能言鴨，調籠解語花。不應拋蝶夢，須與
趁蜂衙。誰佐杯中酒，仙人萼綠華。

【校釋】

〔一〕訑，音但，古同「誕」，放縱。

穹廬篇

巢燕年年客，山河日日新。窗分一鏡曉〔一〕，門掩滿庭春。棲鳥羈籠影，行蝸游壁塵。故園雖好在，樓觀幾荊榛。

【校釋】

〔一〕曉，一作「碧」。

寓居靈州北村

野色荒煙暗，氛霾晝影昏。客情紛若絮，塵事亂如雲。楊柳春風渡〔一〕，梨花〔二〕暮雨春。不如歸去鳥，著意喚誰聞。

【校釋】

〔一〕北有黃河渡。

〔二〕村落梨花特盛。

雙溪月下戲贈觸熱衝暴雨者

夐〔一〕入清虛府，輕河漾月舟。水天通色淨，水月雜波流。雨橫蟻兵潰，日熇山市收。若然閒意況，原不到心頭。

【校釋】

〔一〕遼遠，距離遙遠的《穀梁傳·文公十四年》：夐入千乘之國。

戊申巳酉北中大風

衝風回白日，飛礫灑青天。富貴城西畔，珍珠河北邊。陽冰原不冶，陰火更潛然。直徹龍荒外，蕭條是野煙。

和林東北錫蘭河側有古城，唐《賈耽地志》所謂仙娥河富貴城者，是也。仙娥今聲轉為錫蘭河，烏孫所治赤山城西北三十里有珍珠河。

過東山縣有懷

憶昨驚塵下，腸回望眼穿。計程雖信宿，恨別似經年。自致青雲上，誰來白日邊。萬金遊子信，空與夢牽纏。

再如蒲〔一〕圻二首

雲暝雨將雪，天低風正寒。簡書端可畏，行李不遑安。要路飛騰好，窮塗

進取難。折腰徒自苦，吾亦悔儒冠。

北走蕁塘路，從公敢憚行。淒涼當短日，寂寞過荒城。薄祿非吾願，塵緣窘此生。丘園如可樂，何必問功名。

【校釋】

　　［一］王國維箋改作「番」，現湖北省赤壁市古稱番圻。

追悼大人領省

鶴駕知何處，仙遊閱古今。英靈千載氣，松栢一生心。白日空寒色，蒼天更暮陰。志終伸不得，遺恨海長深。

五言排律

春色浮山外

春色無高下，寧分澤與丘。世間依舊好，山外若為浮。桃李花爭折，池塘草自抽。綠涵峰勢合，紅溢燒痕收。遲日千鍾酒，東風百尺樓。夜來甘雨足，溪谷已成流。

七言律詩

立春

東帝［一］施恩似恤貧，嚴凝時節喚回春。未知和氣先歸柳，便覺寒威不著人。上苑三冬梅正發，和林五月草初新。世間均道唯春色，春色年來也不均。節物驚心苦見催，一年還見兩春來。臘寒自向人間盡，春色卻從天上回。午暖柳條先易綠，向陽花樹不難開。高歌買斷西城酒，更對東風盡此杯。

【校釋】

　　［一］司春之神東方青帝的省稱。宋·戴昺《初冬梅花偷放頗感》詩：「妝點南枝無
　　　　　數雪，探支東帝幾分春。」

春日寓懷

燕語鶯啼怯晚陰，蝶狂蜂亂更關心。冥鴻空自運寒暑，駭浪為誰淘古今。每縱思吟輕萬戶，但信眉笑抵千金。閉門不出近十日，忽到水邊春已深。

三月和林道中未見草萌

不覺清明夢裏驚，問人人道過清明。須知上苑花飛樹，誰信和林草未萌［一］。綠水歸鴻空自感，淡煙啼鳥若為情。翩翩瘦馬荒山路，衰草斜陽正獨行。

【校釋】

〔一〕一作生。

西園春興因贈雪庭上人兼簡張公講師

萬丈虹霓絡紫煙，笙歌清沸雨餘天。滿庭芳草翠如積，一洞碧桃明欲然。流水引來梅塢底，春風吹到酒壚邊。散花喚起毗耶〔一〕夢，從此無心號謫仙。

【校釋】

〔一〕亦作「毗邪」、「毘耶」。佛教語。梵語的譯音。又譯作「毗耶離」、「毘捨離」、「吠舍離」。古印度城名。《維摩經》說，維摩詰（意譯淨名）居士住毗耶城（在今印度比哈爾邦南部）。釋迦牟尼於該地說法時，維摩詰稱病不去。釋迦派文殊師利前往問疾。文殊師利問維摩詰：「何等是菩薩入不二法門？」維摩詰默然不對。文殊師利歎曰：「乃至無有文字語言，是真入不二法門」。古代詩文中，多以此佛教傳說故事為杜口不言而深得妙諦的典故。唐‧陸龜蒙《奉酬襲美早春病中書事》詩：「欲入毘耶問，無人敵淨名。」宋‧張孝祥《踏莎行》詞：「故人相見尤堪喜，山陰乘興不須回。毗耶問疾難為對。」

清明

寒食清明失舊期，躊躕搔首日沉西。風生楊柳鴉先覺，寒逼梧桐鳳不棲。山色雪迷春意老，雁聲雲遏暮天低。蘇門二月春光好，好逐東風發馬蹄。

重和惜春詩韻余時經始西園

惜春情味舊情緣，依舊中情似去年。怪得玉音殊鄭重，想將花事易唐捐。白蓮已結為詩社，翠水唯浮載酒船。誰謂惜花人老大，買花輸盡買山錢。

謹用尊大人領省十六夜月詩韻

黃雞白酒管絃和，一任浮生歲月磨。銀管題詩悲遠客，玉簫吹恨憶秦娥。人言皓魄今宵減，我見清光依舊多。一十二時爭幾許，人間奈此世情何。

中秋對月

銀燭煌煌十二衢，冷金波浸酒仙居。由來物外通明殿，只是人間不夜珠。玉女窗扉唯白曉，素娥庭院更清虛。桂花香陌無塵景，全入壺翁碧玉壺。

冬日即事

征鴻南渡老年華，漸覺冬來眼界多。寒雪狂風顫林木，凍雲殘照鎖關河。高低山勢黃沙磧，遠近人家白草坡。極目碧天人萬里，醉邀明月一高歌。

　　蠟栀五萬酬鞭直，洴絖百金真食封。蕭散不萌爭鬧趣，真醇繆覬養生慵。滌清研裏憨凡筆，磨徹鑒中嚬窘容。傷到玄冥僭春令，狐裘羔酒貯嚴冬。

日南至

　　獵獵嚴風正酷寒，一陽潛動舊關山。人情徒怨融和晚，天意何曾造化慳。暗逐寒威歸漢外，漸回春色到人間。明年桃李知多少，莫把［一］東風作［二］等閒。

【校釋】

　　［一］一作道。

　　［二］一作是。

謹用尊大人領省龍庭風雪詩韻

　　登高何處是燕然，極目關山塞草連。落日幾峰寒帶雪，西風一雁冷橫天。冬居冰谷賴醖酒，夜宿沙堤借草氈。為向中州豪傑道，天涯如此過年年。

　　凍折瑤琴三兩弦，起來孤坐憶成連。可堪此世成何事，了卻平生莫問天。門外共傳三尺雪，帳中賴有四圍氈。遙思千古功名輩，回首西風不記年。

九月道中遇雪

　　密密癡雲曉自凝，飄零蹤跡斷蓬輕。幽禽底事啼長咽，流水何緣浪不平。清夢未回人換世，萬花應怨我寒盟。故園回首腸堪斷，雪滿荒山瘦馬行。

途中值雪

　　不禁風色避穹廬，寂寞行人止半途。日暮關河雲黯淡，晚來天地雪模糊。千山未霽寒尤重，一鳥不飛人更孤。旋撥寒爐一樽酒，故人知我此情無？

欲雪

　　癡雲泄泄復溶溶，底事龍公睡起慵。薄暮遙看岩岫失，夜闌空把斗牛［一］封。徘徊天外心無定，繚亂江頭色正濃。寄與西風莫吹散，梅花憔悴憶相逢。

【校釋】

　　［一］二十八宿中的斗宿和牛宿。北周・庾信《哀江南賦》：「路已分於湘漢，星猶看於斗牛。」

雙溪書院對雪

　　宴處雲華不夜庭，為餐瓊蕊更談經。聽隨瑞葉風來處，看散天花酒半醒。白鳳羽毛寒蕩漾，玉龍鱗甲戰凋零。倘非太素［一］司光化［二］，誰壓驚塵與

效靈［三］。

是歲北征獻捷。

【校釋】

［一］古代謂最原始的物質。《列子·天瑞》：「太素者，質之始也。」漢·班固《白虎通·天地》：「始起先有太初，後有泰始，形兆既成，名曰太素。」

［二］猶德化。《魏書·咸陽王禧傳》：「聖過堯舜，光化中原。」

［三］亦作「効靈」。顯靈。明·陶宗儀《輟耕錄·敘畫》：「古先聖王受命應錄，則有龜字効靈，龍圖呈寶。」

送賈彥從

淡煙衰草兩無情，寒瀉金波送子行。可奈驅馳來瀚海，不堪牢落過清明。半簾皓月人千里，滿目春風雁一聲。瘦馬鞭催低塞日，數峰江上雨初晴。

送馮贇

北去南來牽利名，紅塵鞍馬老生平。天涯海角長為客，薄酒新詩傷送行。秋早地高山改色，夜深風緊雁饒聲。起來細把歸期數，今日［一］淒涼第一程。

【校釋】

［一］一作「夜」。

送安善甫

龍庭二月送君歸，底［一］事人生足別離。幽鳥一聲春寂寂，東風千里馬遲遲。煙迷故壘襟分處，月淡山城夢破時。此去萱堂休忘卻，堅持忠孝是男兒。

【校釋】

［一］指示代詞。此，這。底事，此事。溫州方言至今留存。

送魏隱居

十年相憶不相逢，一日相逢意氣同。落落了無寒士態，堂堂渾有古人風。雨寒秋泣黃華淡，霜重山涵碧樹紅。歲晚可憐猶是客，素琴孤劍幾西東。

送誠之行

惆悵分襟北海西，悠然不覺涕漣洏［一］。自憐遠地無朋友，忍與君侯遽別離。萬里風沙秋半後，一龕燈火夜深時。相期老柏三千丈，不改凌霜傲雪姿。

【校釋】

［一］形容淚流不止的樣子。

送子周行

衰草淒淒塞日斜，春風得意出龍沙。南飛鴻雁三秋雪，東望關河萬里家。杯酌岐邊浮竹葉，角吹隴上弄梅花。征鞍迢遞中州道，淡淡長空點暮鴉。

送子華行

雁行飛盡暮雲收，送子岐邊酒一甌。遠樹深埋黑山雪，晚風寒索紫貂裘。悠揚鼓角千岩月，慘淡關河萬里秋。寂寞歸來回首處，幾聲山鳥語啾啾。

送孟端卿

萬里歸來兩鬢霜，百年閒事也難量。跳丸〔一〕歲月無留計，劃餅功名不可嘗。鴻斷碧雲空落日，塵飛滄海已生桑。鸎花未老春猶在，更對青山共一觴。

【校釋】

　　〔一〕比喻日月運行。謂時間過得很快。唐·韓愈《秋懷詩》之九：「憂愁費晷景，
　　　　　日月如跳丸。」

送寧朔

說從薛燭〔一〕授吹毛〔二〕，從事孫吳與六韜。應策騰空調赤電，驚弦裂石試烏號。鼎魚幕燕〔三〕由西極，假氣遊魂在北郊。擊惰搗虛元有策，必須先直取窠巢。

　　　　漢武名烏孫馬為西極馬，時弄兵者由烏孫故地而束款和林北境。

【校釋】

　　〔一〕春秋越人，善相劍。漢·袁康《越絕書·外傳記寶劍》：「昔者越王句踐有寶劍
　　　　　五，聞於天下，客有善相劍者名薛燭，王召而問之。」

　　〔二〕形容刀劍鋒利，吹毛可斷。唐·李頎《崔五六圖屏風各賦一物得烏孫佩刀》詩：
　　　　　「烏孫腰間佩兩刀，刃可吹毛錦為帶。」

　　〔三〕《文選·丘遲〈與陳伯之書〉》：「而將軍魚遊於沸鼎之中，燕巢於飛幕之上，不
　　　　　亦惑乎。」李善注：「袁崧《後漢書》：『朱穆上疏曰：養魚沸鼎之中，棲鳥烈
　　　　　火之上，用之不時，必也燋爛。』《左氏傳》曰：『吳季札曰：夫子之在此也，
　　　　　猶燕巢於幕之上。』」後以「鼎魚幕燕」比喻處於極危險境地的人或事物。

送李稚川

雲來雲去元因雨，花落花開總是風。白酒盡堪驕富貴，青山只合傲王公。從甘雞肋功名後，已墮羊腸世路中。為語屏山癡子弟，虎狼叢裏逞豪雄。

其二

一樽濁酒與君同，握手相隨出帝宮。牧笛喚回千里夢，秋空點破一飛鴻。參橫斗轉 [一] 關河月，山寂猿啼草木風。酌別淡煙衰草路，飄零蹤跡又西東。

【校釋】

[一] 北斗轉向，參星打橫，指天快落山的時候。三國·魏·曹操《善哉行》：「月沒參橫，北斗闌干。」《宋史·樂志》：「斗轉參橫將旦，天開地闢如春。」

送人

是是非非盡自宜，掀髯一笑且信眉。休辭沉醉過終日，縱得再歸來幾時。極浦遙山遺別夢，碧雲流水寄相思。傷心去國頭如雪，憔悴春風對柳枝。

送韓浩然 [一]

開懷樽俎笑談傾，未暇論文君已行。富貴塗亨渠易致，詩篇韻險我難賡。已成傾蓋 [二] 金蘭友，安用沾襟兒女情。準擬秋深近歸騎，一樽濁酒遠相迎。

【校釋】

[一] 王國維箋注：此詩見《湛然居士集》中。

[二] 指初次相逢或訂交。唐·儲光羲《貽袁三拾遺謫作》詩：「傾蓋洛之濱，依然心事親。」宋·蘇軾《臺頭寺送宋希元》詩：「相從傾蓋只今年，送別南臺便黯然。」

送子文還家

道直如弦氣吐虹，盡輸心計靜頹風。倦蘄待詔留金馬，遽乞還山命玉驄。天幕幾曾巢客燕，雲羅終不掛冥鴻。多思高謝 [一] 人間了，不似癡仙醉夢中。

【校釋】

[一] 即歸隱。晉·殷仲文《解尚書表》：「退不能辭粟首陽，拂衣高謝。」

用西岡老人留別詩韻以贐其行二首

健羨男兒得志秋，錦衣歸去躍驊騮 [一]。斷腸南陌人何在，回首夕陽水自流。故里得歸真樂土，浮生無處不天遊。疲民正賴君侯手，莫把功名讓黑頭。

昔年冷坐渭河濱，獨釣寒波絕路塵。流水高山千古事，淡雲微月一閒身。只知門巷無俗客，唯有琴書是故人。今日聖朝方大用，江山應助老精神。

【校釋】

[一] 周穆王八駿之一，泛指駿馬。《荀子·性惡》：「驊騮騹驥纖離綠耳，此皆古之

良馬也。」楊倞注:「皆周穆王八駿名。」

和子文留別詩韻以贐行

天涯牢落故人稀,與子論文真所依。萬里有行君有志,雙親無恙我無違。愁如流水何時盡,身似楊花到處飛。明日不堪離別處,高吟新句贈玄暉。

西行留別諸人

綠楊飛絮草鋪茵,到處春光隨意新。幾個道傍留別客,萬重山外遠行人。淒涼幽鳥喚殘夢,狼藉野花傷暮春。酒薄無由求一醉,更堪歸雁過來頻。

留別諸友

環池亭上醉飛觴,春暖波閒怕夕陽。高掛無弦雲滿地,一噴橫玉水平塘。檻依蘭影香猶濕,簾隔泉聲意自涼。後會不知何處是,對床休避細商量。

讀甲子改元詔因敘懷留別諸相

憶昔東征去國門,黯然為別更銷魂。若圖白首妻孥計,是負皇家父子恩。中統始開新甲子,至元重整舊乾坤。九州四海昇平望,要竭丹誠翊至尊。

早行

窗外寒雞唱五更[一],翩翩征斾掛疏星。百年身世情如夢,半紙功名醉不醒[二]。欲吐半吞殘月淡,似連還斷遠山青。莫教草草生華髮,消得幾回長短亭。

【校釋】

[一] 一作「曉聲」。

[二] 一作「斷知名是誰家物,不記人曾醉得醒。」

發涼陘偏嶺南過橫山回寄淑仁

浮游汗漫和南陔[一],直指涼陘是九垓。偏嶺最饒秋色處,橫山不出冷雲來。未須白雁傳霜信,已早黃花帶雪開。想得玉灤河北畔,有人獨上李陵臺。

土俗呼為李陵臺者,在偏嶺東北百里。李陵失利在無定河外,意其好事者名其山為李陵臺也。古有李陵臺,在唐單于都護府金河縣界。

【校釋】

[一] 淑仁母在燕南,故有南陔之語。

近因北事和林親故離絕途次雲中先寄燕南一二知己

棲遲徙倚賦登樓,休想情懷似去秋。著意不來看鬢腳,豈知何事在心頭。莫

驚歌鳳 [一] 狂猶在，見說屠龍 [二] 老更羞。誰料一雙癡醉眼，戰塵西北望神州。

【校釋】

[一]《論語‧微子》：「楚狂接輿歌而過孔子曰：『鳳兮鳳兮！何德之衰？往者不可諫，來者猶可追。已而，已而！今之從政者殆而！』」後遂以「歌鳳」為避世隱居之典。漢‧揚雄《法言‧淵騫》：「欲去而恐罹害者也，箕子之《洪範》、接輿之歌鳳也哉！」

[二]《莊子‧列禦寇》：「朱泙漫學屠龍於支離益，單千金之家，三年技成，而無所用其巧。」後因以指高超的技藝或高超而無用的技藝。唐‧盧照鄰《釋疾文》：「既而屠龍適就，刻鵠初成。」

寄西平

鼠偷狗竊敢炰休 [一]，爭信貔貅已締交。將迓連珠調鵲角，擬追逐日試蒲捎。序移玉律陰風急，氣應金商太白高。惜別折衝罇俎地，莫容南牧越臨洮。

【校釋】

[一] 形容人囂張或暴怒。《詩‧大雅‧蕩》：「咨汝殷商，女炰休于中國，斂怨以為德。」鄭玄箋：「炰休，自矜氣健之貌。」

春寒代人有寄

睡鴨香消寶篆殘，瀟瀟松竹雨聲寒。水空流去雁將盡，花未放來春已闌。斜日多情送歸鳥，碧雲無跡問飛鸞。不應鳳女祠前月，只許吹簫獨自看。

春日和林寄趙虎巖呂龍山

年年芳草怨王孫 [一]，日日幽人獨倚門。蹤跡飄零又寒食，別離滋味奈黃昏。一樓風雨欺歸夢，萬里雲山動客魂。欲寫相思寄雙鯉 [二]，亂離春水雪消渾。

【校釋】

[一] 王的子孫。後泛指貴族子弟。《楚辭‧淮南小山〈招隱士〉》：「王孫遊兮不歸，春草生兮萋萋。」王夫之通釋：「王孫，隱士也。秦漢以上，士皆王侯之裔，故稱王孫。」

[二] 兩條鯉魚。晉‧干寶《搜神記》卷十一：「母常欲生魚，時天寒，冰凍，祥 [王祥] 解衣，將剖冰求之，冰忽自解，雙鯉躍出，持之而歸。」

春日寄懷魏隱君邦彥

滿眼春風卷暮陰，五噫歌 [一] 罷更沉吟。十年萬事沒孤鳥，百念一時生寸

心。芳草不隨鶯燕老，好山依舊水雲深。遙憐野鶴高飛去，夜夜投棲何處林。

【校釋】

　　〔一〕詩歌篇名。相傳為東漢梁鴻所作。

登迭巘樓寄本庵粹中

　　江山不盡古今情，空寫相思遍鳳城。滿眼氛埃昏落日，一天寒色淡長庚〔一〕。吟魂豈為閒愁斷，別夢徒因往事驚。早晚重將風雨夜，細傾肝膽話平生。

【校釋】

　　〔一〕近日長庚星見。

寄巖翁

　　遊子不來春草碧，忍聞啼鳥怨殘紅。河聲忽與回風斷，山色還隨落日融。華屋煙霞簫管歇，鳳樓塵土酒杯空。多應雲鶴相將去，又在蓬邱第幾宮。

　　　　時巖翁復避事東遊。

寄李徵君

　　豈當容易慕陶潛，莫枉明時振廢淹〔一〕。薄宦情懷雖自減，竦人聲價為誰添。雷霆威重休輕忤，雨露恩饒可共沾。縱是世無顏叔子，更宜學避魯人嫌。

【校釋】

　　〔一〕指被廢黜已久的賢者。《國語‧晉語七》：「逮鰥寡，振廢淹。」韋昭注：「振，起也。淹，久也。謂本賢人，以小罪久見廢，起用之也。」

寄國範昌齡

　　總道綢繆恩〔一〕好去聲在，斷無人跡繼芳蹤。情親便合稱三鳳，友愛何妨號二龍。莫為鬢絲抽思緒，不將學海淬辭鋒。綠波煙草灞陽渡，獨倚危樓到下春。

【校釋】

　　〔一〕李文田箋注本作思。

寄尹仲明兼簡盧進之

　　別後相思撥未平，登高西望轉關情。林邊殘日沒歸鳥，天際斷雲飄晚晴。久把功名為外物，擬將詩酒暢平生。自從身世相忘後〔一〕，萬事人間一唾輕。

【校釋】

　　〔一〕一作「曉風吹破槐根夢」。

寄李道隱之和

竦誚馳聲牧九州，[一] 玄心事蔑王侯。風情張日排巢父，霜氣橫秋拉許由。騰笑務光何足比，獻嘲涓子不能儔。北山逋客幽棲地，可是英靈許再遊。

余時自號北山逋客。

【校釋】

［一］ 此處脫「覈」字，諸本皆脫。

寄隱者

投老嘗期謝草萊，有人懷抱待君開。叩元要給談天口，虛白元宜養聖胎。鳳尾諾雖徵不起，鶴頭書合召將來。莫驚此會知何地，認取黃金是舊臺。

太宗第五皇子嘗召隱居，故有「鳳尾諾」之語，諾是應諾之諾，或作識，音志，非。

壬子秋日客舍紀事因寄家兄

判花歌鼓殷晴雷，露葉風枝漾酒杯。金水淨穿深巷陌，玉泉浮動遠樓臺。可堪白雁將秋去，又著青雲入夢來。原上眷令何處所，不聽遊子詠南陔。

責友人不寄書

堆積離愁無奈何，年來俗態可堪嗟。人情個個薄如紙，世事紛紛亂似麻。燕子不來書讓草，雁行飛盡眼昏花。而今試問風蓬跡，海角天涯到處家。

贈盧隱君

放情丘壑謝囂氛，逸氣翛然自不群。捷徑豈容留隱士，駕鴻方可是徵君。獨輪車輾岩邊月，十角牛耕隴上雲。曾約華山分一半，如何猶不許同分。

《山谷詩》：不知繡鞍，萬人立何如？盧郎駕飛鴻。注云：盧徵君駕飛鴻歸隱也。

贈酒鄉道隱李君之和

一自琳宮見錦囊，幾回先爇 [一] 玉蕤香。醉鄉更比乾坤大，仙境元饒日月長。五柳先生陶靖節，四明狂客賀知章。無為未必無遺恨，不列三千弟子行。

【校釋】

［一］《說文》：「爇，燒也。」

春晚懷呂龍山

洞簫吹斷柳花風，恨別蒼苔滿徑蹤。幽夢已憑春領略，凝愁惟藉酒彌縫。千山落景沉殘角，萬壑歸雲入暮鐘。近說鬢毛渾白盡，可堪空憶舊音容。

呈鵬南學士

妙齡特達冠群英，家世燈傳白與清。氣壓西山正開爽，學尊東魯獨精誠。棠陰政簡琴心靜，瓜熟歸來句眼明。他日宴堂香一瓣，潛通玉照兩忘情。

復次趙虎巖元韻

道直如弦氣吐虹，幾人臭 [一] 味與君同。西湖處士林和靖 [二]，東里先生呂本中。舉世是皆驚炙駮，有人應更憚乘驄。阿誰狂直今如此，不是癡仙即醉翁。

【校釋】

[一] 氣味之總名。《書·盤庚》無起穢以自臭。疏：「古者香氣穢氣皆名之臭。」

[二] 一作「君復」。

和光祖詩韻一首

西風望斷碧雲深，萬里關河入俯臨。客思暗隨愁共遠，鬢冰疑是老相侵。霜鴻傍月傳佳信，寒雪漫天擁衲吟。十載因循歸未得，飄零蹤跡到如今。

寄題一枝庵主人

消息盈虛莫費辭，德人何慮復何思。窮通不信無非命，貴賤由來定有時。方欲自專齊物論 [一]，未知誰任大宗師 [二]。擊搏九萬三千里，何異巢林在一枝。

【校釋】

[一] 莊子《齊物論》。

[二] 莊子《大宗師》。

送張壽甫尚書出尹河南

滿路黃花照暮秋，旌旄綽約促行輈。名卿均逸膺宸算 [一]，方牧分符聳士流。翰苑文章饒雅趣，伊川風物冠中州。明朝黃合求元老，卻恐綸恩妨勝遊。

【校釋】

[一] 帝王的謀略。宋·文瑩《玉壺清話》卷一：「願陛下選將帥中威武有謀、敦龐多福、克荷功名者，授宸算，付銳兵，俾往征之。」

燕市送客歸長安故居

黃金臺上望長安，何處青山是故山。虹斷橋樑分雨腳，露搖珠顆偃荷盤。歸心暗逐飛鴻盡，病眼空將倦鳥還。芳草不隨遊子去，日斜煙澹倚欄干。

送米君周還鎮陽

驅馳萬里赴龍庭，今日還歸出帝京。一夜雪寒添客恨，三秋風物動離情。臨岐把酒君留別，信筆成詩我送行。賤子一言君記取，得無青眼〔一〕顧書生。

【校釋】

〔一〕指對人喜愛或器重。與「白眼」相對。唐·杜甫《短歌行·贈王郎司直》：「仲宣樓頭春色深，青眼高歌望吾子。」

枕流亭

振濯塵纓奠枕流〔一〕，桃花源上玉溪頭。春風來領長歡伯，和氣追陪獨醉侯。童子只知除害馬，庖丁原不見全牛。癡仙事業依然拙，甚識人間有棘猴。

【校釋】

〔一〕枕流亭，見詩題。

題枕流亭

竊期擷藻捘天庭，閒作篇章抒下情。殊喜濂溪愛蓮說〔一〕，未甘桑苧著茶經〔二〕。逍遙方外無為業，整頓人間不朽名。緣洗塵囂耳中耳〔三〕，舉家移住枕流亭。

【校釋】

〔一〕指周敦頤《愛蓮說》，宋代為紀念周敦頤，在湖南汝州建濂溪書院。

〔二〕指宋代陸羽（桑苧翁）著《茶經》。

〔三〕王國維箋改作「事」。

池亭用前韻

推窮理窟叩真庭，探索天心見物情。憶昨冥心捕蛇說〔一〕，笑今凝思相牛經〔二〕。未妨招隱教投跡，不信潛夫肯著名。愛煞清風與明月，肯隨人意到池亭。

【校釋】

〔一〕唐·柳宗元《捕蛇者說》。

〔二〕全稱為《齊侯大夫寧戚相牛經》，相傳春秋時齊國大夫寧戚所撰。見載於《隋書·經籍志》。

秋日避暑塵外亭

軟紅塵外水雲鄉，隱映雙溪避暑莊。雌霓入聲連蜷應計雨，雄風回穴為

輸涼。年光變弄蒲萄色，天氣經營菡萏〔一〕香。只就北窗花柳下，豈妨高臥傲羲皇。

【校釋】

　　〔一〕菡即菡萏。吳均《登二妃廟》詩：「折菡巫山下。」菡萏，荷花。李璟《浣溪
　　　　　沙》詞：「菡萏香銷翠葉殘，西風愁起綠波間。」

泊白鱮江塵外亭高士攜琴相訪

　　引回柔櫓款亭皋，宛駐靈槎泛雪濤。塵外水沉薰菡萏，甕頭春綠漲蒲萄。紅螺山色秋尤健，白鱮江聲曉更豪。安得投簪招隱士，就攜寒玉〔一〕從琴高。

【校釋】

　　〔一〕寒玉，寶琴名。見《國史·補弊》家有琴，亦名寒玉。

飲方湖菊洲塵外亭

　　三徑雖然已就荒，菊洲猶在水中央。不愁塵外仙無路，切喜花前醉有鄉。倦鳥也知人去就，狎鷗元識我行藏。浮遊種種真滋味，更索教誰子細嘗。

題四娛齋

　　門掩壺春安樂窩，紛紛俗事奈人何。須憑歡伯攻愁陣，自有桐孫伏鬼魔。遣〔一〕興色絲何擺落，塵懷黃奶〔二〕解消磨。拍欄一笑遙山碧，付與兒童學揣摩。

　　雲滿蘭窗霧滿階，恍疑身世在瑤臺。琴餘細嚼陶潛句，書罷深傾李白杯。流水淨拖飛練去，好山晴與翠屏開。百年樂事能多少，何必更歌歸去來。

　　細細清風染綠槐，絲絲疏雨洗黃梅。山圍樓合周遭碧，花繞欄干次第開。日落青天見螢火，雲歸滄海聽蚊雷。知音不是王夫子，誰為陶潛送酒來。

【校釋】

　　〔一〕王國維校改作「遣」。
　　〔二〕亦作「黃妳」，書卷的別稱。南朝·梁元帝《金樓子·雜記上》：「有人讀書握
　　　　　卷而輒睡者，梁朝有名士呼書卷為黃妳，此蓋見其美神養性如妳媼也。」

縱遊壺天園

　　水搖晴影漾樓臺，臺上花前載酒來。楊柳不勝金縷瘦，海棠空自錦雲堆。夢隨蜂蝶尋春去，興入煙雲盡處回。欲紀所思吟不得，卻誰先篆滿蒼苔。

夜宴壺天園

門掩仙居不記重，紫霞容與 [一] 貯春風。玉簫赴節徵雙鳳，蘭燭飄香擁六龍。織女下時星自落，姮娥來後月長空。始知不死瓊田草，唯在壺中罨畫峰。

【校釋】

　[一] 從容閒舒貌。《後漢書·馮衍傳下》：「意斟愖而不澹兮，俟回風而容與。」李賢注：「容與猶從容也。」

春旱郊園諸花獨盛醉歸憩槐蓋陰下

渴雨苗雖未發榮，可無芳意慰坤靈。草緣近水堤邊綠，柳繞新池岸上青。花匠鬥供春制度，曲生專與我調停。且傾翠蓋誰如故，依舊槐陰滿後庭。

題縉雲山五湖別業

為愛煙光可掛懷，並供幽思上靈臺。縉雲直拔空青起，落水橫吞野翠來。欲界曲隨仙境變，好花爭映畫屏開。終期盡把閒桃李，就此名園勝地栽。

陶弘景有言，山林奇處乃欲界之仙都也。

五湖別業新園

除了五湖煙月外，只容春色入重關。可憐東郭兔三窟，不見南山豹一斑。獨醉軒昂花柳下，無塵亭立水雲間。誰期造物輸元力，更許清風恣往還。

小隱園擬樂天

吏隱廳西小隱園，小池塘在臥房前。指垂楊柳為煙客，認白蓮花是水仙。歌接柳枝翻折柳，醉斟蓮葉倒垂蓮。不煩馳譽丹青 [一] 筆，勝醉仙圖是處傳。

【校釋】

　[一] 畫工的代稱。三國·魏·曹丕《與孟達書》：「故丹青畫其形容，良史載其功勳。」

蘭畹見和鄙語無塵亭復用元韻

苔色連階草滿庭，且圖榮悅野人情。任呼醉隱為書簏 [一]，要識書淫已醉經。高臥莫疑將索價，浮遊須不近沽名。只消卷跡囂塵外，寄傲空涼水上亭。

【校釋】

　[一] 譏諷讀書多而不解書義或不善運用的人。《太平御覽》卷六一六引南朝·梁·沈約《俗說》：「劉柳為僕射，傅迪為左丞。傅好讀書而不解其義……劉道傅云：『讀書雖多而無所解，可謂書簏。』」

春晴極寒登池樓書事

晴影深涵碧玉流，鬱香蘭芷暗芳洲。凍侵鶯舌聲全澀，風戀花枝顫未休。目斷野煙橫極浦，心懸江月入高樓。應須買盡人間酒，更不令寒畫一籌。

和林春舍敘西園前宴招一二友生重飲

樓閣參差翳紫煙，佳人情重惜留連。月明楊柳春風夜，寒食梨花暮雨天。將謂浮雲寄浮世，豈知流水是流年。殷勤［一］不醉花時酒，強作守錢奴可憐。

【校釋】

［一］一作人生。

清明前一日月夜對酒招季淵飲

醉鄉吟社雨厭厭，寒食清明事已兼。春計政侵雲子［一］酒，月華不隔水精簾。幽蘭香結成凝陣，寶篆煙空盡未添。連璧勝遊心賞在，莫輕傾蓋一掀髯。

【校釋】

［一］一種白色小石，細長而圓，狀如飯粒。《漢武故事》：「太上之藥，有中華紫蜜、雲山朱蜜、玉液金漿，其次藥有五雲之漿、風實、雲子、玄霜、絳雪。」

憶雙溪

蘭洲懷抱玉溪分，龍自深蟠草自茵。樓觀幾經浮世換，河山依舊主人新。鶯花有意長留我，桃李無言自好春。想得多情怨遲暮，不應終老馬牛塵。

春日西園招雪庭［一］

暇日浮雲漾綠波，畫閒風靜好經過。護花飛蝶來逞舞，戀柳啼鶯自獻歌。妨物性疏輕物議，惜春情重奈春何。流年不為朱顏息，莫［二］厭罇前語笑多。

【校釋】

［一］王國維校改作「亭」。

［二］一作「誰」。

匏瓜亭二首

一壺天地備莬裘，應結壺翁物外遊。田仲盡當多屈轂，惠施何得應莊周。豈容五石為無用，好辦千金預與酬。瓠落縱甘成棄物，世途元［一］更有中流。

擬挹清風潁水濱，坐忘顏陋謝囂塵。素知居士非田仲，只識幽人是卜鄰。盡辦仙家方外地，徑輸花塢甕頭春。豈為無口辭供濟，好慮為樽與問津［二］。

【校釋】

〔一〕一作須。

〔二〕典出自《韓非子・外儲說左上・堅瓠》齊有居士田仲者，宋人屈谷見之，曰：
「谷聞先生之義，不恃仰人而食，今谷有巨瓠，堅如石，厚而無竅，獻之先
生。」仲曰：「夫瓠所貴者，謂其可以盛也。今厚而無竅，則不可剖以盛物；
而堅如石，則不可以剖而斟，吾無以瓠為也。」曰：「然，谷將棄之。今田仲
不恃仰人而食，亦無益人之國，亦堅瓠之類也。」

縉雲五湖別業書事

縱恬高蹇狗真愚，元也中心怯畏途。共命不能同好惡，寄生那有異榮枯。
為管獨醉成三窟，方引雙溪入五湖。就著鶴頭書背上，已私宏景兩牛圖。

余先居和林，後寓隴臺，今卜築縉雲五湖別業，皆營園。亭榜曰獨醉司空表，聖有《共命
鳥賦》，其序云：「西方有鳥，名曰共命，連腹異首而愛憎不同，一伺其寐，得毒卉乃餌之，既
而藥作俱斃。」

西園席上招雪庭裕上人

山光搖盪入簾櫳，酒漾歌雲暖玉融。煙柳翠涵深院雨，露花香濕滿樓風。
自從愁陣持降節，擬與詩兵紀戰功。借問飄零斷腸客，為誰幽獨臥蓮宮。

讌臺

萬象森羅動翠華，謫仙名擅地仙家。忽疑羽化隨青鳥，空記嵩呼隔彩霞。
休計露盤承玉屑，枉徵雲液就丹砂。兩龍勝蹟空流水，流盡臨風野薺花。

蒼官臺

誰贊君侯締構功，盡收形勝壓天東。洪流下瞰朝宗遠，迭嶂橫陳堡塞雄。
鳳闕凝眸雲掩靄，雞林指掌樹溟蒙，髯龍似識登臨意，時擺寒梢弄晚風。

郝侍中釣臺

槎杌荊榛薙草萊，欲令無一點塵埃。行歌正則行吟澤，坐嘯狂奴坐釣臺。
鳥道不衝天宇斷，雁行橫過海門來。黃華已為西風瘦〔一〕，更對凝霜鬢影開。

【校釋】

〔一〕宋・李清照《醉花陰・重陽》詞：「莫道不銷魂，簾卷西風，人比黃花瘦。」

獨醉亭

澡雪精神住福庭，放言須不逆時情。推移殿最修花史，分別賢愚著酒經。愛

酒愛花俱有趣，獨醒獨醉兩一本作總虛名。只知高挹清風處，萬古心期是此亭。

　　《麗珍花品序》云：花以優劣為殿最醉鄉日月云。凡酒色如金而醇苦者，為賢黑色酸醲者為愚。

書三樂軒壁

　　雖任無為定是非，更須教勒北山移。筆驅造化天何補，身負聲名道不知。見說丹心明奪鏡，忍將青鬢照成絲。深根寧極如無待，越世含華卻是誰。

醉書雙溪書院醉經堂壁

　　自從天隱自然庭，愈覺囂塵噴鼻腥。可要洞研齊物論〔一〕，更須深味洗心經〔二〕。獨醒終了醒如醉，獨醉那辭醉不醒。別有聖賢真趣在，古人糟粕是螟蛉〔三〕。

【校釋】

　　〔一〕唐子西號酒為齊物論。

　　〔二〕余號家釀為「洗心經」。

　　〔三〕《詩經·小雅·小宛》：「螟蛉有子，蜾蠃負之。」螟蛉是一種綠色小蟲，蜾蠃是一種寄生蜂。蜾蠃常捕捉螟蛉存放在窩裏，產卵在它們身體裏，卵孵化後就拿螟蛉作食物。古人誤認為蜾蠃不產子，餵養螟蛉為子，因此用「螟蛉」比喻義子。

宴玉津園

　　碧玉池塘翡翠堤，露軒飛榭擁璿題。蝶迷芳徑有時見，鶯就綠陰深處啼。不覺徑來穿月窟，可能須待躡雲梯。一壺春色長留在，盡壽吟仙取醉泥。

和林西園月臺懷呂龍山

　　日薰花氣暖徘徊，花影橫斜入酒杯。不見海棠春睡足，可憐江燕晚歸來。煙迷野色自芳草，水落石根空翠苔。誰勸流鶯聲且住，有人凝絕在高臺。

暮春登凌雲臺

　　水自長流鶯自啼，雀來巢壁燕來飛。紅銷歌殿野棠瘦，綠暗妝臺春草肥。今日不知明日事，今人休笑昔人非。寥寥千古登臨思，分付東風與落暉。

鳳凰山別業寄潤甫儒醫尤嫻於攝生

　　湫隘囂塵不可居，鳳凰山豈厭潛夫。無花不欲教為主，有草須堪便結廬。元化唯珍五禽戲，通明殊玩兩牛圖。莫驚獨醉居無事，心醉鎔經與鑄書。

春園

勝事分明日月多，金蓮川上愛涼蝸。珍珠柳嫋垂珠樹，翡翠茵舒展翠莎。虛白室常安樂土，軟紅塵不到行窩〔一〕。索教妝點新春色，分剩山花四五窠。

金蓮川境有叢柳，葉上皆有綠珠十數顆。

【校釋】

〔一〕魏焦孝然目其草廬曰蝸牛廬，愚以行帳為行窩，尋亦號為蝸牛舍云。

獨醉園對飲

獨醉園中獨醉翁，醒時還與醉時同。只因矯思元如矢，切是修身更似弓。無可奈何依玉友，有何不可任崖公。酒鄉縱裂封侯地，且就擒奸莫論功。

贈漁者

蜃樓鼉殿對柴扉，旋挽新荷補舊衣。短笛有時渾落調，曲鉤〔一〕何計可忘機。滄波萬頃淡煙合，白雁一聲黃葉稀。回想渭濱人去後，夕陽空滿釣魚幾。

【校釋】

〔一〕比喻姦邪。《南史・循吏傳・郭祖深》：「廉潔者自進無途，貪苟者取入多徑，直弦者淪溺溝壑，曲鉤者陞進重沓。」

擬遊仙

著名仙籍擅芳春，料理霓裳紀見聞。咳唾隨風落珠玉，笑談傾座播蘭薰。龍醅醉笛吟秋水，鳳咽歌樓遏暮雲。喚起沉香亭上夢，海棠花睡月紛紛。

聽琴

恰弄歌珠引玉清〔一〕，梁間已早暗塵驚。流風回結行雲住，激水延緣漱霧生。只道綿駒殊茹噎，豈知王豹〔二〕竟吞聲。若為更得形容盡，曲折浮沉怨慕情。

【校釋】

〔一〕道家三清境之一，為元始天尊所居。亦以代稱元始天尊。南朝梁・陶弘景《水仙賦》：「迎九玄於金闕，謁三素於玉清。」《雲笈七籤》卷三：「三清境者，玉清、上清、太清是也。」

〔二〕春秋時衛人，善謳。居於淇，而河西之人化之，亦善謳。見《孟子・告子下》。漢・張衡《應閒》：「奕秋以棋局取譽，王豹以清謳流聲。」

戲詠花鳥名

綠窗鶯喚起來時 [一]，不分香名屬玉兒。長壽樓中曾斗酒，合歡帳裏更聯詩。音生曉月鳴批頰，晴浸秋波浴畫眉。蝶粉團香凝白雪，背人含笑擁烏絲。

呼盧爭戴勝籌時，轉覺輕盈屬玉兒。長壽樓空留斗酒，合歡床窄更聯詩。從他有怨教批頰，卻自無言也畫眉。蝶粉團香凝白雪，背人含笑飾胭脂。

【校釋】

[一] 時，一作「遲」。

春懷

碎擘桃花泛酒巵，對春還詠惜春詩。鶯能承意歌楊柳，蝶解含情舞柘枝。世事盡它無定論，醉懷卻自有開時。歲寒亭下青松樹，春去春來總不知。

病起書事

性恬乖剌與粗疏，誰說清狂痼疾除。可要更須教失馬 [一]，只應元也示懸車。勝遊索辦煙霞 [二] 屐，緒業非攻種樹書。多幸老民殊有趣，醉鄉日月是華胥。

【校釋】

[一] 時失群馬。

[二] 泛指山水、山林。南朝・梁・蕭統《錦帶書十二月啟・夾鍾二月》：「敬想足下，優游泉石，放曠煙霞。」

病中述懷

雨聲一夜到床頭，一洗胸中萬斛愁。世態低昂付蠻觸 [一]，宦途消息寄蜉蝣。暑天臥病獨癡較，少日勤行半素休。頻夢江湖豈無意，此身栩栩是沙鷗。

【校釋】

[一]《莊子・則陽》：「有國於蝸之左角者，曰觸氏；有國於蝸之右角者，曰蠻氏。時相與爭地而戰，伏屍數萬，逐北，旬有五日而後反。」後以「蠻觸」為典，常以喻指為小事而爭鬥者。

即事

可人天氣不寒溫，詩滿花箋酒滿罇。亂列曉山煙淡碧，漫流春水雪消渾。四時風月無佳客，一榻琴書靜掩門。吟罷新詩須酌酒，別離情緒易黃昏。

馬上偶得

十年南北復西東，萬里乾坤走斷蓬 [一]。燕子不來春 [二] 淡淡，雁行空過雨

濛濛。故園花柳依然好，瀚海風光卻不同。寂寞清明寒食節，幾聲啼鳥怨東風。

【校釋】

〔一〕猶飛蓬。比喻漂泊無定。唐・王之渙《九日送別》詩：「今日暫同芳菊酒，明朝應作斷蓬飛。」

〔二〕一作天。

石梁

飛梁橫絕浪花中，寒壓驪龍第幾宮。卻月暈光圍倒景，渴虹垂影跨長空。凌波自接升仙路，煉石應勞並鬼工。好步青雲天上去，未應入世限西東。

飲鳳凰山醉仙洞有歌稼軒鄭國正應求死鼠葉公元不好真龍瑞鷓鴣者因為賦此

鳳凰山色媚芳塵，不著詩仙寫不真。靈境愛饒花氣味，老懷欣辨酒精神。煙霞裏面長春洞，天地中間獨醉人。未讀離騷唯痛飲，可憑誰說與靈均。

閱舊稿有出六盤時干戈旁午驚塵日書劍零丁去國時之句因足成之

點檢吟懷課所思，最關情是舊題詩。干戈旁午驚塵日，書劍零丁去國時。陳事上心空擾攘，當杯入手莫推辭。春風信染千紅紫，合染幽人兩鬢絲。

桃花源別業重理舊稿戲題

無憂樹下無懷氏，獨樂園中獨醉仙。八斗待量珠玉價，等閒不若一囊錢。辭鋒幾挫毛元銳〔一〕，心印都傳楮守玄。未礙劉郎〔二〕長占斷，桃花流水洞中天。

【校釋】

〔一〕唐代文嵩仿韓愈《毛穎傳》作《四侯傳》，給毛筆戲題的姓名。取其形圓而尖，以毛製成。

〔二〕借指情郎。宋・周邦彥《蘇幕遮》詞：「翠屏深，香篆嫋。流水落花，不管劉郎到。」

自題擬樂天

有客清談如妙玄，笑愚聲跡不虛傳。風花煙月三千詠，拙直聾盲二十年。玩世遨頭狂醉隱，採真稽首浪遊仙。不知樂聖軒窗下，解到南華〔一〕第幾篇。

【校釋】

〔一〕《南華真經》的省稱。即《莊子》的別名。唐・賈島《病起》詩：「燈下《南華》

卷，袪愁當酒杯。」

庚申歲夏，因六盤之變，嘗與巴特瑪其名者質諸天日約分二道邀擊西師，頃聞其人為敵謀將，遂賦此為食言者之戒。

定交情分一何深，許論傳烽過燭陰〔一〕。約雪神羞同脫口，誓清天步共銘心。我平高闕旋龍勒，君取花門出鳳林。須是有盟如皦日，豈宜相與世浮沉。

【校釋】

〔一〕燭陰，即燭龍也。

獵北平射虎

飛控遺風獵北平，澹陰平野草青青。南山白額威何振，東海黃公厭不行。徑捷鳴槁延滿月，奄驚繁弱激流星。由來一片斕斑錦，別在神幾霹靂聲。

閬州海棠溪擬樂天

閬苑仙從閬苑西，縱遊還過海棠溪。徑隨翠碧穿花去，卻聽鸒黃繞樹啼。回玉花驄鏘玉勒，約金絲柳上金堤。五城勝概歌詩草，醉墨淋漓盡赫蹄。

臨潼九龍玉蓮二湯今為道院

九龍湯湧玉蓮香，龍去蓮枯墮渺茫。夢雨已迷三里霧，悲風空泛五雲漿。長生殿圮〔一〕金沙冷，王母祠傾玉蕊荒。終古曲江江上月，恨和煙草怨霓裳。

【校釋】

〔一〕《說文》：圮，毀也。

遊奉聖州龍巖寺

臥龍高臥幾晨昏，依約靈巖隱臥根。雲磴屈蟠侵鳥道，翠屏環合掩山門。淨名花界開中葉〔一〕，興聖蓮宮庇上根〔二〕。不就卜居殊勝地，忍沖煙靄下孤村〔三〕。

【校釋】

〔一〕其方丈茶榜雲萬松中興。

〔二〕龍巖寺本舊興聖寺。

〔三〕余時客宿趙家堡北村。

次韻舟行次蓬州遊歷州境憩蓬萊堂

共傳靈境可攄懷，指示龍章與鳳臺。白鼻騧〔一〕騰橫吹去，黃頭郎〔二〕

遞棹歌來。青山綠水紆回處，萬紫千紅次第開。非獨醉仙無所定，素知元只在蓬萊。

【校釋】

〔一〕古樂府名。《樂府詩集・橫吹曲辭五・高陽樂人歌》郭茂倩題解引南朝・陳・智匠《古今樂錄》:「魏高陽王樂人所作也，又有《白鼻騧》，蓋出於此。」

〔二〕漢代掌管船舶行駛的吏員。後泛指船夫。《史記・佞倖列傳》:「〔鄧通〕以濯船為黃頭郎。」裴駰集解:「徐廣曰:『著黃帽也。』《漢書音義》曰『善濯船池中也。一說能持擢行船也。土，水之母，故施黃旄於船頭，因以名其郎曰黃頭郎。』」

岳臺懷古

萬古神州就〔一〕陸沉，戰塵猶自結閒陰。日邊簫鼓衣冠盡，天外樓臺草木深。江月和愁傳桂燭，野棠無語寄春心。如何黃鳥年年在，不說東風怨上林。

【校釋】

〔一〕就，一作竟。

三月到旺結河有感

楊柳盈堤凍未蘇，年年王吉舊程途。經春積雪隨山在，慰眼幽花到處無。簾外月明人影寂，枕邊燈暗雁聲孤。又還虛度清明節，獨倚東風酒一壺。

中統庚申詣闕寓居宮東寺口號

日華浮動臥龍邱，便覺妖氛散不收。佳氣鬱蔥形勝地，霏煙紛郁帝王州。碧蓮花擁三千界，白玉城駢十二樓。可要翠灤環寶勢，不容滄海更橫流。

鄂諾道中〔一〕

自西宮發程至鄂諾河，山重水複風雨相繼日復一日，偶失羊馬所在，因記其事而賦云。

歲月崢嶸老思荒，句中無盡寫荒涼。山山水水三千里，雨雨風風一萬場。致福不應須失馬，耽書堪笑竟亡羊。百花留得芳葵在，傾盡丹心捧太陽。

【校釋】

〔一〕並序，詩前有序，據補。

遊大翮山

路盤空翠上青天，下望皇州一點煙。雲葉去堆〔一〕人腳底，日華垂在馬

頭前。露花煙草芬蘭麝，百籟群鳴播管絃。可誚舊遊王次仲 [二]，不來尋謁
酒中仙。

> 《山海經》云其山在居庸北，登陟其巔，下視燕都，城郭郊原煙靄間如圃畦堤塍。

【校釋】

[一] 李文田箋注本作「堆來」，據詩義及功令，當為堆來。

[二] 東漢書法家。（一說秦書法家。）上谷（今河北懷來縣東南）人。少有異志，
年及弱冠，變倉頡舊文為今隸書。秦始皇時官務繁多，行文山積，以次仲文
簡，便於事要，奇而召之。然次仲三徵而輒不至。始皇怒其不恭之至，令檻車
送之，竟於道上化為大鳥，出在車外，翻然而去。是時，落二翮於斯山，故其
峰巒有大翮小翮之名矣。

雙溪醉隱集卷四

七言律詩

寓歷亭

人間無地避歊蒸 [一]，忽覺涼從四座生。好在醫巫閭上月，為臨華不注
邊城。千年遼鶴三生夢，一曲南風萬古情。今日濯纓 [二] 知有處，大明湖淨
舜泉清。

> 予本家遼上，後家醫巫閭。

【校釋】

[一] 亦作「歊烝」，氣升騰貌。漢・陳琳《大暑賦》：「土潤溽以歊烝，時澒涊以溷濁。」
《文選・張華〈勵志〉詩》：「土積成山，歊蒸鬱冥。」李周翰注：「雲霧氣貌。」

[二] 洗濯冠纓。語本《孟子・離婁上》：「滄浪之水清兮，可以濯我纓。」後以「濯
纓」比喻超脫世俗，操守高潔。南朝・宋・殷景仁《文殊師利贊》：「體絕塵
俗，故濯纓者高其跡。」

秋日酌蘭皋亭

朝來爽氣撲蘭皋，竊喜西山隸我曹。孤奮 [一] 自甘棲澹泊，五噫寧苦遂清
高。逆知江上鱸魚鱠，未抵罇前紫蟹螯。誰似無何狂醉隱，痛延杯勺詠離騷。

【校釋】

[一] 晉葛洪有《孤奮論》。

侯家

探春人喜報來頻，春色看看滿玉津。紅杏雨疏朱臉嫩，綠楊煙冷黛眉顰。鳳凰簫咽歌聲轉，鸚鵡杯深酒味醇。應是雙溪新領要，園林良是主人新。

松聲

數間茅屋起雲峰，明月天高睡正濃。乍覺夜傾千丈雨，不知風度一山松。人間拍岸驚秋浪，海底喧天怒老龍。洗盡生平塵垢慮，浩然爽氣溢心胸。

蒼蒼鬱鬱本無情，何處風來吹有聲。四面迅雷平地起，九江湍浪一時傾。關山夜靜蛟龍吼，河漢秋高鸞鳳鳴。風定松閒無個事，喧天動地可來驚。

幽人耳淨聆錚錚，一夕西風夢裏驚。非玉非金非革木，似琴似阮 [一] 似秦箏。夜閒拍枕三更雨，秋冷喧天萬灶兵。孤坐茅簷對明月，一聲聲是自然聲。

岩聲何事韻錚錚，風入寒梢鳥自驚。七嶺夜寒篩漢月，九霄霜冷奏秦箏。歸心喚起陶元亮 [二]，醉耳還醒阮步兵 [三]。擬賦新詩慵把筆，劃然長嘯兩三聲。

【校釋】

[一] 又稱「阮咸」，一種絃樂器，柄長而直，略像月琴，四根民弦，現亦有三根弦的。傳說因中國晉代人阮咸善彈此樂器而得名。簡稱「阮」。

[二] 即陶潛。

[三] 即阮籍。

春梅

一夕西風粹玉塵，曉來策蹇到江濱。枝頭金蕾安排破，雪裏冰姿準備春。倚竹欲形閒態度，臨岐微露舊精神。此花底事年來早，有意調羹近紫宸 [一]。

【校釋】

[一] 宮殿名，天子所居。唐宋時為接見群臣及外國使者朝見慶賀的內朝正殿，在大明宮內。唐・杜甫《冬至》詩：「杖藜雪後臨丹壑，鳴玉朝來散紫宸。」

梅魂得香字

憶昔西湖雪霽芳，轉頭瀟灑壽陽妝 [一]。角中吹散含新怨，夢裏飛來帶舊香。堪恨月樓三弄曲，漫勞詩客九迴腸。徘徊目斷江邊使，為問春光底處藏。

玉骨消沉一夢長，羅浮山下幾昏黃。只須怨笛招遺韻 [二]，枉託風媒返舊香。滄海樓臺渾縹緲，紫陽宮闕更微茫。寶猊只篆灰心字，誰伴同心與倩娘。

滄海樓臺，見「明皇令方士跨海見玉妃太真院」事。紫陽宮闕，見「漢武致李夫人」事。有梅魂心字，香同心梅名。

【校釋】

[一]《太平御覽》卷九七○引《宋書》：南朝宋武帝女壽陽公主曾臥於含章殿簷下，梅花落公主額上成五出之花，拂之不去，皇后留之，自後有梅花妝。婦女多傚之，在額心描梅為飾。

[二]一作「新恨」。

謹和尊大人領省雷字韻

乾坤昨夜淨氛埃，春到南軒一樹梅。驛使浮沉芳信斷，東君 [一] 委曲蠟封開。竹籟涼月窗前雪，風送寒濤枕上雷。清入夢魂眠不得，劃然長嘯出門來。

【校釋】

[一]太陽神名。亦指太陽。《史記·封禪書》：「晉巫，祠五帝、東君……先炊之屬。」司馬貞索隱引《廣雅》：「東君，日也。」

獨醉園梅數年無花今歲特盛中觸有索賦梅詞者為賦

世外佳人 [一] 幼婦辭，愛春移入背陰枝。鼇婆進奏玉連鎖，雲子勸延金屈卮。世事盡他無定論，醉懷元自有開時。由來萼綠 [二] 花心在，擬倩梅仙遣所思。

【校釋】

[一]袁豐之嘗謂梅曰「冰姿玉骨世外佳人」。

[二]有綠萼梅，好事者比之仙人萼綠，華汴梁艮嶽有萼綠，華堂其下專植此本。

和人落梅

晚來江上斷人腸，占斷嚴凝憶獨芳。易得飄零驚短笛，不勝憔悴褪殘妝。月明霜重若為惜，塵暗雲埋猶自香。擬嫁與春春不管，卻隨流水怨昏黃。

落梅分得香字

咽咽戍樓三弄角，悠悠江使九迴腸。一窗夜月空憐影，滿地春風自好香。憔悴縱無蜂蝶怨，風流合有燕鶯忙。水邊籬下將誰惜，卻對騷人怨壽陽。

擬詠落梅

傲雪欺寒獨自芳，雪消寒盡老何妨。飄零最是堪憐處，桃李無情恐妒香。

夜月有知應懊惱，春風何計可商量。自從一識東君面，贏得林生滿徑霜。

玉泉新墨並序

尊大人領省得江南楊氏子彬，受造墨法，甚神絕，令鑄學造一萬丸，其妙即遠過雪堂而蔑視諸家，可與李廷珪相先後焉，命之曰玉泉新墨，故作詩以紀其事云。

栢液煤揉冷劑香，枯膠點漆自仙方。風生白兔 [一] 瞳睛瑩，電走碧雲 [二] 鴉背光。可笑千金高索價，更憐百紙碎裁鋼 [三]。佇情看了人爭道，且置三張在一傍 [四]。

【校釋】

[一] 白兔，硯名。

[二] 碧雲，箋名。

[三] 一作鋩，王國維改「鋩」作「肪」。

[四] 一作「玩來一足方頭筆，莫道張顛酒更狂。」

從渙然覓紙

珍重含章承素業，價高楮藻掞皇州。只緣布護三都賦，更欲恢張五鳳樓。元銳銘心由白戰，陳玄研思為冥搜。風流坐上芸窗下，落紙雲煙待解憂。

時余將書《獨醉園》《獨醉亭》《獨醉道》者三賦。

謹次尊大人領省火絨詩韻並序

沙陀舊戍有老榆焉，中朽者若蟬翼然，附石以鐮鐵擊之即燧。尋以馬通燥者，積薪之噓而可以爨。尊大人領省為首倡，予從而和之。

雨擊風摧歲月空，臥沙老木暗藏絨。一彎鐮撇手中月，幾點星飛吻角風。放出夜光應有力，挽回春色豈無功。燧人勳業今安在，惟有真空用不窮。

為曹南湖引阮摘賦

坐對王郎 [一] 手語禪，繞盤鳴玉漱流泉。千年野鶴穿孤月 [二]，萬壑松風入四絃。賀老定場將夢斷，桐孫傾韻與心傳。仲容元是青雲器，不短揚雄草太玄 [三]。

【校釋】

[一] 謂公茂國手。

[二] 阮又名月琴，見飛鶴穿月，因肖其狀。

[三] 深奧玄妙的道理。三國・魏・嵇康《贈兄秀才入軍》詩之十五：「俯仰自得，

　　遊心太玄。」

詠阮

　　點鐵成金自有神，奪胎無骨示天真。驚蚪昂首出月魄，老鶴奮身當桂輪。意足聲圓還自問，變風變雅更何人。應疑 [一] 太白司花界，長抱琵琶控好春。

【校釋】

　　[一] 應疑，一作「由來」。

楊妃菊

　　脈脈無言入醉鄉，風流猶記在昭陽。露晞金掌遺春夢，月掛瑤臺怨夜妝。不憶千年 [一] 傾國豔，只消一縷返魂香。無情莫比吳原草，更忍鐏 [二] 前舞斷腸。

【校釋】

　　[一] 千年，一作「三生」。

　　[二] 李文田箋注本作「尊」。

芍藥煮

　　披狷二十四風花，淑美豐融殿百華。界付碧蓬頯 [一] 粉蕊，薰裁溫馥疊鮮葩。無言似笑詩魔惱，比韻侔嬌女豔加。壯歲逐春心欲謝，酥煎靡麗遠泥沙。

【校釋】

　　[一] 光潤而美的樣子，《楚辭·遠遊》玉色頯以滿顏。《注》盛氣貌。

對城南池蓮招曹南湖

　　凌波延佇澹相留，應託微波怨未休。閒僛露盤如欲語，驟傾風蓋卻回頭。歌珠串脫橫塘雨，醉玉香凝罨畫樓。好在水仙繁會處，爛張雲錦待仙舟。

天香臺牡丹

　　牡丹名品數姚黃，分外精神分外香。氣節得教稱貴客，風標元索號花王。玉妃 [一] 醉露足春睡，魏后倚風呈曉妝。天賜寵榮光價在，得無誇麗酒仙鄉。

　　　牡丹有天賜紫。

【校釋】

　　[一] 指楊貴妃。唐·陳鴻《長恨歌傳》:「見最高仙山，上多樓闕，西廂下有洞戶，
　　　　東向，闔其門，署曰:『玉妃太真院』。」

天香臺單葉牡丹率成重葉多葉千葉為賦此紀之

靈根原自養黃芽 [一]，標置長春 [二] 毓此花。心喜芳時回上葉，眼明今日見重華。玉樓 [三] 迭起連珠樹，寶閣 [四] 成層結綺霞。誰在一天香陣裏，得人爭指是仙家。

【校釋】

[一] 有靈根紅牡丹。

[二] 有長春紫牡丹。

[三] 有玉樓紫牡丹。

[四] 有寶閣紅牡丹。

唐家牡丹花譜有唐家紅紫牡丹

花萼相輝瑞錦屏 [一]，探春豐度戀春情 [二]。猊同膩玉鏤雕就 [三]，衣是縷金絲織成 [四]。應笑玉華頭髻重 [五]，愛更金粟臂環清 [六]。溫柔誰更魯傾國 [七]，只數楊家姊妹名 [八]。

【校釋】

[一] 有花萼紫錦屏紅牡丹。

[二] 情，一作晴。有探春戀春牡丹。

[三] 有玉鏤紅牡丹。

[四] 有金絲紅牡丹。

[五] 有玉華香牡丹。

[六] 有金粟牡丹，又曰簇金。

[七] 有溫柔紫牡丹。

[八] 有楊家紫楊家花牡丹。

薦福山寺殿前牡丹

天女盤中見此花，更須宜在竺仙家。香名夙著謝靈運，標緻竟輸楊子華 [一] 鬥日爛摛丹地錦，瑞雲 [二] 閒襯赤城霞。可憐宗正皆芳宴，不著歌詩觸處誇。

《輦下歲時》記新進士牡丹宴，在宗正寺亭子。

【校釋】

[一] 北齊世祖高湛的愛臣，北齊世祖時任直閣將軍、員外散騎常侍。善畫貴族人

物、宮苑、車馬，所畫馬尤其生動逼真，據傳他在壁上所畫馬甚至引起觀者夜間聽到馬索水草而嘶鳴的幻覺。時有「畫聖」之稱。北齊世祖使其供職宮廷，非有詔不得與外人畫，成為專門的御用畫家。他所畫人物形象豐滿圓潤，有別於顧愷之的「秀滑清麗」，他的畫風影響到唐代，具有承前啟後的歷史地位。楊子華也向被認為是牡丹聖手，蘇軾面對牡丹曾發出浩歎：「丹青欲寫傾城色，世上今無楊子華。」

〔二〕牡丹有鬥日紅、瑞雲紅。

飲獨醉園牡丹下戲題

誰伴花王同樂國，溫柔鄉里醉鄉侯。莫推花酒為閒事，難得侯王結勝遊。褧尾豈辭延入手，招腰可是要纏頭。已將八斗新珠玉，買斷春風與帝休。

題西庵所藏佛牙 〔一〕

旃檀奩裏貯靈牙，來自中天尊者家。瑩色冷侵秋夜月，真光明射晚晴霞。本同舍利元無別，疑是金剛事有差。猶憶廣長舌 〔二〕 左右，嚼咀風雨震雷車。

【校釋】

〔一〕王國維標注：此詩見《湛然居士集》中。

〔二〕指佛的舌頭。據說佛舌廣而長，覆面至髮際，故名。《大智度論》卷八：「是時佛出廣長舌，覆面上至髮際，語婆羅門言：『汝見經書，頗有如此舌人而作妄語不？』」

太極宮

空翠凝香徹紫微，步虛聲蕩彩雲帷。金人承露夜應怪，玉女散花春不知。別起蟾宮修素月，更明龍燭浴朱曦 〔一〕。醉來還袖昭華 〔二〕 管，待就蒼鸞 〔三〕背上吹。

【校釋】

〔一〕即朱羲。太陽。古代稱日為朱明，而羲和為日御，合而為「朱羲」。《文選·郭璞〈遊仙詩〉之七》：「蓐收清西陸，朱羲將由白。」李善注：「朱羲，日也。」唐·李白《登黃山凌歊臺送族弟赴華陰》詩：「炎赫五月中，朱曦爍河堤。」

〔二〕古代管樂器名。《西京雜記》卷三：「玉管長二尺三寸，二十六孔，吹之則見車馬山林，隱轔相次，吹息亦不復見，銘曰：昭華之管。」

〔三〕鳥名。即青鸞。傳說中的一種神鳥。《漢武帝內傳》：「其次藥有……蒙山白鳳

之肺，靈邱蒼鸞之血。」

戲書太極宮舊碑陰

憶乘綺輅命魚車，登白空山詣紫虛。天籟虛徐生洞府，風簫冷徹在樓居。九成絳雪無消息，三變玄雲就掃除。唯記清寧年月日，五雲閣吏少霞書。

蔡少霞《夢書蒼龍溪新宮碑銘》，其末題云：清寧二百三十一年四月十二日建。五雲閣吏蔡少霞書。

登玉皇閣周覽燕都偶而成書

勢傾幽谷控扶桑，琪樹霓旌照八荒。一種世間豪俠窟，九重天上利名場。翠簾籠日縱金鳳，清蹕 [一] 揭雲朝玉皇。何事未祈心事了，更休頹思愧平章。

【校釋】

[一] 舊時謂帝王出行，清除道路，禁止行人。《文選‧顏延之〈應詔觀北湖田收〉詩》：「帝暉膺順動，清蹕巡廣廛。」李善注引《漢儀注》：「皇帝輦動，出則傳蹕，止人清道。」

遊仙

六銖仙帔映花朝，護蹕癡龍膽氣驕。五色雲車回日馭，九葩芝蓋抵星橋。閒攜鳳女批明月，還縱鸞歌透紫霄。半夜水精宮殿裏，碧桃花下更聞簫。

琳宮月夜宴集

紅雪香團露井桃，彩雲輕葉擁霓旄。三千玉女霞裝薄，十二珠樓月燭高。花界不應辭玉液，海人休便獻龍膏 [一]。文章好在通明殿，醉墨淋浪鳳錦袍。

【校釋】

[一] 美酒名。唐‧蘇鶚《杜陽雜編》卷中：「龍膏酒，黑如純漆，飲之令人神爽。此本烏弋山離國所獻。」

奉答翠華仙伯並序

張唐臣等諸公夜祈大仙，仙批以詩云：玉皇香案晚朝回，小小星壇向夜開。一炷信香通鼻觀，翠鸞飛背酒仙來。或有問予行藏者，亦批以詩云春來。看取百花叢，粉白妖紅造化功。燕子鶯兒休調舌，花殘明日起薰風。祈求仙號，批以翠華仙伯，予平昔聞祈大仙以為兒戲，而不之信也。是夜更有詩數首並滿江紅詞一闋，氣語豪邁，篇什可觀，後因醮者以為答。

龍燭飛光拂羽林，佩環聲急蕩疏陰。黃金闕浸明河冷，白玉樓涵碧霧深。

雲隔鳳簫春澹澹，月依鸞旆夜沉沉。的知天必從人願，得得親來拜好音。

題長春宮瑞應鶴詩二首

蕊宸華供列仙班，靈境清沉白日閒。鶴駕競來趨北極，嵩呼元不離南山。玉皇宮殿紅雲裏，金母池臺碧霧間。休應是彰皇化處，鎮長春色在人寰。

千年物外還丹使，豈不銜珠首重回。遶繞空香辭閬苑，競隨虛駕到蓬萊〔一〕。仙家得表明時兆，壽域元從此日開。不是瑤臺無戀處，九苞金鳳感將來。

【校釋】

〔一〕宮有蓬萊門。

李隱卿名谷與青城劉翁同舟至蘭溪卿大夫修生者〔一〕

館之道侶贈李詩云：李郎涉世似虛舟，片帆來度楚江秋。又毗陵家弟季文和此篇雲夢蝶：豈知真是蝶，騎牛何必更尋牛。老夫亦慕道者，次韻和之，記劉李事蹟。劉本書生，工詩奇異飄然塵外也。

白公枉識郭虛舟，劉李飛符祖劍裘。興軼壺中身混世，氣酣酒裏意橫秋。運調朱鳳啄白石，耕蒔金錢犁牯牛。赤子返真摽指妙，阿伽陀藥肯言不〔二〕？

劉吐丹千百粒示人，遭毒藥不能傷害。

【校釋】

〔一〕並序，詩前有序，據補。

〔二〕古同「否」，用在句末表疑問

贈坐竿道士並序

竿幾五十尺，語人曰歲陪人〔一〕，則不數年可得上天矣，其謬如此，故作詩以懲之，因寄長春李真人。

說似蓬萊恐更迷，劉郎親躡武陵溪。梭拋霞綺龍鱗澀，輅展虹橋鳳翅齊。碁燭縱光然日月，宴衣分色剪雲霓。桃花零落春風起，笑殺王喬〔二〕醉似泥。

【校釋】

〔一〕李文田箋注本作「倍人」，陪、倍古通用，無煩改。

〔二〕傳說中的仙人。有三說。一說為周靈王太子晉，即王子喬。《文選・孫綽〈遊天台山賦〉》：「王喬控鶴以衝天，應真飛錫以躡虛。」李善注引《列仙傳》：「王子喬者，周靈王太子晉也。」一說為漢葉縣令王喬。漢・應劭《風俗通・正失・葉令祠》：「俗說孝明帝時，尚書郎河東王喬遷為葉令。喬有神術，每月

朔常詣臺朝。帝怪其來數而不見車騎，密令太史候望之，言其臨至時，常有雙鳧從東南飛來。因伏伺見鳧，舉羅，但得一雙舄耳。使尚方識視，四年中所賜尚書官屬履也。」一說指武陽食肉芝登仙的王喬。《淮南子・齊俗訓》：「今夫王喬、赤誦子，吹嘔呼吸，吐故內新。」高誘注：「王喬，蜀武陽人也，為柏人令，得道而仙。」

寄白雲庵趙煉師

郊園日涉應成趣，遠謝囂氛思不群。罨畫溪邊牖岫幌，碧桃花下列仙村。千年往事隨黃鶴，一片閒心伴白雲。縱倚鳳書徵不起，可無芳信寄王孫。

留題大防山孔水 [一]

唐《胡詹記・大歷寺・孔水》云：或有人浮輕舟探邃穴入湏洞，莫究其源，但有仙鼠晝飛禎鱗時見。又遼壽昌五年，飛冥子鮮于鴻作《孔水銘》其序云：按《幽州土地》記，沙門惠珍嘗篝火入穴，經五六日方還，亦不測其淺深也，安知此水不與瑤池潛通桃源相接乎？故開元天子每時雨不降必遣使投龍璧於此，則休應響答事存諸往記焉。山主如上人言洞有白龍，時復出見，輒化為魚，形狀絕異。泰和乙丑冬，忽流出桃花花片，皆當五錢許，至今洞中且有樂音不絕，此孔水之大概也，因為書其洞壁云。

尾閭寒泄碧雲漿，誰動霓裳混渺茫。愜意玉龍深釀雨，縱遊禎鯉靜噴香。穴通瑤水明霞近，洞接桃源白日長。相得群仙情味切，又拋花片賺劉郎。

【校釋】

[一] 脫「並序」，據李文田箋注本補。

登燕都長松島故基

縹緲笙歌拂紫霄，水晶宮殿蔭蘭皋。勢傾蒼海風雲動，秀出中天氣象高。可是浪懸秦照膽，不知誰玩漢吹毛。流鶯似說傷心 [一] 事，啼徧宮前野小桃。

【校釋】

[一] 傷心，一作「當時」。

又登瓊華島舊址次呂龍山詩韻

不放笙歌半點閒，紫霞 [一] 香露怕餘殘。水搖千尺地中月，人倚九重雲外欄。碧落更誰乘彩鳳，翠屏空自掩金鑾。蓬萊宮闕遺基在，忍對秋風子細看。

【校釋】

[一] 紫霞，西域盞名。

九龍谷

六龍遺蛻九龍蟠，終古蟠龍氣象閒。逐鹿得非緣石馬，啼鵑應自怨橋山。披天一鼎神移去，落日孤林鳥自還。猶託 [一] 哀湍渾自說，悔將春夢到人間。

惟有六陵兩石馬在太祖陵前。

【校釋】

[一] 猶託，一作「陵下」。

發藥兒嶺過永定關詩《地志》作「藥餌」，《後唐》作「藥兒」。

山靈應也厭囂埃，宛寫幽情篆綠苔。望氣莫疑非尹喜，附輿須自是韓哀。側駢翠壁侵雲起，斜抱橫流卷地來。好在舊時堤畔柳，不知青眼盼誰開。

堤有前朝時柳。

傷古城次友人韻

每愛登臨趁雨晴，涼生襟袂晚風清。草鋪平野厚 [一] 祠綠，水引斜陽一線明。殘柳斷碑興廢地，淡煙啼鳥古今情。繁華消盡市朝變，花落月明空水聲。

【校釋】

[一] 李文田箋注本作「重」。

和人黃龍岡懷古又名《黃陵岡》，首倡作「黃龍」

黃龍不負覆舟飛，天意人情盡可知。一擲乾坤將目睹，兩周甲子是誰推。若須要處長生鹿 [一]，可是曾收越影騅 [二]。睿德神功無藉在，土花封合御園碑 [三]。

【校釋】

[一]「長生鹿」，首倡中語也。

[二] 遼朝良馬有「越影騅」。

[三] 燕都南御園有《金源氏武元皇帝睿德神功碑》，燕俗呼為《御園碑》。

謹和尊大人領省沙場懷古兼四娛齋韻

小沙場沒鐵衣堆，憶昔英雄一窖灰。青冢 [一] 荒涼遺舊怨，黑河嗚咽寫餘哀。書癡信手翻新曲，詩瘦扶頭怯大杯。汗漫謫仙遊八表，子卿歸後幾人來。

【校釋】

[一] 漢王昭君墓。在今內蒙古自治區呼和浩特市南。傳說當地多白草而此冢獨青，故名。唐・杜甫《詠懷古蹟》之三：「一去紫臺連朔漠，獨留青冢向黃昏。」

仇兆鰲注：「《歸州圖經》：邊地多白草，昭君冢獨青。」

讀漢書偶成寄李稚川

看盡人間傀儡棚，不知笑殺老禪僧 [一]。風雲會合無多日，禾黍高低沒五陵。紙上功名休理會，夢中身世盡翻騰。從今拼取生平醉，莫惜王公喚不應。

【校釋】

[一] 一作「萬事從今一唾輕，可憐秦廢漢龍興。」

見曹丕受禪碑有感

從此建安王氣衰，君臣離合可傷悲。幾人石上留名日，千載世間不毀時。過客未知誰氏跡，野夫猶道漢家基。臨風讀罷一長歎，卻是曹丕受禪碑。

因讀史偶成即書

一曲狂歌萬古情，惜難將日繫長繩。未容狐兔遊秦苑，已放牛羊入漢陵。夢穩幾曾驚鳥喚，酒酣長欲看雲騰。莫持心事投明月，領取繁花半夜燈。

題漢武內傳

爛燭神光射九霄，空香虛駕繞霓旄。將臨紫極調金液，更入明霞漱玉膏。瑤水露寒芳草歇，鼎湖煙暖景雲高。可憑誰問秋風客，忍委三山與怒濤。

宮怨 [一]

脈脈慵拈鳳翼簫，沉思陳事自無聊。不惟只妒鶯聲巧，且是嘗憎燕語嬌。照膽光芒殊未歇，守宮顏色若為消。梅花獨自驚時節，肯放春風到柳條。

【校釋】

[一] 王國維校改作「怨」。

哀長安

漢家宮闕五雲間，不似當時夢一般。金殿夜延螢燭暗，翠簾風窣月鉤閒。笙歌竟逐人消歇，樓觀空餘燕往還。斜日亭亭滄無語，為誰空下九嵕 [一] 山。

【校釋】

[一] 亦作「嵏」。山，山峰。司馬相如《上林賦》：「夷嵕築堂。」特指數峰並峙的山，亦用為山名。

煬帝席上同諸人賦

迭鼓凝笳宴未闌，戰塵回首滿人間。南山翠竹長上聲不起，東海洪波流已

乾。寶駕陸沉池館盡，錦帆星散水雲閒。空餘仁壽宮前草，遙接雷塘野樹寒。

　　李密嘗移檄郡縣紀煬帝罪云：罄南山之竹，書罪無窮；決東海之波，流惡難盡。煬帝行逆於仁壽宮，後宇文化及弒煬帝，葬於雷塘。

周室

　　風滿珠簾月殿涼，水紋珍簟浪生香。翠釵飛燕繞春夢，寶鏡舞鸞呈曉妝。空自不來行暮雨，為誰無語背斜陽。含情凝絕凌波路，未分蓮花是六郎。

題楊貴妃遺事

　　玉笛聲沉玉漏長，玉環心是夜來香。如何更飾金訶子，卻比無言睡海棠。雙鳳撫雲留翠輦，九龍休雨去蓮湯。千秋萬古嵬坡夢，應繞新臺怨壽王。

漢宮

　　幻出壺天醉碧桃，旋開雲寶挹瓊膏。龍蟠燭影承香輦，鳳擁簫聲繞赭袍。織女機臨銀漢動，捧盤人共玉蟾高。如何今日猗蘭殿，吹盡雄風到野蒿。

煬帝故宮

　　鳳躍鳴鑾入暮雲，繚牆傾影障苔痕。三千歌舞春風起，百二山河野日昏。石馬不嘶秋自老，玉樓無跡燕猶存。舊時長送龍舟水，空伴寒潮過海門。

繡嶺宮

　　日射天門綺霧開，蕊珠宮闕照蓬萊。霓裳動入青冥去，羯鼓聲含白雨來。六轡玉虯籠劍佩，九重花界映樓臺。惜無術測一本作揣天公意，忍竭恩華養禍胎。

　　首句事見《張佑集明皇嘗自稱天公見羯鼓錄》。

次趙虎巖遊香山故宮詩韻

　　往事驚心話欲休，並隨閒望入層樓。為龍為虎人誰在，鷗去鷗來水自流。翠輦影沉天地老，紫簫聲斷海山秋。長歌一曲西風起，手把殘花盡日留。

遊玉泉

　　紛披容與縱笙歌，蕙轉光風豔綺羅。露冷桃花春不管，月明芳草夜如何。靈珠浩蕩隨蘭棹，雲錦低回射玉珂 [一]，深入醉鄉休秉燭，盡情揮取魯陽戈。

　　桃花事見「桃花夫人」事，洛陽耆舊劉伯壽二侍妾名萱草芳草。

【校釋】

　　[一] 馬絡頭上的裝飾物。多為玉製，也有用貝製的。唐・李賀《馬》詩之二二：「汗

血到王家，隨鸞撼玉珂。」王琦匯解：「玉珂者，以玉飾馬勒之上，振動則有聲，故有『撼玉珂』、『鳴玉珂』之語。」

次張子敬遊玉泉詩韻

並覺氛埃不更侵，水天澄碧自相臨。縱遊人在知魚樂，浪作詩來羨鳥吟。花障靜緣芳徑合，香雲濃瑣洞房深。從君落筆驚風雨，要識春風是此心。

次趙虎巖過玉泉懷古韻

玉泉瀟灑已年深，昔日遺蹤尚可尋。有意林泉堪作伴，無情歲月任相侵。攜壺乘興開懷飲，策杖閒遊信口吟。地僻山空無客過［一］，松杉庭戶月沉沉。

【校釋】

［一］李文田箋注本作過客。

宮詞

玉輦聲沉不再過，錦屏寒影夢如何。露花凝夜香珠冷，苔徑封春翠黶多。怨燭淚乾遺曉月，妖蓮心苦起秋波。姮娥萬古青天上，剩比人間受折魔［一］。

【校釋】

［一］李文田箋注本作「磨」，據改。

離宮詞

蝶粉蜂黃事已休，凝塵空滿玉搔頭。海棠酣睡醉無力，人柳癡眠閒自愁。深掩綠陰籠曉月，亂飄紅雨漲春流。不知燕子來時節，幾度雙飛入畫樓。

戰三封［一］

太宗皇帝馬渡大河，睿宗皇帝馬渡漢江，與金人大戰於三封之原，會雪蔽天，金人大潰也。豁然雪霽，月色如畫，一襲殆盡，因志其事云。

河漢吞聲自請平，冷光橫絕見長庚［二］。驟揮戈去日西墜，觸折柱來天北傾。威控望舒延苦戰，勢征滕六縱疑兵［三］。若非不世雲龍［四］變，一舉誰收萬古名。

【校釋】

［一］並序，詩前有序，據補。

［二］是歲長庚見數月不滅。

［三］獲澤陽之美，嘗謂是日雪之作也。惟見旌旗陣馬蔽天，而下皆北兵也。予怪其言而訪諸他人，一如其說。

[四]《易·乾》:「雲從龍,風從虎,聖人作而萬物睹。」孔穎達疏:「龍是水畜,云
是水氣,故龍吟則景雲出,是雲從龍也。」後因以「雲龍」比喻君臣風雲際
會。宋·陸游《太師魏國史公輓歌詞》:「雲龍際千載,典冊冠三公。」

中統庚申聖上北征不庭

聞說天兵下八埏,自臨華夏益精妍。龍弩虎擲三千國,岳鎮淵渟五十年。
應欲昭章新日月,更為彈壓舊山川。可憐棘霸皆兒戲,不似神微 [一] 計萬全。

【校釋】

[一] 神奇微妙。三國·魏·阮籍《大人先生傳》:「自好者非之,無識者怪之,不知
其變化神微也。」

侍宴萬安閣 和林城萬安宮之閣名也

六龍捧日上層霄,人海妖氛暗自消。五彩鳳聲喧鳥道,九光芝色煥蘭苕。
燕酣兜率黃金殿,吹裂崑崙紫玉簫。更覺鈞天佳氣合,萬枝華燭動虹橋。

太宗皇帝嘗號萬安宮為蓮宮。

小獵詩

翠華東出萬安宮,獵獵旌旗蔽碧空。鸚鵡杯停縱金勒,鷫鷞裘袒控雕弓。
塞鴻驚帶鵝毛雪,野馬塵飛羊角風。萬騎耳邊驚霹靂,一聲鳴鏑暮山紅。

翠華十月獵川中,馬上書生目不窮。濟濟威儀周制度,番番人物漢英雄。
一封雲漢飛金詔,萬國君王朝玉宮。四合相連幾千里,熊羆都入我牢籠。

寬甸有感 [一]

和林城有遼碑號和林,北河外一舍地為寬甸,廣輪可數十百里,列聖春夏遊幸所也。

黯傷寬甸舊煙光,鋒鏑縱橫擾帝鄉。昔是翠華臨幸地,今為白草戰爭場。
陰符消息成金匱 [二] ,從此不應將北極,等閒容易許禺強 [三] 。

【校釋】

[一] 並序,據李文田箋注本補。

[二] 一作傳金版六韜,主將有陰符,雄戰分明勝鐵槍。《職官分紀》有雄戰將軍鐵
槍謂王鐵槍也。

[三]《莊子》云:禺強得之立乎北極。

賢王有雲南之捷

詔出甘泉總六軍,渡瀘深入建元勳。旌旗蟠地慘遮日,金鼓震天寒攪雲。

鏖戰折衝貔虎陣，先聲靡拉犬羊群。中朝詞客椽如 [一] 筆，擬 [二] 與名王紀所聞。

【校釋】

[一] 李文田箋注本作「如椽」，據詩義，當為如椽。

[二] 一作「已」。

獻上賢王

神燭高名 [一] 日月齊，司分蘭艾入春畦。虹霓渴飲滄溟 [二] 竭，星斗光垂碧落低。寒暑縱催窮塞雁，晨昏寧屬禁城雞。無能自忖人堪笑，唯有青云是舊梯。

【校釋】

[一] 一作「明」。

[二] 大海。《漢武帝內傳》:「諸仙玉女，聚居滄溟。」

近聞賢王春水因寄

風揭駕鵝擾綠漪，鳴蟬聲促越重圍。海東青貼翠雲起，照夜白侵瑤水飛。玉鷺亂飄梨雪去，彩鴛爭絕浪花歸。非熊未必當時記，依舊煙波繞釣幾 [一]。

【校釋】

[一] 釣魚時坐的岩石。北周·明帝《貽韋居士詩》:「坐石窺仙洞，乘槎下釣幾。」

大江篇寄上賢王以代謝章兼賀平雲南之捷

冷浸乾坤影蕩搖，狂瀾萬古自滔滔。遊風欲動雪還沸，淫雨不收天更高。留取蛇珠弄明月，乞持虹釣袖神鼇。渥窪 [一] 已厭江南草，何事靈胥 [二] 有怒濤。

【校釋】

[一] 指代神馬。唐·韓琮《公子行》:「別殿承恩澤，飛龍賜渥窪。」宋·蘇軾《送錢承制赴廣西路分都監》詩:「舞鳳尚從天目下，收駒時有渥窪姿。」

[二] 借指波浪，浪濤。《文選·左思〈吳都賦〉》:「習御長風，狎玩靈胥。」劉逵注:「靈胥，伍子胥神也。」相傳伍子胥死後為濤神，故稱。

挽皇太子詞

象輅長歸不再朝，痛心監撫事徒勞。一生盛德乾坤重，萬古英名日月高。

蘭殿好風誰領略，桂宮愁雨自蕭騷。如何龍武樓中月，空照丹霞舊佩刀。

韓省幹子平薦章應格朋友漠然不知忽改京秩作七言近體一首賀之 ［一］

　　山雌澤啄競騰軒，孰有昂駒局短轅。造物至公殊弗置，窮交未喻枉焦煎。鳳批一諾膺天陟，馬頸三鏊朝日邊。虎鼠擰尫 ［二］ 隨秉筆，銓曹 ［三］ 常格 ［四］ 勿從旃。

【校釋】

　　［一］李文田箋注本作「一首賀之」，脫「韓省幹子平薦章應格朋友漠然不知忽改京秩作七言近體」。

　　［二］跋，脊背骨骼彎曲。即非常規。

　　［三］主管選拔官員的部門，借指主管選拔官員之長官。《明史・顧鼎臣傳》：「兵部主事馬承學恃鼎臣有聯，自詭必得銓曹，臣故抑承學而用昆。」

　　［四］慣例；通例。《新唐書・衛次公傳》：「子之祖，勳在王府，寧限常格乎？」

雙溪醉隱集卷五

五言絕句

高城曲

　　城高一百尺，枉教人費力。賊不從外來，當察城中賊。

金微道

　　茫茫苜蓿花，落滿金微道。一千里驥足，十二閑中老。

　　出《後漢・耿夔傳》：又出居延塞，五千里至金微山。

小獵詩

　　虎落入長圍，期門突似飛。烏號 ［一］ 驚霹靂，白額 ［二］ 藉忘歸。

【校釋】

　　［一］《淮南子・原道訓》：「射者扞烏號之弓，彎棊衛之箭。」高誘注：「烏號，桑柘，其材堅勁，烏崎其上，及其將飛，枝必橈下，勁能覆巢，烏隨之，烏不敢飛，號呼其上。伐其枝以為弓，因曰烏號之弓也。一說黃帝鑄鼎於荊山鼎湖，得道而仙，乘龍而上，其臣援弓射龍，欲下黃帝，不能也。烏，於也；號，呼也。於是抱弓而號。因名其弓為烏號之弓也。」後以「烏號」指良弓。

　　〔二〕猛虎。唐・李白《大獵賦》：「雖鑿齒磨牙而致伉，誰謂南山白額之足睹。」王
　　　　琦注：「白額虎蓋虎之老者，力雄勢猛，人所難御。」

留別趙虎巖呂龍山

　　燕南春色老，燕北草初肥。露冷野花瘦，月明江樹稀。

懷趙虎巖呂龍山

　　六年風雨夜，一寸別離心。日暮步芳草，相思塵滿琴。

懷舜卿

　　過雁三四聲，相思千萬里。策杖倚西風，行雲渡秋水。

寄楊誠之

　　相去一萬里，相思堪倚樓，漢宮臨薄暮，羌笛怨高秋。

寄李東軒

　　一紀不出門，三年不窺園。有誰曾得似，高士李東軒。

送趙伯玉行

　　去雁失歸群，孤聲不可聞。一樓花外月，千里隴頭雲。

懷高敞

　　春滿鳳城陌，惜春人未來。相思不可寄，何處有高臺。

代寄

　　露委花團雪，夜寒香著枝。春風殢〔一〕楊柳，只是漫搖絲。

【校釋】

　　〔一〕困擾；糾纏。洪昇《長生殿・絮閣》外人不知呵，都只說，殢君王是我這庸姿
　　　　劣貌。

代人寄遠

　　怨蝶休春夢，驚鳥繞夜啼。唯應故山月，相與過遼西。

擬孟郊古怨

　　妾意似花枝，願與春長在。郎意似花陰，逐日陰移改。

閨怨

　　惜春驚白日，不到迴心院。合照妾人情，也逐花陰轉。

池亭睡起

絲雨籠深院，團花皺碧羅。不憐孤枕夢，終日戀池荷。

長春閣

院僻行人少，垂楊覆地絲。閣高秋色早，山遠夕陽遲。

登廣寒殿故址

萬古消沉盡，浮雲事幾場。酣歌頹醉玉，休得問興亡。

春晚

雨餘芳草綠，石盡野泉渾。落日一聲笛，斷腸人倚門。

落花

不堪三月尾，風雨又相和。片片樹頭少，紛紛地上多。

獨醉園寓興

百品消愁藥，三生解語花。一時都聚在，方外酒仙家。

飲逸園

無何有醉隱，稱是飲中仙。玉瀣〔一〕涵金液，金波〔二〕養玉泉。

【校釋】

〔一〕美酒名。宋‧陸游《鷓鴣天》詞：「斟殘玉瀣行穿竹，卷罷《黃庭》臥看山。」

〔二〕酒名。亦泛指酒。宋‧朱弁《曲洧舊聞》卷七：「〔張次賢〕嘗記天下酒名，今著於此：后妃家……河間府金波，又玉醴。」

飲南園

欹紅醉濃露，凝碧厭芳煙。我有一壺酒，置君花樹前。

玉窗歌

玉鉤垂翠箔，珠幌背蘭膏。花瘦露如洗，月明秋更高。

夜坐

香起深齋靜，橫琴夜更幽。千岩風雨冷，一夜鬼神愁。

嘲漁父

若為逃世網，卻計釣名鉤。自是驚飛盡，群群海上鷗。

漁父答

世路披天險，名聲足是非。月明風露下，吹笛放船歸。

雜詠

我雖不解事，知時莫如我。須為扇仁風，吹滅權門火。

示子

人皆緣祿富，我獨以官貧。富貴莫圖著，恐他來逼人。

蕩子

行雲思故山，遊子何時還。天地如逆旅，光陰不可攀。

題西山早梅扇頭

西山先得日，南枝先得春。朱曦與青帝，豈屬種花人。

十六夜月

月姊應吞怨，無人寫所思。柔情將綽態，須是破瓜 [一] 時。

【校釋】

　[一] 舊稱女子十六歲為「破瓜」。「瓜」字拆開為兩個八字，即二八之年，故稱。
　　　晉・孫綽《情人碧玉歌》之二：「碧玉破瓜時，郎為情顛倒。」

樂聖齋對酒吟

錦幛五十里，胡椒八百斛。那能知許事，且盡杯中物。

春雷琴

素匣開寒玉，烏龍 [一] 出秋水。長到夜深時，恐乘雷霧起。

【校釋】

　[一] 黑龍。清・袁枚《新齊諧・風水客》：「公面純黑，頸以下白如雪，相傳烏龍轉
　　　世。官至大學士。」

燈蛾歎

白日不出飛，夜燈安可親。比明不可投 [一]，何以暗藏身。

【校釋】

　[一] 一作「投明無意去」。

即事

青州少從事，平原多督郵。洞庭春色裏，誰是醉鄉侯。

錢幣

白鹿殊持重，青蚨〔一〕豈致貧。不唯堪使鬼，且是更通神〔二〕。

【校釋】

〔一〕傳說中的蟲名。《太平御覽》卷九五〇引漢・劉安《淮南萬畢術》：「青蚨還錢：青蚨一名魚，或曰蒲，以其子母各等，置甕中，埋東行陰垣下，三日後開之，即相從。以母血塗八十一錢，亦以子血塗八十一錢，以其錢更互市，置子用母，置母用子，錢皆自還。」後因用以指錢。

〔二〕一作如何堪使鬼，只是為通神。

得雪齋所遺竹箭因以此寄時雪齋南遊未回

適足堪申意，浮游亦識機。未應為信往，著處便忘歸。

申意、浮游、信往、忘歸，皆箭名也。

南征過蜀寄題故園

水擊三千里，鵬摶九萬程。不應棲隱地，猶待臥龍耕。

太河篇

怒浪淘晴雪，驚雷日夜奔。洪流將碧落，空自勢相吞。

次韻閬州述事

首肯唐庚賦，心推郭奕詩。為誰攜斗酒，還酹魯公祠。

宋張俊自陝西回，過漫天坡。郭奕有詩：大漫天是小漫天，小漫天是大漫天。只因大小漫天後，遂使生靈入四川。遂不仕。離堆有顏魯公祠堂。

閨思

雁陣驚秋信，蛩〔一〕吟襲夜幃。河源應凍徹，方憶搗征衣。

心事苧衣寬，塵瑣菱花暗。春入水聲滑，水涵春影澹。

問鴻鴻已歸，問花花不知。卻把鳳凰簫，水精簾下吹。

【校釋】

〔一〕蟋蟀。

七言絕句

雪嶺

抑揚霆電決雌雄，霆激狂鋒電掃空。如席片飛何處雪，撲林聲振海天風。

我軍乘風雪敗敵於松林之雪嶺。

陽關

振威馳突過天山，擒擿如神指顧間。底事戰塵收不起﹝一﹞，陣雲西下望陽關。

我軍時出張掖之天山，至敦煌郡界，太行宿衛諸將已抵陽關故境。

【校釋】

﹝一﹞一作「得」。

陰河

虎臣信任國心膂，虓將樂為王爪牙。賈勇陰河西去路，空拳轉鬥戰龍沙。

我軍又自夏州陰河追擊西師，前漢敦煌郡正西關外有白龍堆沙，後漢咫尺龍沙。注：白龍堆沙漠也，李陵傳士張空拳，司馬遷傳張空拳。注云拳與搴同，搴亦作搼。

回飛狐

震迭威聲徑出師，偃旗臥鼓豈無時。折衝樽俎風流在，未要喧傳塞上辭。

南征紀事

揭雷夔鼓傾天險，絡漢虹橋並鬼工。說是樓船橫海將，擬輸吳越壽重瞳﹝一﹞。

【校釋】

﹝一﹞重瞳子。《史記·項羽本紀論》「吾聞之周生曰『舜目蓋重瞳子』，又聞羽亦重瞳子」裴駰集解引《尸子》：「舜兩眸子，是謂重瞳。」

達蘭河河名也，在和林北百餘里。

陣雲壓地欲填空，鵝鸛飛馳欲得風。龍戰未分天欲暮，不知誰復是虞公。

拒馬河

陣雲北壓飛狐口，戎幕西臨拒馬河。不獨擬虞公止日誓，心期奮魯陽戈。

《水經》云：「巨馬河，劉無黨地，志作此『拒』字。」

千泉

擁旄羽騎附飛翼，傾地鐵林和鳥翔。黃金練愈凝霜氣，青玉龍爭掣電光。

千泉，在大磧石東，非前史中所見千泉也，河間王親鏖擊追騎於此。飛翼鳥翔二陣名也。碎事金練，金甲也。《雜俎》云：「常見青龍突陣，乃知劍之靈也。」唐王仲初詩：「衣袂障風金練重，劍光橫雪玉樓寒。」

西北

不宜有怒徒傾地，自伐無功可 [一] 補天。爭忍競 [二] 驅千萬騎，又相馳突二三年。

【校釋】

[一] 一作「為」。據詩律功令，當為「可」。

[二] 一作「並」。

戰沙陀李沙陀

笑睡龍當獨眼龍，更堪 [一] 都似李橫衝。彼須要不從風靡，除鐵山來作戰鋒。

【校釋】

[一] 更堪，一作鴉軍。

玉門關

六合同風奉一君，誰期貴介竟孤恩。自從五夜傳金柝 [一]，已早三年閉玉門。

時自玉門關舊境以西，道路不通。

【校釋】

[一] 即刁斗。古代軍中夜間報更用器。一說金為刁斗，柝為木柝。《文選·顏延之〈陽給事誄〉》：「金柝夜擊，和門晝局。」李善注：「金，謂刁斗也。

前出塞

擬取安西襲玉關，短兵鏖戰下皋蘭。陰風勢挾天山雪，凍徹河源徹底乾。
十年老將浮苴井，萬里疲兵碎葉川。傳督諸君傳詔令，問何時到海西邊。

後出塞

併吞處月下樓蘭，光復金微靜鐵關。準擬鑿空通四海，會須鞭石到三山。
誓洗兵氛雪國仇，氣橫遼碣紫山秋。豈容日下西王母，只屬東西海盡頭。

丁靈二首

長驅席捲盡連營，震讋禺強撼北溟。虎豹騎從雲騎隊，又隨橫野過 [一] 丁靈。

師古云：「丁靈，胡之別種也。」

【校釋】

〔一〕過，一作「下」。

月朘〔一〕日蹙漫逃天，迫脅丁令地一邊。悵不似從東海畔，聯珠營直到虞淵。

阿王時避地丁令境，朘音宣。愚嘗述《丁令辯》，附其略於此。因阿王避地丁令，以有和林城唐明皇御製碑銘，沙塞之國，丁令之鄉之語，詢之諸公，故述是辯云云。諸書所載丁靈、丁零、丁令三字不同，詳其前後事蹟似非一種。《史記》「北腹丁靈李陵傳衛律為丁靈王。」《蘇武傳》「丁令盜武牛羊」。顏師古曰：令音零，即上所為丁靈耳。《漢書》作北服丁零。《後漢·南單于傳》「丁零寇其後」。《鮮卑傳》「北拒丁零載記丁零翟斌及諸書。」《唐史·月支都督府》「丁零州，范陽郡丁零川雖皆無音，乃是先零字。」《漢書》「丁零乘弱攻其北丁令，比三歲入盜。後漢北部又畏丁零逃遁遠去，烏桓傳其土在丁令西南莽將嚴尤領丁令兵屯代郡及諸書。丁令，令皆音零，然則令字亦有連音，《史記》「西至令居姚氏音令為連」。《前漢書·地理志》「令居孟康亦音令為連，通典丁令，魏時聞焉，在康居北烏孫西似其種，與北丁令別也，然亦無音。」《後魏書》「丁令在康居北，丁音顛，令音連。」《御覽》「丁令亦音顛連」，考其地在前康居東北，鄰烏孫，至今尚成部落。丁音顛，令音連為是。《北海內經》「丁靈國在海內，其民從膝以下有毛馬蹄，善走。詩含神霧丁靈人，馬蹄自鞭，其腳日行三百里。」杜君卿採前史烏孫長老言，北丁令有馬腦國，其人從膝以上至頭，人也。膝以下生毛，馬腦馬蹄而走疾於馬著之。《通典》「聖朝太宗皇帝嘗詔和端等入北海，往複數年，得日不落之山，未始聞有馬腦馬蹄之民，是知諸家所說不加考核遞相祖述耳，好怪不經世俗之所不免者也，可勝詫哉！

【校釋】

〔一〕減少，《漢書·董仲舒傳》：「日削月朘」。

秋山二首

萬騎龍趨兩隊分，翠華方自發期門。內官急把朱旗颭〔一〕，傳道先教詔虎賁。

兩龍如舞發璿臺，蔽日旌旗四面開。疑自錦林花嶂裏，建章營騎下天來。

【校釋】

〔一〕顫動；搖動。唐·劉禹錫《浪淘沙》：鸚鵡洲頭浪颭沙，青樓春望日將斜。

庭州

星羅遊騎遍氛埃，似與頹風下九陔〔一〕。可道漢家哀痛詔，未應原自為

輪臺。

　　庭州，北庭都護府也，輪臺隸焉。《唐書》：「長安二年改庭州為北庭都護府」，又曰：「後漢
車師後王，故庭有五城，俗號五城之地」，即今其俗謂之伯什巴里蓋，突厥語也。伯什華言五也，
巴里華言城也，河西有金粟城，西夏所築。河西岸與金之東勝相直，對境河東即唐東受降城地也。

【校釋】

　　［一］亦作「九畡」、「九垓」。中央至八極之地。《國語・鄭語》：「王者居九畡之田，
　　　　　收經入以食兆民。」韋昭注：「九畡，九州島之極數。」

濟黃河

　　雷滾洪流激怒濤，何時清澈鑒秋毫。冰夷應訝無持贈，莫認精誠是寸膠。
　　迴馳聲勢出崑崙，據盡人間要路津。快著靈濤天上去，就傾銀漢洗兵塵。

金蓮花甸

　　金蓮花甸湧金河，流繞金沙漾錦波。何意盛時遊宴地，抗戈來俯視龍渦。

　　和林西百餘里，有金蓮花甸，金河界。其中東匯為龍渦，陰崖千尺松，石礧迭俯擁龍渦，
環繞平野，是僕平時往來漁獵遊息之地也。

阿延川詩劉無黨地志阿延川，本遼朝至夏納涼處，並無殿宇，唯松棚數楹而已。

　　倦比紛華悅目人，土階猶恐是勞民。數間帶葉松棚下，指綠莎為翡翠茵。

過長城

　　為誰到［一］古長城外，又自經今戰地邊。木燭嶺空懸素月［二］，爐門山只
鎖荒煙。

【校釋】

　　［一］一作「過」。
　　［二］一作「片月」。

沙磧道中

　　去年寒食在天涯，寒食今年又別家。天北天南人萬里，春風開盡馬蓮花。

　　本名馬藺，俗訛呼為馬練，今又呼馬蓮。

過駱駝山

　　天作奇峰象橐駝，人間牧圉肯來過。只緣頑礦成無用，不識瘡肩陟峻坡。
　　昔駕朱輪白橐駝，石駝曾見屢經過。蒼顏今日應難識，瘦馬服箱轉舊坡。

金滿城

金滿名城〔一〕果是誰，分明須只是癡兒。想來可是教人笑，金滿城時是幾時。

便得城中垛滿金，不應將買住光陰。愈奇夢渴何生賦，足見從來不足心。

【校釋】

〔一〕一作「為名」。

渡陷河陷河，在無定河東，沙地極虛。有南風則隨步潰洞，或值其甚虛處，輒陷溺其中，宣德潰河亦然，殆不可以理求。

天幕旁圍翡翠茵，自來原自是迷津。誰期也值南風起，吹得黃沙不見人。

一作天宇光臨翡翠茵，欲行還住認（認，一作問。）迷津。如何又是南風起，吹得飛沙不見人。

翌日渡東陷河

水碧天臨碧玉津〔一〕，上無纖翳〔二〕下無塵。畏途也幸逢今日，特地〔三〕清明不陷人〔四〕。

【校釋】

〔一〕李白詩多言浮水碧，注云碧玉類也，水中有此碧也。

〔二〕微小的障蔽。多指浮雲。南朝宋劉義慶《世說新語‧言語》：「司馬太傅齋中夜坐，於時天月明淨，都無纖翳。」

〔三〕特地，一作「直是」。

〔四〕一作「人人喜說逢今日，天氣清明不陷人。」

過無定河無定河在龍河，唐綏州理龍泉縣，隋曰上州

一自揚鞭過上州，若為癡絕漫遲留。為憐此水渾無定，引得龍泉也亂流。

何〔一〕許頹波是上流，若然洄沇〔二〕幾時休。如今淺地仍依舊，漫潗東西到處流。

幾臨沙步駐驪虯，甚欲窮源問水頭。有底奔波無定在，忽東流了便西流。

是余前此三年過無定河，因附之於此，故前篇有仍依舊之說。

【校釋】

〔一〕何，一作「底」。

〔二〕邪僻。晉‧潘岳《西征賦》：「事洄沇而好還，卒宗滅而身屠。」按，《文選》

作「回沇」。

夏日塞外道

如何不渡諾真河，步拙由來步越多。不是賀人情意好，要臨安樂駐行窩。

夏州塞外道有諾真河、步拙泉、步越多山、賀人山、安樂戍。

入蜀口號

金馬可堪充鐵馬，鐵牛那是糞金牛。虛名豈得為時用，足致天兵下益州。

遊果山鳳山觀

誰是浮游獨醉仙，鳳還來上鳳山巔。定應人不知名字，只問南充謝自然［一］。

【校釋】

［一］唐女道士。唐・韓愈《謝自然詩》：「果州南充縣，寒女謝自然，童騃無所識，
但聞有神仙。輕生學其術，乃在金泉山。」《雲笈七籤》卷一一三：「又蜀女真
謝自然泛海，將詣蓬萊求師，船為風飄到一山，見道士，指言天台山司馬承
貞，名在丹臺，身居赤城，此真良師也……自然乃回求承貞，受度後，白日上
升而去。」

過花樓

絕磴層巒路屈盤，欲教人歷畫圖間。行雲逼渡樓前冰，放出林梢一半山。

曉發牛驛

山靈護野煙霞靜，風伯清塵草樹香。鶴背酒仙和醉夢，不知延入五雲鄉。

夜泊青海

歸心日夜憶咸陽，海角天涯不是長。今夜月明何處宿，北風低草見牛羊。

靈州客舍春日寓懷

涼葉常先白露零，草過寒節未敷榮。十分體得春消息，不似西風有信誠。

靈州地寒，過清明草始萌芽，前年立秋日嘗在此州，其日便有深秋氣味。

又和林春日書事

凍折池塘百草芽，斷鴻低雪怨凝笳。晴窗一曲春風詠，開徹滿山桃杏花。

又春日即事

客中草草過清明，寒襲羅衣雨又晴。夢覺畫樓春寂寂，海棠枝上有啼鶯。

野宿

清笳聲咽思徘徊，漠漠癡雲凍不開。寒入貂裘眠不得，通薪餘火撥成灰。

北風作惡晚猶寒，征雁一聲雲漢間。歸夢暗隨天際月，清輝皎潔滿關山。

馬上偶得

誰念天涯久倦遊，可堪回首又驚秋。登高極目暮雲碧，衰草荒山不盡頭。

客中吟

旅懷夜永夢偏饒，明滅殘燈獨自挑。雲外五更征雁盡，帳寒風冷雨瀟瀟。

白雁飛時秋夜長，玉欄黃菊傲寒霜。寸心萬里雲山夢，一日三秋鐵石腸。

萬里故人寒舊盟，一樽薄酒正含情。夢回星斗闌干夜，腸斷西風征雁聲。

客中次人韻

塞鴻飛盡野雲收，羌笛悠悠漳水秋。有客北來歸未得，倚門長嘯看吳鉤〔一〕。

【校釋】

〔一〕鉤，兵器，形似劍而曲。春秋吳人善鑄鉤，故稱。後也泛指利劍。晉·左思《吳
都賦》：「軍容蓄用，器械兼儲；吳鉤越棘，純鉤湛盧。」

客中次郭器之詩韻

典盡征衣出醉鄉，一回頭處九迴腸。黃花滿地秋風老，坐數飛鴻到夕陽。

客中二首

幾度求歸不放休，翩翩蝴蝶思悠悠。夢回三徑黃花老，題遍一林紅葉秋。

咽咽霜笳吹底怨，泠泠山溜瀉何愁。和林望斷白雲暮，愁入水雲東〔一〕
盡頭。

【校釋】

〔一〕東，一作「天」。

蒼官臺

層臺重到記登臨，物態熙熙春意深。手撫長松望西北，晚雲千頃似歸心。

山臺

詰曲千層近碧霄，蒼龍無數繚山腰。何當一值朱明候，臥聽松風吼夜潮。

銅雀臺

銅雀臺〔一〕無復示雄誇。愁煙忍鎖西陵地，向日須曾屬漢家。

【校釋】

[一] 見唐・杜牧《赤壁》「折戟沉沙鐵未銷，自將磨洗認前朝，東風不與周郎便，
銅雀春深鎖二喬。」荒野草花，阿瞞三國魏曹操的小名。《三國志・魏志・武
帝紀》「太祖武皇帝，沛國譙人也，姓曹，諱操，字孟德」赤壁一戰，曹營八
十萬水軍全軍覆沒，曹操敗走華容，飲恨長江，從此形成三分天下的局面。直
至銅雀臺建成之日，也沒能迎來統一江東的凱旋鼓樂。

癸卯春暮經駐蹕院廢殿昔唐太宗駐蹕於此，嘗有太宗繪像

野粉不留天日表，夢回龍去鼎湖空。東君若是繁華主，滿院落英何處風。

經麗珍園衛紹王蘭香殿故基

國蠱危時足藉辭，國香消歇自當時。教人替結司花恨，恨不留心植佞枝。

佞枝，即屈軼也。

遊玉泉山廢宮故基口號

殿閣人稀草樹荒，舊遊空記五雲鄉。劫前天地興亡夢，借問山靈是幾場。

春日遊玉泉道院

露桃香泛冷胭脂，低映相思玉樹枝。看取廣寒宮殿去，湧金亭上月來時。

暮春過故宮

柳陌風來雪滿沙，錦宮春老野人家。鶯鶯燕燕空饒舌，明日西園是落花。

過庖丁故居

青山坐對幽人老，依舊春風綠庭草。騎鯨一去不再來，愁憶落花曾未掃。

過萬松老人故居有感

憶掃香雲謁上方，一天花雨撲禪床。雲歸雨斂香花冷，窣堵波沉替戾岡。

過劉氏園

黃鳥含啼怨未休，露桃傾淚洗凝愁。多情好在今成燕，雙宿雙飛直到頭。

今成夢中所得堂召也。

暮春過劉氏園亭

垂垂簾箔映重門，不避貪飛燕予嗔。桃李晚來無藉在，亂隨風雨並殘春。

太極宮

步虛聲入海山寒，並覺空香繞露盤。天浸月波秋似水，翠鸞飛滿玉華壇。

太和宮

故人心事鬢成絲，猶指頹垣話所思。元自道陵全盛日，見遊麋鹿已多時。

過大明宮

莫輾荒涼輦路開，牡丹花謝 [一] 已封苔。苔錢不買春光住，枉了銜花鹿又來。

【校釋】

[一] 花謝，一作「欄檻」。

瓊花島

萬歲山頭萬樹松，萬年基業一朝空。如何太液池中水，依舊羅紋起細風。

重題燕都玄都觀壁

兔葵燕麥盡風埃，何事消沉不再開。意得桃花凝笑處，怨春愁篆滿蒼苔。

重題隗臺玄都觀壁

洞鎖荒煙藉綠苔，桃花紅盡更難開。劉郎 [一] 依舊春風裏，又到玄都觀裏來。

【校釋】

[一] 唐・劉禹錫《元和十年自郎州承召至京戲贈看花諸君子》詩：「玄都觀裏桃千樹，盡是劉郎去後栽。」此為禹錫自稱，後因以「劉郎」指禹錫。

遊龍巖寺

上方鍾磬隔花聞，便覺仙凡勢自分。爭信草堂靈也笑，笑他猿鶴戀松雲。

《北山移文》：青松落陰白雲誰侶，其山主自號松雲。

錯落岩花是醉茵，景因人勝畫難真。林泉盛跡幽棲地，誰分松雲不戀人。

其山主松雲者，林泉和尚嗣也。

嘗遊北禪院，鼓子花特盛，鄰觀且有鼓琵琶者，後遊其所賦此

鼓子花迷香世界，嚢婆 [一] 聲振玉樓臺。鬱輪袍竟消沉了，優鉢羅空取次開。

【校釋】

[一] 即瑟琶。元・楊維楨《嚢婆引》：「梅卿上馬彈嚢婆，鶻弦振振金邏迤。」

過懷來青山院

院染晴嵐樹染煙，錦屏花障抱斜川。不知日暮前途遠，為愛青山忘著鞭。

登吹臺凝翠亭偶成

春逐花枝落酒杯，草隨春色上高臺。殷勤更把重簾卷，放入青天白日來。

天津早春

玉京桃李待花仙，培養根芽又一年。春事動人應不淺，綠莎侵到水傍邊。

早春宴上次高麗入國使詩韻

白玉堂前一樹梅，為誰零落為誰開。人生顏色不長好，且盡生前有限杯。

玉津池早春

嫩漪谷皺浴鴛鴦，信逐輕鷗下野塘。紅入小桃花綻處，綠莎針短柳絲長。

白蓮池

翠扇平遮罨畫樓，玉盤傾露避蘭舟。何如解語花長在，花界長生殿裏頭。

無塵亭

白蓮自處無塵境，不惜香風隔岸聞。絕是水紋珍簟下，水仙潛著水沉薰。

題霏香亭

為延花事帶香霏，彌月兼旬醉不歸。休道未知今日是，當非四十九年非。

玉津亭

桃李無言各自春，韶光〔一〕堆棧與精神。半欹倒影薰沉水，逕引春風入玉津。

【校釋】

〔一〕美好的時光，常指春光。南朝・梁簡文帝《與慧琰法師書》：「五翳消空，韶光表節。」

書齋展西牆

流水平橋花滿欄，此歡兒輩未期歡。為嫌不得西山色，乞展西牆兩步寬。

魏焦孝然目其草廬曰蝸牛廬，愚以行帳為行窩，尋亦號為蝸牛舍云

宴處行窩縮似蝸，推移蝸角叩南華。調停蠻觸將蝴蝶，盡與華胥做一家。
絕轡元期絕戰塵，指南猶指示迷津。未應蠻觸相傾地，不屬華胥枕上人。

余聞西北弄邊藩王遞相攻擊時詩也，聞此語，時有談絕轡事者，為賦此示之。

家園即事

鶯聲圓滑綠陰涼，如是青春白日長。可笑畫梁 [一] 梁上燕，一年年似一年忙。

【校釋】

[一] 有彩繪裝飾的屋樑。唐・盧照鄰《長安古意》詩：「雙燕雙飛繞畫梁，羅幃翠被鬱金香。」《醒世恒言・鄭節使立功神臂弓》：「畫梁悄悄，珠簾放下燕歸來。」

蘅薄 [一]

舜臣過敞廬，異其蘅郁烈之氣逆鼻，為賦此示之。

莫驚蘅薄是流芳，芬鬱癡仙起草堂。試聽司園須也道，主家門戶自來香。

【校釋】

[一] 並序，詩前有序，據補。本詩為諸本所缺，王國維補於此。

題夢齋

文府中書五色衣，含章未吐鳳先飛。可堪歷歷將今是，又對春風較昨非。

得鹿歡呼事已非，可能蕉覆卻空歸。多情最是蘭窗蝶，長繞瓊華蕊上飛。

題庸齋

中庸今古幾人通，這個機關自不同。笑殺西天青眼漢，強分南北與西東。

綵霞亭睡起紀夢書畫夢齋壁

浴蘭湯兮沐芳華，睡起鶯聲透彩霞。怪得春風教夢穩，盡吹蝴蝶上梨花。

夢回

恨別故人千里外，夢回孤枕四更過。軒窗何處無疏雨，不似芭蕉葉上多。

辛巳年二月初四日夜半後夢中作

春寒每恨花開早，春暖何妨花較遲。休為玉人驚老去，春寒春暖總相宜。

紀歸夢二首

睡鴨殘香隔夢聞，曉鶯啼破五更春。千秋萬古蘭窗蝶，只屬行雲行雨人。

為蝶為周盡自分，華胥 [一] 元自是青春。寒梅豈許羅浮月，偏照凌波解佩人。

【校釋】

〔一〕《列子·黃帝》：「〔黃帝〕晝寢，而夢遊於華胥氏之國。華胥氏之國在弇州之西，台州之北，不知斯齊國幾千萬里。蓋非舟車足力之所及，神遊而已。其國無帥長，自然而已；其民無嗜欲，自然而已……黃帝既寤，怡然自得。」後用以指理想的安樂和平之境，或作夢境的代稱。

西園春事

西園春事畫圖中，難狀司春造化功。何限花心爭動處，不應都是夜來風。

西園席上調元子不至

白玉堂前白日長，滿前鶯燕語如簧。那知沉飲非荒宴，待與揚鞭問葛強。

席上

習飲醉鄉拋浩劫，葆真靈液反天和。方知世上閒滋味，元比神仙不較多。

彩雲行雨陽臺暮，羅襪生塵洛浦秋。飛起一雙花上蝶，晚風吹上玉搔頭。

初卜縉雲五湖別業

旋移松竹養煙霞，人笑猖披不潤家。可要廣栽桃李樹，年來強半是狂花。

遊壺春園

雨橫風狂過一春，養花天氣少溫存。滿前何限關心事，且是無人許細論。

翠水別業即事

或命巾車或鹿車，就花深處便傾壺。風流哲匠天然句，狀出雙溪醉隱圖。

題易安堂壁

且言居易有何難，俟命由來足易安。高謝畏途誠可意，見人行險我心寒。

終夕風雨早起書待旦齋壁

銀箭知傳第幾更，玉壺清漏不聞聲。雄雞本是司晨物，未可非時妄一鳴。

仁壽鎮柳浪

柳浪風寒罷亞香，旋移床就樹陰涼。待教野老題名號，獨醉癡仙避暑莊。

泛城南蓮湖

管絃聲破水雲幽，浪裏香風過畫樓。相與兼花折荷葉，亂遮斜日上蘭舟。

題合歡亭

只合歡遊引玉舟，駢羅躪忿 〔一〕列忘憂。自從收得河邊木，須信人間有

帝休。

【校釋】

　　[一] 消除忿怒。三國・魏・嵇康《養生論》：「合歡蠲忿，萱草忘憂，愚智所共知也。」

　　　　　唐・蘇鶚《蘇氏演義》卷下：「欲蠲忿，贈以青棠，青棠一名合歡，則忘忿也。」

曲水遊 [一]

　　上巳日臨水中宴，遂泛舟玉泉至桃園呂公洞。

　　宴隨步障水西東，曲水 [二] 煙光錦繡中。楊柳結攀垂柳帶，桃花嘶立落花風。

　　延引仙人蓮葉舟，衣冠雜沓載涼州。風流今日蘭亭會，移在桃源水上頭。

　　楊柳，唐樂家歌姬名也。燕俗上巳日結柳帶為圈脫窮，亦猶景龍記上巳日柳眷之說。

【校釋】

　　[一] 並序，詩前有序，據補。

　　[二] 曲水，一作「野色」。

方湖釣魚臺

　　杜梨花外杜鵑啼，醉倚東風上 [一] 釣幾。真是一聲聲更切，不知猶更勸誰歸。

【校釋】

　　[一] 上，一作「擁」。

玉溪

　　玉溪聲瀉玉聲寒，流繞祥煙瑞靄間。卻是冰壺涼世界，始知元是在人寰。

水平橋

　　洞簫吹罷思無聊，卻下閒庭弄柳條。寂寞小園春晝永，一聲啼鳥水平橋。

白石山

　　山本無情不解愁，年來底事也驚秋。古今閱盡興亡恨，知為何人雪滿頭。

山市吟

　　山閣連城日日新，千形萬狀只無人。自分長樂樓臺象，不染長安市井塵。

桃源

　　洞仙情分與桃源，盡與劉郎有舊緣。兩手未為無用處，不妨和月弄清泉。

驚風成陣花委塵，白日如馳催老人。只須深入桃源洞，留住朱顏占住春。

過北村

麥穗經場穀尚青，縣官嚴令督秋徵。嗔他問著西成事，斜倚鋤耰並不應。

觀田

漠漠屯雲翠拍天，人謠鬼詠是豐年。老農愁倚鋤竿立，五穀雖成不值錢。

秋日田行

野老郊迎頂斗爐，馬前行語更相呼。田荒室露渾餘事，乞免官徵一歲租。

靈城元日

惆悵重明竟未回，塵揚滄海劫前灰。誰期六合披攘際，得引屠蘇［一］最後杯。

未待金雞送曙光，雁行羅列進桃湯。如何白獸［二］樽中酒，盡日無人引一觴。

【校釋】

　［一］亦作「屠酥」。藥酒名。古代風俗，於農曆正月初一飲屠蘇酒。南朝‧梁‧宗懍《荊楚歲時記》：「〔正月一日〕長幼悉正衣冠，以次拜賀，進椒柏酒，飲桃湯，進屠蘇酒……次第從小起。」

　［二］即白虎。西方七宿。《晉書‧天文志上》：「參，白獸之體。其中三星橫列，三將也。」

立春前一日對雪

桃李無言盼斷春，值春潛處暖生雲。晚來縱有殘風雪，明日人間總屬君。

立春口號

細風吹綠水生波，翠陌瑤阡豔綺羅。春信朝來到人世，滿城簫鼓醉人多。

春意

千里萬里遊子去，一行兩行歸雁來。休倚高樓起惆悵，滿城桃李為春開。

春曉

曉來雲卷四山晴，睡起池塘春水平。滿眼東風吹柳絮，落花無語怨啼鶯。

瓊枝委露凝香雪，澹月籠花浸麝塵。喚起丁寧休喚起，苧蘿山下浣紗人。

雷發聲

連日陰雲慘不開，依稀寒色滿樓臺。一聲踊地蟄龍起，六合洗天霖雨來。

寒食日見花開

寒食常年柳未黃，今年花滿舊池塘。如何春色今年早，試對春風笑一場。

白日

玉澗鳴泉彈洛浦［一］，蒼龍橫沼寫離騷。晴窗睡起爐煙冷，滿院春風白日高。

【校釋】

　［一］洛水之濱。漢・張衡《思玄賦》：「載太華之玉女兮，召洛浦之宓妃。」

臨春臺

為臨春色上歌臺，獨卷紅羅坐綠苔。忽囀一聲穿九陌，永新傳送莫愁［一］來。

【校釋】

　［一］古樂府中傳說的女子。一說為洛陽人，為盧家少婦。南朝・梁武帝《河中之水歌》：「河中之水向東流，洛陽女兒名莫愁……十五嫁為盧家婦，十六生兒字阿侯。」

七夕

一別相逢淚如雨，不禁憔悴語相思。佳期咫尺還知否，明日傷情兩別離。
今日相逢明日離，逡巡離合幾多時。無情雲雨休遮隔，人道相逢一歲期。
雨洗秋容秋氣清，翠簾高卷暮樓晴。似含羞澀誰家女，旋索金針拜月明。

中秋不見月

夜闌人靜漏［一］迢迢，雲影無情閉碧霄。不見嫦娥真面目，徘徊虛度可憐宵。

【校釋】

　［一］漏壺的簡稱，古代滴水計時的儀器。《說文》：漏，以銅受水，刻節。《華嚴經音義下引文字集略》：漏刻，謂以筒受水，刻節，晝夜百刻也。按：這就是銅壺滴漏的「漏」。

秋日宜都道中

採蓮歌斷木蘭舟，萬里長風入戍樓。靈鳳不來青鳥去，隴雲江月可憐秋。

儺畢酌吟醉齋

畢方魃蜮 [一] 避時儺 [二]，便覺祈禳 [三] 氣象和。歡伯解言應也道，最難除得是詩魔。

【校釋】

[一] 猶鬼蜮。元·吳萊《時儺》詩：「厲神乃恣肆，魃蜮並猖狂。」

[二] 古代臘月驅逐疫鬼的儀式。

[三] 求福。漢·張衡《東京賦》：「祈禳禳災。」

詠雪

碧玉壺天白玉塵，十分添起月精神。從今休作輕盈態，學殺楊花不是春。

故宮對雪三首

瓊室亂穿樵子徑，瑤臺空映野人家。天公也是灰心地，更忍教開玉樹花。

足憐瓊室傷殷鑒，可是 [一] 瑤臺屬夏家。元自飛花將蒂葉，已摶羊角到中華。

飄搖舉似霓裳舞，爛漫橫陳玉樹花。寧知點點飛來處，生自幽人兩鬢華。

【校釋】

[一] 一作道。

園中對雪

驚風不展瑤花限，浩蕩年光落又開。卻是仙娥相見處，爛銀宮闕玉樓臺。

月臺雪霽

水精簾下玉塵埃，旋逐風姨去又來。應審素娥殊有待，已懸飛鏡上瑤臺。

雪中戲示漢臣

散花臺上千山雪，晴雪樓前萬樹花。觸處造門堪臘酒，更休得問是誰家。

雪後吟

雪助夜寒更漏澀，何能盼得到天明。乾坤已落羲和手，休更瓊瑤陌上行。

姮娥

月姊應勞駕望舒 [一]，可能圓缺為陽烏 [二]。如何竊盡長生藥，卻種相思樹一株。

【校釋】

　[一] 神話中為月駕車的神。《楚辭‧離騷》：「前望舒使先驅兮，後飛廉使奔屬。」
　　　王逸注：「望舒，月御也。」

　[二] 神話傳說中在太陽裏的三足烏。《文選‧左思〈蜀都賦〉》：「羲和假道於峻歧，
　　　陽烏回翼乎高標。」李善注：「《春秋元命包》曰：『陽成於三，故日中有三足
　　　烏，烏者，陽精。』」

十六夜月得人字

　姮娥減卻舊精神，桂魄難同昨夜新。多謝清光不相負，徘徊終夕伴詩人。
　底事姮娥出海遲，玉容寂寞不勝悲。清光未必天邊減，冷暖人情亦可知。
　昨夜銜杯寫我歡，玻璃萬頃桂花寒。素娥今夕如羞澀，似怨詩人取次看。

對月吟

　誰遣姮娥到畫筵，徘徊清影不勝憐。廣寒宮殿應蕭索，想見人歸難自眠。

炭山窯子店大風後有回風數日不已

　西風崛堁過柴扉，回裂雲衣纏酒旗。懶舉扇來時自蔽，只知塵污庾元規。

和林雨大雹有如雞卵者

　誰擁珠璣積玉京，縱欺明月易愁晴。若教不值驪龍睡，不信波斯擅得名。

　波斯國王名阿克達布，西域國土未可悉紀，唯此國多出珍珠。

雷雹

　喚起阿香雲外具，低徊龍馭過神州。翠裯萬頃無人卷，弄散珠璣去不收。

西園梅花

　婆律膏融滴蠟開，幾多香陣過樓臺。封姨 [一] 更是相料理，吹到南華枕
上來。

【校釋】

　[一] 亦作「封夷」。古時神話傳說中的風神。亦稱「封家姨」、「十八姨」、「封十八
　　　姨」。唐天寶中，崔玄微於春季月夜，遇美人綠衣楊氏、白衣李氏、絳衣陶氏、
　　　緋衣小女石醋醋和封家十八姨。崔命酒共飲。十八姨翻酒污醋醋衣裳，不歡
　　　而散。明夜諸女又來，醋醋言諸女皆住苑中，多被惡風所撓，求崔於每歲元旦
　　　作朱幡立於苑東，即可免難。時元旦已過，因請於某日平旦立此幡。是日東風
　　　刮地，折樹飛沙，而苑中繁花不動。崔乃悟諸女皆花精，而封十八姨乃風神

也。見唐・谷神子《博異志・崔玄微》。後詩文中常作為風的代稱。

對後園梅花簡示諸公

莫訝冰姿渾是雪，若存花態即非梅。靈根豈受寒拘束，直把陽和竟挽回。

早梅

一徑縈紆入草萊，柴門雖設不曾開。東風是泄春消息，吹到梅花樹下來。

燕都地寒，梅信在春。

飲梅花下

除了孤高梅子真，蘭生更待與誰親。無如清友延清客，有似賢人對聖人。

曾端伯云花中十友，清友者，梅花也。《博聞後集》號梅花為清客。

梅花引

淡妝素服映冰肌，香襲幽情暗有期。漏泄美人心下事，怕拈橫玉倚風吹。

《龍城錄》：趙師雄遷羅浮，日暮於林間見美人，淡妝素服，芳香襲人。師雄醉寢，明日起，視坐大梅花樹下。

春梅怨笛歌

一聲愁笛吟龍起，萬點驚香怨雪飛。珍重冰魂莫回首，酒痕猶滿去年衣。

三月二十二日夢中詠瓊花

一樹瓊花手自栽，栽成盼得到春來。春來爛漫知多少，羞殺群芳不敢開。

題戀春牡丹

玉籍名延不世香，含情惟務振流芳。自緣始戀春料理，是索東君力主張。

牡丹

問誰能〔一〕養牡丹芽，南〔二〕枕天津第一家。不枉得輸青帝力，見開知是異凡花。

【校釋】

〔一〕一作「培」。

〔二〕一作「西」。

唐家紅紫二色牡丹

誰齊〔一〕天香凝〔二〕彩霞，靈根培養地仙家。漢皇可忍思傾國，鹿走中

原是此花。

《花譜》云：李唐時遺種也，或云出民唐氏家。

【校釋】

［一］齊，音劑。

［二］凝，去聲。

題一花二名牡丹

政緣中業擅英聲，是索宜專第一名。抱一足為天下式，盡消仙筆與題評。

雙頭牡丹

並倚春風映畫堂，相偎應說夜來長。同枝同葉緣何事，脈脈芳心各自香。

玉盤雙捧九天香，競負恩華示寵光。意得沉香亭北畔，太真臨鏡倚新妝。

帶將來

野花新傍玉欄開，長恨何人向此栽。自是王孫不知道，牡丹根上帶將來。

戲題與牡丹同名芍藥

生倚英姿勝玉英，一生生［一］占牡丹名。懸知也是陳驚座，誰許分庭擬抗衡。

勝玉、一生香、皆芍藥名也。《前漢・遊俠陳遵傳》列侯有與同姓字者，每至人門座中，莫不震動，既至而非，因號其人曰陳驚座云。

【校釋】

［一］李文田箋注本作「香」，據改。

長春芍藥同坐客賦

標舉孤芳蘊異香異香芍藥名也，定知經歷幾炎涼，自來不受春拘束，顯是司花少主張。

和林芍藥夏至前後始盛，以元微之《芍藥詩》「開張七寶裏」。

題與牡丹同名芍藥 ［一］

《花譜》有「御衣黃牡丹」，亦有「御衣黃芍藥」；有「遇仙紅牡丹」，亦有「遇仙紅芍藥」。似此同名四十餘品。

英名竊比儗花王，傾慕花王事業香。奴隸萬化題品處，不應花相［二］敢承當。

【校釋】

　　［一］並序，詩前有序，據補。

　　［二］楊萬里《芍藥》詩：「好為花王作花相。」

戲題所賦芍藥花辭

　　雕章開發自生春，藻思敷花逐日新。不獨筆端原有舌，為花須可與傳神。

取維揚紅玉樓子於層閣芍藥種遲而未至

　　紅玉樓當在玉京，千層閣合在層城。延留應欲騰光價，待合瓊花作伴行。

芍藥

　　楊家一撚紅嬌潤，與醉西施較等差。倘使紅妝無籍在，寶冠須也是閒花。

楊家一撚紅、醉西施、紅妝、寶冠，皆芍藥名也。

牆北桃樹

　　一樹細桃幾萬枝，餘花落盡未開時。從今甘比牆南樹，長得春風半月遲。

燒桃樹根

　　碧桃林盡了無痕，溪水無光山色昏。依舊負薪人不斷，採殘枝葉更刓根。

路邊桃花

　　不似劉郎初見時，塵埃憔悴損胭脂。多情閱盡行人面，醉倚東風果笑誰。

三月桃花詞

　　春盡山桃花滿枝，怨春休道北來遲。人人爭醉春時節，政［一］是江南腸斷時。

【校釋】

　　［一］政，一作卻。

日日亭午大風樹杪忽見桃花一枝

　　贏得夭桃衒麗姿，漸教開上最高枝。司花未必能為地，便是頹風欲起時。

冬日桃花同諸公賦

　　碧桃花擁長春洞，秀出元英獨自芳。一點香心滿容笑，探傳何意與劉郎。

答王澹遊冬日二色桃花詩

　　凍得梅花開不得，笑他和雪倚欄干。漫山漫野知多少，尚對東風怯暮寒。

落花

瘦綠癡肥怨影濃，一簾紅雪障晴空。驚湍飛去無消息，吹折春心不是風。

圓福院竹甚茂盛，幽都一郡所未有，超上人云原有桃樹百，本余悉去之始植。

此君因為之賦。

忍教儀鳳簛龍孫，縱酒劉郎道與存。應說碧桃花解語，可無桃葉代桃根。

司春園五月五日梨花，是日因事不飲

雨迷雲夢夢迷春，只自將春認不真。莫笑獨醒人索寞，也須曾是洗妝人。

已是春風釀雪香，月波斜浸玉肌涼。如何不入荊王 [一] 夢，卻逼何人要洗妝。

【校釋】

　[一] 楚王。詩賦中常指楚襄王，詠誦傳說中襄王與巫山神女戀愛故事，見宋玉《高
　　　唐賦序》、《神女賦序》。

晨詣香山禪寺觀兩閣前後玉簪

玉簪花映清涼國，露瀲一作洗冰姿日未升。只似舊時香世界，水沉香氣自薰蒸。

楊妃菊

追尋秋色到東籬，腸斷三郎足別離。折得一枝香在手，臨風何處寄相思。

醉浮愁頰半朝 [一] 紅，流恨空遺滿六宮。睡殺海棠春不管，斷魂招得嫁秋風。

【校釋】

　[一] 朝，一作「潮」。

楊花

遊人枉自怨年華，斷送春風是此花。可是東君 [一] 不知難管領，一天晴雪過 [二] 誰家。

【校釋】

　[一] 東君，一作「蜂蝶」。
　[二] 過，一作「落」。

詠苔

露茵迭翠藉閒，園神篆班班世未傳。誰道東君翻古畫，盡輸春色買苔錢。

紫菊

濃改新妝厭舊妝，留連春色到秋光。淵明老後無歸客，籬下而今不遜黃。

乞花

惜花人草乞花詩，欲得花枝慰所思。計取問花珠玉價，索知都是買花資。

戊午冬十一月二十八日，過闓州楊氏獻小桃，十二月二日又獻杏花。

誰意嚴凝運化機，小桃生蕚綻芳蕤。東君枉了為春主，開到杏花猶未知。

惜花御史

春事權輿未渠〔一〕央，惜花御史似蜂忙。分明白著千紅紫，陪奉宮花為括香。

唐穆宗宮中花開，以重頂帳蒙蔽置惜花，御史掌之號曰括香御史。

【校釋】

〔一〕渠，其據切。

錦連錢〔一〕

王炎云：錦連錢，余之良馬也，擬其色名之。

錦連錢暈玉連錢，稱嫋行吟軟玉鞭。可愛金蓮花世界，與人長結畫圖緣。

【校釋】

〔一〕並序，詩前有序，據補。

桃花馬二首

花滿長春洞裏開，萬枝雲錦映樓臺。劉郎不道誰家物，盡與龍媒帶取來。

散花仙子神如水，閒散瑤花剪霞綺。春風吹滿鐵連錢，鞭碎玉鞭鞭不起。

予之鐵驄桃花色，備五采，求自渥窪〔一〕。

【校釋】

〔一〕水名。在今甘肅省安西縣境，傳說產神馬之處。《史記‧樂書》：「又嘗得神馬渥窪水中，復次以為《太一之歌》。」裴駰集解引李斐曰：「南陽新野有暴利長，當武帝時遭刑，屯田燉煌界。人數於此水旁見群野馬中有奇異者，與凡馬異……〔利長〕代土人持勒靽，收得其馬，獻之。」

紅叱撥

顧影驕嘶躡紫煙，緣雲隨步步〔一〕金蓮〔二〕。天然紅玉飛香輦，宜載花間醉玉仙。

【校釋】

〔一〕步，一作「是」。

〔二〕余避暑所，川野無非金蓮，金蓮川由此得名。

晨雞

延頸長鳴有所懷，司晨期振宿陰開。傾心解抱扶桑〔一〕日，直是聲聲叫出來。

【校釋】

〔一〕神話中的樹木名。《山海經‧海外東經》：湯谷上有扶桑，十日所浴。郭璞注：「扶桑，木也。」郝懿行箋疏：「扶當為榑。《說文》云：「榑桑，神木，日所出也。」

過瓊林園聞鶯

神州沉陸宮鶯在，不忍頻將舊事題。似與幽人說情緒，盡情啼了又重啼。

雛鶯

一簾疏雨洗清明，啼殺東風陌上鶯。寒勒百花開不得，問他春色與誰爭。

新鷹

逼駱駝山馳快馬，迸鴛鴦泊按新鷹。性耽神俊多成癖，非為霜前被凍蠅。

秋鶯

落盡群英一見愁，只因天地兩經秋。流鶯不道春光老，劃地如今調舌柔。

早春歌

朔風戰野地擘裂，震匣瑤琴弦凍折。春風不意到人間，昨夜柳梢先漏泄。

白雪謠

天花瑞葉將騰六，明與天公示心曲。一時三白表何事，表白孤忠〔一〕三獻玉。

【校釋】

〔一〕一作有臣。

題黃梅出山圖

祖佛不識山中主，良才可惜遭斤斧。肩擔明月過前峰，一時忘卻曹溪〔一〕語。

【校釋】

[一] 禪宗南宗別號。以六祖慧能在曹溪寶林寺演法而得名。唐·柳宗元《曹溪大鑒
　　禪師碑》:「凡言禪,皆本曹溪。」

鮒魚辭

鮒託微波致微意,上自蛟龍至鱏 [一] 鯉。今雖得百萬江湖,寧比當時斗
筲水。

【校釋】

[一] 鱏,音尋,又音淫。

日將出

陰雲夜合乾坤失,萬象不能分別得。蒼涼海底浴重光,卻與行人指南北。

五將行

螣蛇遊霧相乘勢,龍舉雲興相借力。致使雲消霧散時,要似枯魚過河泣。

秋蓮怨

紅衣亂委鴛鴦浦,羅襪塵消水仙府。凝情照影竟無言,應惜芳心為誰苦。

松聲

風低滿地蛟螭走,風高萬壑龍蛇吼。蒼蒼元是歲寒姿,休錯思量比蒲柳。

五禽詠

大麥熟簸箕漏

小麥青青大麥黃,野老啼饑空繞場。感大麥熟簸箕漏,惆悵無由除粃糠。

麥飯熟即快活

長安米貴不易居,粒粒皆比明月珠。彼麥飯熟即快活,寧知西山有餓夫?

提葫蘆沽美酒

黃壚邈若山與河,人生安樂孰知他。為提葫蘆沽美酒,快喚靈均 [一] 聽浩
歌 [二]。

【校釋】

[一] 屈原
[二] 放聲高歌,大聲歌唱。《楚辭·九歌·少司命》:「望美人兮未來,臨風怳兮浩歌。」

燒香撥火

燒香撥火情發衷，心知有願天必從。千聲萬聲禱何事，應禱時和將歲豐。

不如歸去 [一]

不如歸去不如歸，吻裂血啼 [二] 誰汝知。便休也把春催去，就去萬花深處飛。

【校釋】

[一] 此詩李文田箋注本脫，王國維校箋本存。

[二] 傳說杜鵑總要啼到口裏出血才止，所以用「啼血」指杜鵑啼得悲苦。

雙溪醉隱集卷六

七言絕句

嘲蝶

莫疑莊叟知為夢 [一]，且恐韓憑有化身 [二]。情取一生花裏活，未宜隨定賣花人。

一生、隨定今人名也，邵氏曰姓書無一氏，今江南彭澤有之，當是姓乙，訛為一也。

【校釋】

[一] 典出《莊子·齊物論》：「昔者莊周夢為蝴蝶，栩栩然蝴蝶也，自喻適志與！不知周也。俄然覺，則蘧蘧然周也。不知周之夢為蝴蝶與，蝴蝶之夢為周與？周與蝴蝶，則必有分矣。此之謂物化。」

[二] 相傳戰國時宋康王舍人韓憑娶妻何氏，甚美，康王奪之。憑怨，王囚之，淪為城旦。憑自殺。其妻乃陰腐其衣，王與之登臺，妻遂自投臺下，左右攬之，衣不中手而死。遺書於帶，願以屍骨賜憑合葬。王怒，弗聽，使里人埋之，冢相望也。宿昔之間，便有大梓木生於兩冢之端，旬日而大盈抱，屈體相就，根交於下，枝錯於上。又有鴛鴦，雌雄各一，恒棲樹上，晨夕不去，交頸悲鳴，音聲感人。宋人哀之，遂號其木曰「相思樹」。見晉·干寶《搜神記》卷十一。後用為男女相愛、生死不渝的典故。明·陳所聞《秋夜聞砧·泣顏回》曲：「打鴛鴦分散韓憑，驚蝴蝶不逐莊生。」

立秋前一日

大火西流暑氣回，青蠅心緒已徘徊。人言明日新消息，天外秋風刮地來。

蛙吹 [一]

《樂府集》曰：鐃吹鼓吹也，古今注曰橫吹，通謂之鼓吹，余清冷泉聞蛙，因以蛙吹名之。

兩部難分曲調名，莫疑喧聒是蛙鳴。誰能碧草清泉上，受用儀同鼓吹聲。

齊張狗兒拜儀，同日，口自作鼓吹聲。

【校釋】

[一] 並序，詩前有序，據補。

覽鏡

月讓清光日讓圓，翠鸞伏背浸瓊筵。明為富貴自來逼，誰不更教長少年。

聽苗君彈琴

一溪流水漱成冰，六馬嘶天四座傾。未是幽情堪動處，試聽徽外兩三聲。

聽琵琶二首

驚沙摵摵葉紛紛，不覺清霜滿鬢根。寒雁似啼還似說，試臨窮髮望烏孫。

冷風搜雨雁呼群，點點鳴鴉入暮雲。何事荒寒千萬劫，野人甘忍怨昭君。

漁父歎

寸鉤釣鼇良可歎，片網圖龍直絕癡。往來江上人無限，鼓掌笑君君不知。

圖，一作屠。

御床

閱大行皇帝所御玉床，時阿王僭儀已著，竊有感為賦。

萬國趨觀上國光，先皇臨是御明堂。鼎湖龍去無回日，更好教人惜此床。

大獵詩二首

營表交馳突騎過，射聲雲布已星羅。詔官點檢貔狖數，奏比年前百萬多。

大駕將校獵，必同日發使一右一左交周營表而還，然後就獵。

網絡周阹 [一] 萬里疆，幅員都是禁圍場。傳言羽獵爭來道，有詔唯教靜虎狼。

禁地圍場，自和林南越沙沱皆濬以塹上羅以繩，名曰扎什實，古之虎落也。比歲大獵，特詔先殄除虎狼。

【校釋】

[一] 圍獵野獸的圈。漢‧楊雄《長楊賦》：「以網為周阹，縱禽獸其中。」

行帳八珍詩

往在宜都客，有請述行帳八珍之說，則此行廚八珍也。一曰醍醐，二曰麖沆，三曰駝蹄羹，四曰駝鹿脣，五曰駝乳酪，六曰天鵝炙，七曰紫玉漿，八曰元玉漿。

醍醐

眾珍彈壓倒淳之純切熬，甘分教人號老饕，饕大名非癡醉事，待持杯酒更持螯。

《周禮·八珍·第一》曰：淳熬注曰煎醢加於陸稻上，沃之以膏，曰淳熬。時予號四癡子，尋又號獨醉道者。

麖沆

麖沆，馬酮也。漢有「挏馬」注曰：以韋革為夾，兜盛馬乳，挏治之，味酢可飲，因以為官。又《禮樂志·大官·挏馬酒》注曰：以馬乳為酒，言挏之味酢，則不然。愈挏治則味愈甘，挏逾萬杵香味醇濃甘美，謂之麖沆。麖沆，奄蔡語也，國朝因之。

奄蔡，西漢《西域傳》無音，《大宛傳》：「宛王昧蔡師」，古曰蔡，千葛切，書二百里。蔡，毛晃《韻》蔡，桑葛切。《廣韻》亦然。奄蔡，蔡，千葛切，為是。今有其種率皆從事挏馬。

玉汁溫醇體自然，宛然靈液漱甘泉。要知天乳流膏露，天也分甘與酒仙。

天乳星，主降甘露。一作要知天駟流膏乳，天許分甘與酒仙。

駝蹄羹

康居南鄙伊麗迤西沙磧斥鹵地，往往產野駝，與今雙峰家駝無異，肉極美，蹄為羹，有自然絕味。

獨擅千金濟美名，匯緣遺味更騰聲。不應也許教人道，眾口難調傳說羹。

駝鹿脣

駝鹿，北中有之，肉味非常，脣殊絕美，上方珍膳之一也。

麟脯推教冠八珍，不甘滕口說猩脣。終將此意須通問，曾是和調玉鼎人。

世號猩脣冠八珍之首，《呂氏春秋》伊尹說曰：「肉之美者，猩猩之脣。」

軟玉膏

軟玉膏，柳蒸羔也，好事者名之。

往寓六盤，羊多來自熙河，用梁吳均「枹罕赤髓羊」之說。嘗有此作，頃閱舊稿見之，因錄之於此。

赤髓薰蒸軟玉膏，不消割切與煎熬。是須更可教人笑，負鼎徘徊困鼓刀。

行廚

已去取溫金鱉酒，還來請煮玉蟬羹。未妨門外令三老，長是簾前報五更。

早發清泠泉戲題行廚家僮名三老者

玉液應期養聖胎，萬花仙供為人開。只從六甲行廚裏，徑就行窩醉去來〔一〕。

【校釋】

　　〔一〕一作「索為六甲行廚計，快就行窩醉去來。」

茶後偶題

嫩香新汲井華調，簪腳浮花碗面高。飲罷酒醒江月上，依稀瀛海一遊遨。

重和惜春詩韻余時經始西園

到底總輸開口笑，未妨教效捧心顰。壺中日月杯中酒，只屬鶯花舊主人。

握月擔風留後日，吞花臥酒莫過時。請君但就溪堂上，更試沉吟味此辭。

和曹南湖故宮二首

練殺聲歌不練兵，霸圖應自恃長城。水流花落將春去，三十六宮空月明。

香生羅綺粉生光，天上人間白日長。流水浮雲春夢斷，夕陽空滿舊繚牆。

和人臺城

天下紛紛經幾秦，六朝風物問無因。舊時王謝堂前燕〔一〕，飛入宮牆不見人。

【校釋】

　　〔一〕語出自唐‧劉禹錫《烏衣巷》。

和人池亭秋宵思歸

風定清煙冷自消，月明秋水浸蘭橈〔一〕。歸心不與遊塵息，空混滄波影動搖。

【校釋】

　　〔一〕小舟的美稱。唐太宗《帝京篇》之六：「飛蓋去芳園，蘭橈遊翠渚。」元‧薩
　　　　都剌《寄朱舜諮王伯循了即休》詩：「木落淮南秋，蘭橈泊瓜渚。」

和德卿秋日海棠

馬嵬別後若為容，猶帶宮妝醉暈紅。把恨付春春不管，似〔一〕將餘恨託西風。

【校釋】

〔一〕一作「卻」。

和人茶後有懷友人

玉甌盈溢仙人掌，雲腳浮花雪面堆。兩腋清風歸不去，為誰吹上句樓來。

《史記》有句強績，《姓苑》云：「勾芒氏之後。」又《蜀志》左將軍宕渠侯句扶，音垢，今燕俗直呼為章句之句。

和光祖

詩篇足繼晉名流，幾度思君倚寺樓。十載龍庭歸不得，玉泉何日更同遊。

和人韻二首

十分著意送春來，遠近人家花盡開。多謝東君無彼此，笙歌休放紫霞杯。

忠臣四海年來少，讒佞滿朝日更多。灑淚問天天不語，不知天意果如何。

春日席上次高麗國使新安公詩韻二首

綠楊飛盡山城雪，花影滿簾春日遲。事異世殊春是舊，化工著意幾曾私。

從來造物閒相弄，自在翻騰夢裏身。人事不知天意思，欲回天地一時春。

次趙虎巖春思詩韻

惜春彌月醉高樓，不放閒人到上頭。桃李亂隨流水去，滿城風雨替鶯愁。

次盧希謝冬日桃花詩韻

嚴風獵獵雪成堆，一夜桃花滿院開。春自不知誰著力，九重天上挽回來。

次趙虎巖詩韻

讀書學劍兩無成，牢落〔一〕無由話此情。聞道太平公事了，蓬窗閒殺老書生。

寄語幽都君子儒，年來活計道人居。而今擾擾封侯輩，大劍長槍不讀書。

玉泉泉下有魚龍，風起波濤滄海同。自是魚龍無意出，月明愁殺釣魚翁。

【校釋】

〔一〕猶寥落，稀疏零落貌。《文選·司馬相如〈上林賦〉》：「牢落陸離，爛熳遠遷。」李善注：「牢落陸離，群奔走也。牢落，猶遼落也。」

次趙虎巖過玉泉懷古韻

綠回芳草春長在，夢與浮雲一段空。休向玉泉悲故國，咸陽無處問秦宮。

路僻山荒碧草迷，行人惆悵馬頻嘶。當時樓觀尋無處，落日疏林鴉亂啼。

復次過玉泉詩韻四首

玉泉佳景昔人傳，近築幽居碧水前。他日卜鄰無我棄，竹籬茅舍好相連。
玉泉清淺野梅蘇，驛路塵空未得書。獨坐穹廬情味惡，漫吟新句寄雙魚[一]。
客夢時時繞玉泉，碧山無數鎖蒼煙。君恩未報歸難得，且向龍沙待數年。
廣文寥落客幽都，我在天涯亦隱居。料得因循渾忘卻，數年不寄一封書。

【校釋】

[一] 指書信。唐・唐彥謙《寄臺省知己》詩：「久懷聲籍甚，千里致雙魚。」

擬回文

詩成怨立小樓西，晚日春懷傷鳥啼。離別書情多寄恨，遠山高處暮雲低。
樓上獨來心上愁，淚垂難道不腸柔。秋深夜雨風回夢，燭剪空窗暗焰浮。

即日擬樂天作

從臾新交與舊遊，編排酒令與詩籌。但言誤及功名事，便索荒忙改話頭。

《容齋三筆・衡山王傳》：「日夜縱臾」，如淳曰：「臾讀曰勇，縱臾猶言勉強也。」顏師古曰：「縱音子勇，縱臾謂獎勸也。」揚雄《方言》：「食闍慫憑，音與上同，勸也。荊人凡己不欲喜而旁人說之，不欲怒而旁人怒之，謂之食闍，亦謂之慫憑。」今《禮部韻略》收入，漢注皆不別用。

答客問 [一]

客有調余者閱君《獨醉園賦》，君自謂蓮社上游[二]，又為獨醉癡仙，仙佛殊教，君之所謂必有說矣，因以是答。

是佛盡居安樂國，無仙不住沒愁鄉。聽教共獻天花供，更管清名分外香。

【校釋】

[一] 並序，詩前有序，據補。

[二] 王國維改「游」作「流」。

繼韻為答

日日浮沉賣酒家，不知寒力戰風沙。又誰知道新春色，開到南枝第幾花。

沉謂沉齊爾，《雅》云：「浮罰也。」

答李仲玉白髮歎

功名江海一浮漚[一]，賺得英雄雪白頭。日月如飛留不住，雁行山色又橫秋。

【校釋】

〔一〕水面上的泡沫。因其易生易滅，常比喻變化無常的世事和短暫的生命。唐·姚
　　合《酬任疇協律夏中苦雨見寄》詩：「走童驚掣電，饑鳥啄浮漚。」

贈御史

　　四海嗷嗷屬望聲，繡衣直指下天庭。好將羅隱秋蟲賦，自此書為座右銘。

戲贈隱士劉仲明

　　愛仙無藥可登雲，愛酒無錢可計春。只說南山有佳處，如何猶自是閒人。

秋日行次池上戲贈釣者

　　垂白窮居野水濱，只疑秋水是龍津。神龜已死三千歲，何事持竿〔一〕不
顧人。

【校釋】

〔一〕執持釣竿。指釣魚。《莊子·秋水》：「莊子釣於濮水，楚王使大夫二人往先焉，
　　曰：『願以境內累矣！』莊子持竿不顧。」

重酬修真宮鍊師

　　玉檢素書魚附去，錦箋瑤句鳳銜來。桃花流水長春洞，也望群仙許再開。

讀書樓贈道士

　　道本無名莫強名，在人呈露自然情。樓頭山色門前水，不是天公彩畫成。

為閱俳優諸相贈優歌道士

　　一曲春風杳杳歌，月光明似鏡新磨。誰遊碧落騎鸞鳳，記姓藍人是采和。

近體隔句贈人

　　不知何事傷遊子，謾折閒花盡日吟。轉覺無機是啼鳥，靜依芳草說春心。

戲諸公省集

　　萬事人生前已定，須知禍福不由人。誰憐四海生靈望，浪著閒錢問鬼神。

送許大用還渾水

　　臨岐促我送行詩，信筆成詩送子歸。望斷碧雲天不盡，西風殘日雁南飛。

送劉仲素行

　　積雪癡雲失遠岑，西風千里暗驚心。送君歸去寒山外，寂寞歸來獨悵吟。

用輔之送晉之詩韻

　　執手溪邊酒一杯，羨君歸路過金臺。因風寄語能詩客，囊裏新詩早寄來。

送王彥高

　　世間無物可勞神，風外浮雲陌上塵。還笑鳳凰城下柳，長條不解挽行人。

送焦國寶

　　雲壓荒原塞樹低，倚樓停酒望君歸。一天風雪晚來定，凍合乾坤鳥不飛。

送王君璋

　　半嶺斜陽天淡淡，一川衰草角悠悠。雲山望斷中州遠，衰草斜陽滿目愁。

送侯君美

　　塞鴻不度暮聲哀，況復分襟把一杯。望斷野雲人不見，滿天風雪下高臺。

送丁仲華

　　歸旆翩翩挽不留，別離詩思若為求。西風落日重回首，何處青山是宿頭。

送人回遊江南

　　就花便買金釵潤，縱酒休頹玉斗山。須信人生行樂耳，此行莫問幾時還。

送行人二首

　　十年鞍馬往來程，學劍讀書兩不成。故國英雄應笑我，苦吟佳句送行人。

　　經過離亭知幾度，從前端的一千場。只疑折盡無情柳，不意東風吹又長。

送田鍊師行

　　從住三山相見稀，又馳雲駕幾時歸。楊花不領東風管，到處將春自在飛。

憶李東軒

　　枚卜雲山醉隱居，可能無地置屠蘇。駕飛鴻去翔寥廓，羨殺高人李士都。

　　「便從今留眼送飛鴻翔寥廓」，此東軒留別余之樂府中語也。「山谷何如盧郎駕飛鴻」注
云：「盧徵君駕飛鴻歸隱也」。

寄季淵

　　只須剩剪鴛鴦錦，更與重圍翡翠樓。不信西風將白雪，便教吹上遠人頭。

寄楊之美

　　萬里關山人去後，一江風雨雁來時。悠悠自別無消息，漫草新詩寄所思。

寄國範

舊歡新夢兩悠悠，只引相思上驛樓。尺素〔一〕不應無寄處，玉瀫江抱鳳城流。

【校釋】

〔一〕指書信。《周書・王褒傳》：「猶冀蒼雁賴鯉，時傳尺素；清風朗月，俱寄相思。」

寄李稚川

不堪人世若風蓬，別後俄驚一歲終。寥落天邊倦遊客，酒杯何日與君同。

寄趙虎巖

世態人情但見時，未嘗子細不尋思。傷心吾道難開口，何處青山約後期。

睡起有寄

連日輕陰護好花，幾場春夢繞天涯。尋思不記相逢處，又入街西賣酒家。

賀子所寄

風流玩世酒中仙，獨醉仙名蓋世傳。詩價一如聲價重，且將錦繡裏山川。

寄家兄

碧雲天外寄相思，迭紙封愁鬢欲絲。一枕曉窗春夢好，東風爛醉小桃枝。

奉寄郭仲益鍊師

瑤草只須塵外種，鳳簫當就月中聞。應憐漢女臨溪水，閒洗榴花染白雲。

西齋述事奉寄東都故人

酣觴始得離騷味，恨殺靈均說獨醒。待與解嘲還自笑，黯然翻守太玄經。

寄歸二首

深掩蘭閨〔一〕定自珍，千金一笑萬金身。筆頭無舌傾心事，不著流鶯說不真。

幾憑青鳥報芳塵，終是將心寄不真。一紙短書分付與，蕊珠宮里弄珠人。

【校釋】

〔一〕泛指女子的居室。唐・王勃《春思賦》：「自有蘭閨數十重，安知榆塞三千里。」
元・薩都剌《織女圖》詩：「蘭閨織錦秦川女，大姬啞啞弄機杼，小姬織倦何所思，簾幙無人燕雙語。」

寄人

囊括乾坤計未疏，不知胠篋［一］竟何如。如何萬里驚塵下，未奉平安一紙書。

【校釋】

［一］《莊子・胠篋》：「將為胠篋、探囊、發匱之盜，而為守備，則必攝緘縢，固扃鐍，此世俗之所謂知也。」陸德明《釋文》引司馬彪曰：「從旁開為胠，一云發也。」成玄英疏：「胠，開；篋，箱……此蓋小賊，非巨盜者也。」

春日懷王澹遊禧伯

長記尋春信馬蹄，畫橋流水亂鶯啼。別來往事渾如夢，明月滿庭芳草齊。

懷李舜卿

北來見得鴻音少，南去徒來蝶夢多。一曲高歌人萬里，幾回無語上高坡。

懷曹通甫

流水迢迢芳草勻，相思吟殺倚樓人。萬里關山一壺酒，與誰重醉鳳樓春。

代人作

玉簫拋曲錦停梭，卻倚妝樓怨夢多。心在故園身在客，一聲秋雁過滹沱［一］。

【校釋】

［一］亦作「滹沲」。水名。即滹沱河。在河北省西部。出山西省繁峙縣東之泰戲山，穿割太行山，東流入河北平原，在獻縣和滏陽河匯合為子牙河。至天津市，會北運河入海。宋・沈括《夢溪筆談・雜志一》：「凡大河、漳水、滹沲……悉是濁流。」

席上和光祖上僉事壽詩韻

素娥檀板象牙床，低按秦箏薦壽觴。翰林風月三千首，一歲從頭上一章。

為人壽

漫漫寒雪望來迷，喜見孤松漸出堤。一歲只能生一寸，與君相約碧雲齊。

題壽人八十卷尾

未入非熊惜壯圖，卻簪黃髮掩仙居。空花不掛真人眼，一夜春風撼太虛。

代書答征西將士抑絕所請

一同由蜀道登天，回首斯須十二年。老我風神今不似，劍門關內陣場前。

磨劍行

故國江山夢裏行，不期今日果長征。劍華 [一] 休遣塵生澀，萬事人間總未平。

【校釋】

[一] 劍的光芒。唐·顧況《從軍行》：「長弓挽滿月，劍華霜雪明。」

歸去來辭五首

唯有樂天真道者 [一]，只欣歡伯意安哉 [二]。殷勤且莫相迴避，著去相將醉去來。

【校釋】

[一] 余嘗自號獨醉道者。

[二] 安哉，酒器名也。

為慕公和愛嘯臺 [一]，結茅特就北山萊。須非樹掛風瓢處，莫厭歌呼醉去來。

【校釋】

[一] 雙溪北山有孫登嘯臺。

啟事許誰當首肯，謀生休自護牙唉 [一]。繫風捕影非吾事，問柳尋花醉去來 [二]。

【校釋】

[一] 牙唉，見《楊子》。

[二] 一作「乘取安閒醉去來」。

日日名花次第開，看長春色映樓臺。司花可要司春子，準備西園醉去來。
可愛風流趙素臺，與香風引到蓬萊。誠知宦海風波惡，離了風波醉去來 [一]。

【校釋】

[一] 一作「醉去來兮醉去來」。

西園仙居亭對雪命酒作白雪嗺 [一]

嗺與漼同音，蘇回切，李涪《刊誤》言「漼酒二十拍，促曲名三臺」。漼漼，合作啐啐，馳送酒聲，後訛為平聲，李正文所說亦然。然則余以字書驗之，為平聲於義為得啐一字，凡九音，一音蘇內切，曰「送酒聲」。嗺，一字凡四音，一音蘇回切，曰「促飲也」，又嗺，送歌也。

程林曰：「嶊與催同」，則催酒也，以侑酒為義，唐人熟語也。

　　玉花團結就冰桃，玉蕊凝香襲凍醪。時自唱歌催痛飲，踏歌白雪代離騷〔二〕。

　　情知白玉蓮花酌，豈抵天然自暖杯。玉友也須期白雪，緩歌唯命雪兒催。

　　誰長更得非中聖，自愛唯知是上尊。只許飛瓊歌白雪，緩歌催卷玉崑崙。

　　風流天上玉華君，應為花間種玉人。延命陽春將白雪，立生春色入壺春〔三〕。

　　浮雲〔四〕碗裏斟雲液，明月〔五〕杯中酌月波。白雪調高誰可和，散花天女與韓娥。

【校釋】

　　〔一〕催，席間祝辭催飲。《趙甌交趾事蹟》：催酒逐歌。

　　〔二〕是日園丁獻凍桃，凍桃猶梟桃也。

　　〔三〕生春，酒名。壺春，園名。

　　〔四〕西園有浮雲碗。

　　〔五〕姮娥遺劉剛明月杯，月波和龍王，家酒名。

橫笛引〔一〕

　　許云：「封說笛有落梅折柳二曲」，今逸其辭，因次韻野梅官柳以代其二曲，為《橫笛引》云。

　　雪梅清瘦怕春知，待結同心與阿誰。誰許雲封將怨笛，引吟龍去隴頭吹〔二〕。

崔道融《詠梅》香中別有韻清極，不知寒良可人意。《西京雜記》有同心梅。

　　為誰折柳雪長絲，橫笛知誰引所思。春水綠波芳草路，枉教愁殺路傍兒。

杜工部：佳人雪、藕絲晃，曰雪袖藐也。

　　落梅流韻遊金谷，折柳傳情寄玉關。蘊結長思無計解，只應心曲是連環。

落梅流韻感金谷之遊人，折柳傳情悲玉關之戍客，雲封笛說中語也。

　　野梅官柳得長生，寫入龍吟與鳳鳴。已許雲封封怨笛，不教人世有愁聲〔三〕。

【校釋】

　　〔一〕並序，據李文田箋注本補。王國維箋注作「有序」。

　　〔二〕一作「更教橫去隴頭吹。」

　　〔三〕一作「人間休更有愁聲。」

四公子庾辭體四首

　　細腰宮裏芳菲處，唯有金衣公子知。嘗笑何郎暮春怨，紹蘭只寄一聯詩。

　　鶯穿楊柳金梭織，蝶落宮花玉錢墜。採花蜂去未回來，一雙乳燕梁間睡。

曉枕啼鶯睡起慵，日高牆外趁遊蜂。桃花零落聯蝴蝶，燕子來時春意濃。

倚柳穿花自在形，報衙朝夕太勞生。還家漫結莊周夢，直到西風別玉京。

少年行

燕燕鶯鶯滿鳳城，好花時節更關情。自從雙鯉消沉後，惆悵春流越淺清。

醉吟行

將扶醉玉登華榻，更吐歌珠上綺筵。兩袖春風花下路，得無爭指是神仙。

曲延春

要知今日扶頭酒，猶是前時軟腳罇。且恐鶯花經冷落，為延風月與溫存。

濕水謠

借問盧溝橋下水，甚時離了濕頭山。自從流入桑乾［一］後，幾度窮兵戰不還。

【校釋】

　　［一］河名。今永定河之上游。相傳每年桑椹成熟時河水乾涸，故名。唐・李白《戰城南》詩：「去年戰，桑乾源，今年戰，蔥河道。」

天寶謠

五家隊仗丹青裏，三輔樓臺錦繡中。不待海棠春睡足，競隨春夢五更風。

閱史

降得詩魔不抗衡，多情歡伯下愁城。判花覗草風騷將，倚斷芸窗閱墨兵［一］。

【校釋】

　　［一］指史書。明・陳繼儒《珍珠船》卷二：「孫樵謂史書曰墨兵。」

讀史

瓊枝秀出迷春洞，璧月光生媚玉樓。傾國佳人足傾國，無愁天子得無愁［一］。

軒轅事業與唐虞，總是規模後世書。後世一作業玩兵除德讓［二］，不知終古更何如。

【校釋】

　　［一］高齊後主時號無愁天子。

　　［二］《國語・周語下》：「昔史佚有言『動莫若敬，居莫若儉，德莫若讓，事莫若

諮』……居儉動敬，德讓事諮，而能避怨，以為卿佐，其有不興乎！」本謂為人的品德應謙讓。後即指禮讓。《漢書・循吏傳序》：「此廩廩庶幾德讓君子之遺風矣。」

樂毅

一舉全齊縱二城，風雲慘淡五年兵。奈何不世興王業，事在垂成間已行。

讀汲黯傳

多欲危言已動心，積薪餘論更駸駸。足令不得中郎位，枉被人譏淚染襟。

讀王濬傳

隨波逐浪順東流，幸得成名下石頭。勾當江南公事了，五湖須更有扁舟。

讀晉書書蒼溪石壁

錢神足惡魯元道，崇讓莫推劉子真。由此盡知當世事，得教懷愍不蒙塵。

讀隋書

二百世猶嫌短促，三千年已是尋常。神州 [一] 只在天西北，天下如何號李唐。

【校釋】

[一] 一作長安。

元夜讀唐開元天寶故事

黃閣星繁千炬燭，紫宸花爛百枝燈。溫湯不沃權門火，豈覺漁陽已沸騰。

月宮遊 [一]

《唐逸史》羅公遠多秘術，嘗與玄宗至月宮得《霓裳羽衣曲》。一說開元二十九年中秋夜，帝與術士葉法善遊月宮得《霓裳羽衣曲》，更有數說皆不同。《開元傳信記》：玄宗夢遊月宮得《紫雲回曲》。

紫雲回曲韻遊空，只伴霓裳在月宮。未到海棠花睡起，豈知愁雨復愁風。

《明皇別錄》曰：帝幸蜀南入斜谷屬霖雨彌旬。於棧道雨中聞鈴聲，與山相應。帝既悼念貴妃，因採其聲為《雨霖鈴曲》，以寄恨焉。

【校釋】

[一] 並序，據李文田箋注本補。

讀裴綠野傳

未必求全便自全，事須元自貴天然。堂堂聖相裴中立，晚節浮沉亦可憐。

讀劉賓客集

仙桃滿觀似紅霞，橫去聲得人人處處誇。前度劉郎應有問，兔葵燕麥又 [一] 誰家。

【校釋】

〔一〕一本作「是」。

弔王文 [一] 從之終於泰山

月搖滄海魚龍泣，風蕩荒煙草木號。自是清名埋不得，巍巍千古泰山高。

【校釋】

〔一〕王國維箋改作「丈」。

醉讀劉子

獨醉亭中獨醉仙，唯知仙遁辦逃禪。等閒嚼蠟橫陳際，卻味沖虛立命篇。

觀唐太宗像

丹青得許近天真，日表龍姿肖所聞。功德兼隆古無幾，可憐不贖蓋都君。

題明皇思曲江圖

偃月堂成已亂 [一] 基，徒令千古罪環兒 [二]。中原戰血生荊棘，可惜 [三] 三郎 [四] 見事遲。

【校釋】

〔一〕王國維箋改作「禍」。

〔二〕指楊貴妃。

〔三〕一作「何事」。

〔四〕指唐明皇玄宗李隆基。

題廢館醉仙像

雲臥霓裳冷畫屏，夢魂應繞舊旗亭。如今醉著誰家酒，猶自頹然醉不醒。

題鶴仙夢驚圖

夢中了了久忘言，戲寫方瞳亦偶然。萬古有形皆幻影，此身初不異丁仙。

題藍采和圖

終日躞躞舞綠袍，百錢繩串戲兒曹〔一〕。爭如收腳床頭坐，滿眼春風醉碧桃。

【校釋】

〔一〕曹，等於現代漢語中的「們」。唐・杜甫《戲為六絕句》之二：「爾曹身與名俱滅，不廢江河萬古流。」

題馬元章水墨美人圖

為嫌脂粉污顏色，故著尋常淡薄衣。借問赤烏緣底事，驚魚深入鳥高飛。

又美人二首

傾危花界總花神，誰計還丹與反真。難說玉皇惆悵事，分明羞殺月中人。

衣剪湘雲裳剪霞，出門羞落樹頭花。東君也雪司花恥，卻縱春風亂鬢鴉。

觀畫玩蝶美人圖

花不知伊蝶不知，粉香旦旦拂花枝。玉纖不放輕盈去，怕引君王顧盼誰。

佳人惜梅圖

玉骨冰肌瘞〔一〕雪宮，壽陽殘夢卷春空。不知吹入高樓笛，卻挽長條問曉風。

【校釋】

〔一〕《集韻》：壹計切，醫去聲。《玉篇》：瘞，藏也。

香迷蛺蝶圖

竊處得非韓御史，淡來知是薛瑤英。只除哲匠生花筆，得把南華夢寫成。

題織成雙禽

組工得許近天真，一段幽芳照瑞雲。應是深閨孤恨切，雙禽託意學回文。

太宗馬圖

大秦熱海為封略，大漢炎人乞〔一〕附庸。遙〔二〕想鞭笞天下日，此圖應自是雲龍〔三〕。

【校釋】

〔一〕一作「是」。

〔二〕一作「回」。

[三]　駿馬的美稱。《文選・曹植〈七啓〉》：「僕將為吾子駕雲龍之飛駟，飾玉輅之繁
　　　纓。」李善注：「馬有龍稱，而雲從龍，故曰雲龍也。」

題秋江栢石孤舟圖

煙涵老栢蒼龍瘦，雲盡高峰冷翠橫。野渡無人渡秋水，一江秋影浸寒晴。

跋醉仙圖

臥抱春風醉未醒，幾時飛得到昆陵。料來恐泄天機事，也待教人問不應。

跋彭氏所藏畫雁

瘦荻枯荷野水深，畫工多意作輕陰。雨聲驚破歸飛夢，一片瀟湘萬里心。

桃花源上避秦人扇頭

碧紗洞裏桃花陌，只許劉郎擅好春。一片蘭颸風外月，不知元屬避秦人。

題扇頭

孤奉提攜避暑宮，見延明月引清風。縱然秋氣為移奪，終感殊恩在篋中。

元日上尊大人領省阿鉢國夫人壽

莫求天上長生藥，已得人間不老方。看破古今如一日，年年春色似尋常。

詠梅謹上尊大人領省

長笑庭 [一] 花各樣 [二] 妝，競呈春色占時芳。孤標冰雪年年伴，只作人間獨自香。

【校釋】

　[一] 一作群。

　[二] 一作自。

謹次尊大人領省懷梅溪詩韻

好將元亮林泉興，淡寫王維水墨圖。心遠地偏人不到，閉門讀盡五車書。

謹次尊大人領省題壺春園詩韻

萬壑雲煙增壯觀，一壺天地入雄歌。公侯何物堪人老，自是 [一] 兒童為 [二] 揣摩。

【校釋】

　[一] 一作「付與」。

　[二] 一作「讀」。

南行寄呈尊大人領省

　　一夢黃粱不待炊，若為流淚滿征衣。目前西塞〔一〕身南渡，腸斷東風心北飛。

【校釋】

　　〔一〕西塞，北界地名。

寄呈

　　神詠人歌不忍聞，若為天地淨妖氛。重封一紙匡時策，哀乞蘭臺款奏君。
　　搔首躊躕淚滿衣，東風渾不管相思。相思一樹梨花發，立到黃昏月上時。

護先妣國夫人喪，南行奉別尊大人領省

　　淚滿雲箋未愴神，高樓望不見飛塵。重重門戶無人到，深瑣桃花一院春。

燕城之北垂三十里有甕山，原先妣國夫人墳室在焉，予過之哀感不已，而貯之詩，仍寄呈尊大人領省以慰其戚云

　　仙佩飄飄駕彩鸞，白雲深鎖甕山寒。自從好夢風吹斷，誰念孤兒淚不乾。
　　彩鸞飛去幾時回，望斷青天望不來。二十二年恩與愛，若為心地不成灰。
　　醮臺霜冷紙錢灰，醮罷秋風獨自回。滿面塵埃人不識，緩驅灰馬〔一〕入城來。

【校釋】

　　〔一〕灰馬，吾家良馬也。

憶尊大人領省二首

　　一上居庸萬里心，居庸關上望和林。和林城遠望不見，日落雲明山水深。
　　欲回蘭棹更夷猶〔一〕，事出沉思得自求。霜雁不來書斷絕，水寒煙淡倚高樓。

【校釋】

　　〔一〕猶豫；遲疑不前。《楚辭・九歌・湘君》：「君不行兮夷猶。」王逸注：「夷猶，
　　　　　猶豫也。」

憶尊大人領省二首

　　一聲長笛野雲秋，忍上高臺最上頭。紅葉暮煙人北望，青山落日水東流。
　　一度思量一樣愁，一回傷極一低頭。躊躇搔首無人會〔一〕，待下樓來卻上樓。

【校釋】

〔一〕一作「悠悠無限關心事。」

拜書尊大人領省甕山原塋域寢園之壁 〔一〕

尊大人領省塋域，在燕都西北一舍，西至玉泉五里，實曰甕山寢園居，在昊天岡極禪寺之右，正寢去隧東北百餘步。昔尊大人居台輔竟為伴食所沮，曾不得行。其道之萬一屹然特立如底柱之在，橫潰天下人之所共聞知者也。悠悠之徒，嗷嗷之口，務欲中傷，聞其橫議則必笑謂左右曰不足介意。吾固知不免為任尚輩謂班超無奇策，其言平平耳，若輩後必自知寧無輿論自定，是非自別矣，曾不數年一如所喻。

太平與亂俱無象，先覺分明盡有閒。間氣欲常遊帝所，旱霖終不沃人寰。

【校釋】

〔一〕並序，詩前有序，據補。

曉聞行宮遷居

曙色將分夢欲殘，一天星斗冷闌干。攬衣推枕出門去，楊子江豪怒曉寒。

惜別

憶昔相逢各少年，幾臨風月醉華筵。悠悠別後空回首，風起楊花雪滿天。

漫興

誰曾煎得膠黏日，誰解挱將繩係風。豈道花枝與人面，大都都得幾時紅。

信筆

自從得踐老成域，曾不更登年少場。空賦棲烏夜啼曲 〔一〕，可憐誰是賀知章。

【校釋】

〔一〕傳說李白在天寶初年到長安，賀知章讀了他的《烏棲曲》、《烏夜啼》等詩後，大為歡賞，說他是「天上謫仙人也」，於是在唐玄宗面前推薦了他。《烏夜啼》為樂府舊題，內容多寫男女離別相思之苦，李白這首的主題也與前代所作相類，但言簡意深，別出新意，遂為名篇。

感懷

屈盡人間薄宦情，千鍾從此一毫輕。人心直要平如水，水面風來更不平。

所思

望外青山斷復連，望中明月缺還圓。碧雲暮合橫長笛，目送歸鴻不盡天。

述所聞

忍竭聲華足笑林，也須當問若為心。可憐一自施行馬，更說重門似海深。

可笑

已將身世付醺酣〔一〕，擬買青山老翠嵐。可笑欲閒閒不得，又驅鋒鏑下江南。

【校釋】

〔一〕酣醉貌。唐・杜牧《郡齋獨酌》詩：「醺酣更唱太平曲，仁聖天子壽無疆。」

自笑

獨醉仙居獨醉亭，只緣耽味洗心經。可能卻使談天口，唯誦金人背上銘。
予號酒為「洗心經」。

青山

青山不伴青春老，萬古千秋色自新。休去西園醉桃李，晚來風起易愁人。

無何醉隱

白石先生〔一〕何日老，青蓮居士〔二〕幾時醒。若須要得留靈景，索與除憂舊福庭。

【校釋】

〔一〕見葛洪《神仙傳》卷二記：白石先生者，中黃丈人弟子也，至彭祖時，已二千歲餘矣。不肯修昇天之道，但取不死而已，不失人間之樂。其所據行者，正以交接之道為主，而金液之藥為上也。初以居貧，不能得藥，乃養羊牧豬，十數年間，約衣節用，置貨萬金，乃大買藥服之。常煮白石為糧，因就白石山居，時人故號曰白石先生。亦食脯飲酒，亦食穀食。日行三四百里，視之色如四十許人。性好朝拜事神，好讀幽經及太素傳。彭祖問之曰：「何不服昇天之藥？」答曰：「天上復能樂比人間乎？但莫使老死耳。天上多至尊，相奉事，更苦於人間。」故時人呼白石先生為隱遁仙人，以其不汲汲於昇天為仙官，亦猶不求聞達者也。

〔二〕指李白。

對酒吟

莫勞鄒律[一]喚春回，雪盡北山空自來。還笑獨醒成底事，壯懷須對酒杯開。

【校釋】

[一] 相傳戰國齊人鄒衍精於音律，吹律能使地暖而禾黍滋生。《列子·湯問》：「微矣子之彈也！雖師曠之清角，鄒衍之吹律，亡以加之。」張湛注：「北方有地，美而寒，不生五穀。鄒子吹律暖之，而禾黍滋也。」後因以「鄒律」喻帶來溫暖與生機的事物。

獨自來

日日樓頭獨自來，別離情緒苦為栽。東風倚遍欄干曲，人在天涯回未回。

春詞二首

曉蘭香露泣愁紅，睡起沉吟繞露叢。蕩子不來花落去，教人爭不怨春風。

空限勒花春事晚，及開零落卻生嫌。春風若不曾相識，何事頻來揭畫簾。

初閱仙音樂

催花白雨銜芳春，香濕霓裳入夢雲。曾是長安少年客，天津橋上月中聞。

因閱樂戲贈友人

薔薇露漬霓裳潤，桂子風飄月殿香。猶自鳴蛙聾醉夢，欲教人說是歸昌[一]。

【校釋】

[一] 謂鳳凰集鳴。漢·劉向《說苑·辨物》：「〔鳳〕晨鳴曰發明……集鳴曰歸昌。」

金樂歌

百花氣色雖千變，萬劫光陰只一般。金樂既和行樂在，我將天地結心歡。

明妃二首

漢使卻廻憑寄語，漢家三十六將軍。勸君莫話封侯事，觸撥傷心不願聞。

散花天上散花人，唯說香名更未聞。薄命換遺仙壽在，不須青冢有愁雲。

征婦怨

錦織回文織過秋，千絲萬縷織成愁。停梭心口私相問，誰在凌煙閣上頭。

詩餘

鵲橋仙 [一]

閬州得稼軒樂府全集，有西江月。而今何事最相宜，宜醉宜閒宜睡。或曰不若道，宜笑宜狂宜醉。請足成之。

皇都門外，玄都觀裏，露井樹傍歌意。先生憑甚 [二] 作生涯，只嘲柳嘲桃嘲李。

戲酒龍歌，鳳莫相迴，避就取逢場戲。且聽人勸要推移，更宜笑宜狂宜醉。

古歌詞：桃生露井上，李生桃樹傍。蟲來齧桃根，李樹代桃僵。

【校釋】

　　[一] 並序，詞前有序，據補。

　　[二] 王國維校改作「恁」。

太常引・題李隱君文集

扣聲寂寞播陽春，流水混行雲 [一]。大雅似扶輪 [二]，忍欲 [三] 繼齊、梁後塵。

清風明月，四時常在，光景自長新。不見謫仙人，更何處、乘槎問津。

【校釋】

　　[一] 一作「看流水混行雲」。

　　[二] 一作「大雅扶輪」。

　　[三] 一作「顏」。

眼兒楣・醴泉和高齋過煬帝故宮

隔江誰唱後庭花，煙淡月籠沙。水雲凝恨，錦帆何事，也到天涯。

寄聲衰柳將煙草，且莫怨年華。東君也是，世間行客，知過誰家？

木蘭花慢・丙戌歲重遊永安故宮

遍覽太液池、蓬瀛桂窟殿、天香閣，同坐中諸客感而賦此。

花枝臨太液，解語入，溫柔衍。桂窟低迷天，香飄蕩倒，影遲留湏 [一]。

知畫圖，難足更，青山環抱帝王州。幻出三千花界，春風吹上木蘭舟。

風吹繞瀛洲，記水淺，蓬萊塵。揚滄海一醉，都休華胥，夢雖無跡。

甚鼎湖龍去，水空流 [二]。青鳥不來，難問玉妃，幾度仙遊。

【校釋】

〔一〕湏，水流動的樣子。

〔二〕一作「留」。

雜著

花史序釋

雙溪主人因移接牡丹，嘗作《天香臺》、《天香亭》、《天香園》三賦後，分種芍藥。有芍藥花選辭三十三首。由是繼編花史客有譏者曰：「先生平昔以意氣自許，而肆情花草，其負初乎？」

主人曰：「子不見夫前代明君名臣、高人隱士，吟詠情性、體狀花卉而遊戲翰墨場者不可勝紀。唐內相陸敬輿後不著書，祗為今古集驗方五十篇示鄉人。吾修花史亦將傳諸同好，有何過乎？」

客曰：「然則君以牡丹為花王，唯芍藥為近侍，理宜盡乎？」

主人曰：「不然。吾以若使靈均閱吾，眾芳寧無起予之歎。試為吾子縷析之牡丹，姿豔萬狀皆絕，故以牡丹為花王。梅有和羹之任，故曰梅為上公。槐為三公之位，故曰槐為三公。松有大夫之封，故為大夫。竹有剛毅之資，故曰竹為毅士。芍藥有近侍之稱，故曰芍藥為近侍。紫薇本署以中書，故曰紫薇為中書〔一〕。文冠策名於翰苑，故曰文冠備翰林〔二〕。木筆有可書之狀，故曰木筆備太史〔三〕。拒霜有捍拒之義，故曰拒霜備致師〔四〕。屈軼指佞，故曰屈軼維御史。平露旌政之得失，故曰平露維省政。甘棗令人不惑，故曰甘棗驅惑〔五〕。蓮莆驅殺蟲蠅，故曰蓮莆驅蟲蠱。蓂莢依朓開落，故曰蓂莢知晦朔〔六〕。照天有相日之光，故曰照天直晝。合昏有知時之性，故曰合昏戒夜〔七〕。李冠諸果之首，故曰仙李司春〔八〕。榴有夏景之宜，故曰榴花司夏。木犀專九秋之香，故曰木犀司秋。山茶有冬日之愛，故曰山茶司冬。蒼官有四時不粹之色，故曰蒼官總四時。玫瑰、薔薇寒芒健刺，卒不可犯，故曰玫瑰維藩，薔薇維垣。臺有凌霄，故曰凌霄維臺〔九〕。宮有望仙，故曰望仙維宮〔一〇〕。宮殿有長生，故曰長生維殿。洞有金沙，故曰金沙維洞〔一一〕。祠有王母，故曰王母維祠〔一二〕。峰有玉蕊，故曰玉蕊維峰〔一三〕。龍香芬馥，故曰龍香郁烈〔一四〕。春鳳婆娑，故曰春鳳毿毿。玉女散花備見仙經，故曰玉女散花〔一五〕。仙人承露肇自漢武，故曰仙人承露〔一六〕。葵心傾日，故曰葵尸朝日之位。桂自月降，故曰桂即夕月之次。蓋有鳳蓋，故曰碧鳳維蓋。輦有鳳輦，故曰金鳳維輦。金蓮維寶，炬

取金蓮花之制也 [一七]。瑞蓮維薰，炷取瑞蓮薰爐之比也 [一八]。幌有珠幌，故曰珍珠維幌。繡帶若綬，故曰繡帶維綬。障有錦障，故曰錦被維障。裯有錦裯，故曰地錦維裯 [一九]。仙樹可以療饑也，故曰仙樹維庖。帝屋之若帷也，故曰帝屋維幄。梨花巫娥之名也，故曰梨花薦枕席 [二〇]。櫻桃鄭後之諱也，故曰櫻桃主中闈 [二一]。萱草宜男，猶萱草花之宜男也。女貞抱節，猶女貞凌冬而不凋也。花事之盛在春，故曰長春司花。醆醁以酒得名，故曰醆醁司酒 [二二]。禮尚師古，故曰古度典禮 [二三]。樂者樂也，故曰長樂典樂 [二四]。八仙有文昌八座之相，故曰八仙侍坐 [二五]。萬年有天子萬年之稱，故曰萬年稱觴。而長壽仙有壽仙嘉名，故曰長壽仙為嘉賓。蓮有君子之風，故曰蓮為高士。菊有隱逸之說，故曰菊為逸民。蕙有佳人蕙心蕙質之喻，故曰蕙為佳人。蘭有馥若金蘭友之語，故曰蘭為勝友。薔薇花著釋典故，故曰薔薇為禪客。海棠為花中神仙，故曰海棠為仙侶 [二六]，故曰椰子為醉聖 [二七]。青田核如瓠，漬水成酒，故曰青田為醉鄉 [二八]。酒樹花汁自成仙醞，故曰酒樹為黃壚。無患子有傳，故曰無患子述其傳 [二九]。榆有榆錢，有榆莢錢，魯元道有錢神論，故曰榆兄有錢神之論。橘中二老，後稱橘隱，左太沖有招隱詩，故曰橘弟有招隱之詩 [三〇]。水仙跡著琴曲，故曰水仙絃歌 [三一]。海仙嫋弱，故曰海仙低回 [三二]。躑躅行不進也，故曰躑躅徙倚 [三三]。虞美人可使呈舞，故曰虞美人呈冶舞之態 [三四]。長命女可得侑罇，故曰長命女衛侑罇之容 [三五]。金錢有金錢之號，故曰金錢買笑。含笑有含笑之名，故曰含笑承歡。自碧蓮而下至乎君子，皆草木花也，故曰碧蓮花擁紫陽宮女，玉簪錦髻，四季承鮮，萬葉迎春 [三六]。延嘉賓連都念時好交讓如何君子在焉？梟桃厭伏邪氣主殺百鬼，故曰梟桃辟邪 [三七]。荔枝益氣理內，故曰荔枝理內邪 [三八]。不能神內，即平理可謂無虞矣，故曰能事畢矣。

【校釋】

[一] 開元中，改中書省曰紫薇省。

[二]《唐會要》云：文冠花學士院有之。

[三] 木筆似木蘭，見《洛陽花木記》。

[四] 拒霜即芙蓉也。

[五]《束晳發蒙記》曰：甘棗令人不惑。迷穀佩之不迷，故曰迷穀指南。

[六] 軼平露、蓮莆、蕡莢已上，並見《天香臺》賦注。筮莆即倚扇。

[七] 屈也合昏，見《天香臺》賦注。

[八]《述異記》云：仙李縹色。《李肇國史》補云：李直方嘗第果實名，以綠李為首。

[九]《古今宮閣記》云：有凌霄臺。

[一〇] 望仙花見《青州花品》：漢有望仙。

[一一] 金沙見《王文公集》及《梅聖俞集》金沙大、金沙黃、金沙川；金沙見《花木後記》。

[一二] 王母祠在玉蕊峰上。《酉陽雜俎》云：洛陽城華林園有王母桃。

[一三] 玉蕊峰見《劉賓客集》云：唐昌觀有之。

[一四] 龍香出海南。

[一五] 玉女花即玉瓏璿花也。

[一六] 仙人，杏名也。

[一七] 金蓮花炬見《令狐綯傳》。

[一八] 瑞蓮香爐前朝內府有之。

[一九] 地錦花見《洛陽花木記》。

[二〇] 梨花，巫山神女名也。王昌齡詩云：落落冥冥路不分，夢中喚起梨花云。蓋詠此也。

[二一] 櫻桃石，趙鄭後之名也，見《崔鴻十六國春秋》。

[二二] 酴醿，本酒名，而新開花顏色似之，故以為名。見《山谷集》。

[二三]《吳錄地理志》曰：廣州有木名古度，不華而實。

[二四] 唐蘇頲有《長樂花賦》。

[二五] 八仙花見《洛陽花木記》。

[二六]《賈耽花譜》以海棠為花中神仙。椰子有靈漿，飲之得醉，見《交州記》。

[二七] 見《李謫仙集》。

[二八] 青田見《崔豹古今注》曰：核大如五六升瓠。

[二九] 李屏山有《無患子傳》。

[三〇] 樂府解題云：小山之徒作招隱之賦以章其志。後左太沖有招隱詩。余嘗蓄坡仙墨蹟「橘隱」二字。榆兄橘弟見《淮南子》。

[三一]（水仙操見《琴書》。水仙花見《山谷集》。又見《張文潛集》云：葉如金燈，而加柔澤。花淺黃，其幹如萱草。秋深開，至來春方已，雖霜雪不衰。

[三二] 海仙即錦帶也。見《王元之集》。

[三三] 躑躅花見《元微之長慶集》。又有紅躑躅。

[三四] 虞美人草聞吳音則舞。見《沈內翰筆談》。

［三五］長命女又曰三春花，見《洛陽花木記》。

［三六］迎春花見《洛陽花木記》。

［三七］《本草》云：梟桃一曰桃梟。

［三八］張曲江《荔枝賦》云：有冬食於累百愈益氣而理內。

四癡子釋

雙溪狂直之狀，北山逋客之跡，白蓮居士之行，獨醉道者之德，相與雍容，澹乎自持。恃其所長，多其所宜。或拒或違，或行或隨。相忘爾汝，與夫妍媸。氣其合也，道其同也，磅礴為一。探其賾也，索其隱也，析為四癡。

獨醉道者自警

有雙溪詩 ［一］ 隱謂獨醉癡仙曰：願 ［二］ 以蘭臭之言書銘於君之前。書之言曰：夫以自然之間氣為不羈之髦傑，彷徨乎塵垢之外，逍遙乎無為之業。三日月而騰光，一冰霜而抱潔，推斯志也信斯心也。齊萬仞於一瞬，甄萬物於一寫。蔑挹清風於箕穎，傲表天下於姑射者也。等章甫於泥塗，埒靈圖於土苴者哉！

【校釋】

　　［一］一作「棲」。

　　［二］一作「敢」。

有以擬卜彬禽獸決錄目為請者戲為賦此

馳性蹇。而驕騾性乖，而劣牛性癡，而頑驢性鈍，而拙奔逸絕塵騁出軌轍。非所望於斯列，雖皆可以代步之勞，寔匪予心之所悅也。

贊

酒贊並序

客曰：僕聞賢哲以道德兼人，未聞以酬適為務，醉隱於是。懷罇抱爵，延聖引賢，以 ［一］ 為酒贊。

羲皇上世，康狄未作，醇德為酒，饗道為酉。醉時以淳和，味人以淡泊。使耳目不營，形神恬漠，逮德下衰，澆淳散樸，俶推妙理，庸延來樂。從事千鍾，仁酬義酢，委質糟丘 ［二］，流毒肆虐。值彼殊為尤物，遇此反為狂藥。計吉凶之起，造實就人之善惡無功。華胥伯倫，天幕純潛，粹隱天民先覺，近君子之醲懿，遠小人之屠薄。榮 ［三］ 優容於神聖，審去就乎清濁。朝耽暮嗜，古

人糟粕，冀變澆俗，返真抱愨。庶宣聖賢之至化，罔墜文武之斯道，永期美祿於天，公頤養天下之衰老。

【校釋】

〔一〕一作「乃」。

〔二〕一作「邱」。

〔三〕一作「策」。

獨醉道者自贊

酒德有頌，醉鄉有記。酣觴自贊，四癡獨醉。或設武備，或修文德。足啟賢路，足躋聖閾〔一〕。

【校釋】

〔一〕一作「域」。

醉聖贊

爰有大人，高蹈中區。僑處無何〔一〕，嘉遯仙居。依聖附賢，味道之腴。保其真筌，守其天符。竊號醉聖，妄稱潛夫。筆耕舌織，鎔經鑄書。箴斥戚施，規逐籧篨。論削闒茸，議除閃揄。儸儸優優，睢睢盱盱。迭居遞宿，仁義蘧廬。以天為蓋，以地為輿。揮斥八極，縱意所如。不為物炫，不為世拘。雍容樂國，寄傲華胥。榮如辱如，有機有樞。樂天知命，獨與道俱。

【校釋】

〔一〕一作「可」。

紅叱撥贊

余有良馬曰紅叱撥，取韋莊紫陌亂嘶紅叱撥之語名之。諸突厥部遺俗，呼今之諸色桃花馬為叱撥，唐天寶中得。大宛汗血馬曰紅叱撥。丁香叱撥後易其名曰紅玉輦、飛香輦。

粵有龍子，桃花秀徹〔一〕。鳳臆麟形，沫赭汗血。豎整蘭筋，雙懸璧月，應策騰虛，希意超折。九逸失其權，奇八駿驚其沒。滅爾飛雲兮〔二〕，越絕電朝金微兮。暮玉關庶質子淵之頌人馬相得之說也〔三〕。

【校釋】

〔一〕一作「澈」。

　　[二] 一作「滅飛雲簫兮」。

　　[三]「玉闕」，見《水經注》。

銘

醉吟齋銘

　　形籠天地，耳隔雷霆。援筆輒書，吟醉齋銘。詩壇將酒，陣相與出，奇兵無何，擅歡場偶，戰拔愁城。

鏡銘

　　應物無私，不言善應。黑白自證，妍媸自定。肝膽可呈，衣冠可正。亮聖人之存誠，其用心也如鏡。

酒銘

　　維主養生，擒奸奉公。洋洋聖德，蕩蕩神功。宛然金液，穆若春風。是以被其澤者必自化於醇醲。（唐子西號酒為「齊物論」，余號以「養生主」，神聖功用無捷於酒。）

頌

聖壽頌

　　鶴髮孤臣，拜手稽首。長跪稱觴，金液玉酒。竊比華封，祝聖人壽天齊，其長地等其久。有以靈壽木 [一] 為王 [二] 子壽者輒獻頌曰：

　　時好古度，無患君遷；靈壽君子，長生萬年。（注：孫綽子曰：北皋有木馬，名曰時好。《吳錄地理志》曰：廣州有木名古度，不華而實。纂文曰：無患木名也。《崔豹古今注》曰：此木為眾鬼所畏，取此木為器，以厭卻邪魅故號無患。《劉欣期交州記》曰：君遷，樹名也。《魏王花木記》曰：君遷細似 [三] 甘蕉子，如馬乳前。漢服虔 [四] 注曰：靈壽，木名也。《山海經》曰：廣都之野，靈壽實華。《晉宮閣名》曰：君子，樹名也。《廣志》曰：君子樹如聖松。《洛陽記》曰：光明殿前有長生樹。《鄴中記》曰：世謂西王母之長生樹。《晉宮閣名》曰：萬年，樹名也。華林園有萬年樹。）

【校釋】

　　[一] 一作「杖」。

　　[二] 一作「皇」。

　　[三] 一作「如」。

［四］服虔，人名。東漢經學家。少有雅才，善文論，其經學尤為當世推重，著《春秋左氏傳行誼》三十一卷。鄭玄欲注春秋傳尚未了，聽服注傳意，多與同，遂為服虔注。

原跋

　　雙溪，一代佳公子也。蚤［一］歲作詩有聲，每一篇出，輒誦人口。遇得意處，不下古手。此蓋天機穎［二］脫，有不可掩［三］者使然也。是歲秋八月，以詩近百篇寄趙虎岩，虎岩趙君，詩人也。見之擊節賞歎，以謂天下奇才，而欲版行，一新耳目焉。而屬予題於［四］後。或者曰：「乃公之少作，其可乎？」余曰：「不然。昔唐元微之有《代曲江老人百韻》及《清都夜境》等篇；至於元和中，李長吉、高軒過二公之作，皆年未及冠。今在集中，數百年間，孰能以少壯為辨而少之耶？言詩者不當以區區歲月計其工拙矣。」歲次甲寅季冬二十有五日，木庵老衲性英［五］題。

　　嘗觀雙溪詩，氣體［六］高遠，清新絕俗。道前人之所不道，到前人之所不到。情思飄如馭風騎氣，真仙語也。彼騷奴詩偷安，識所謂神者，每以不多得為恨。今年秋八月，承寄僅百篇於趙虎岩，光祖不敢珍藏秘惜，乃復刊行之以新世。欲見而不可得者，此可與奪標掣鯨手道，難為餘子言也。王萬慶［七］跋。

【校釋】

［一］「蚤」，通「早」。

［二］即「穎」。

［三］掩，捕取，襲取。

［四］李文田箋注本作「其」。

［五］性英，字粹中，金末元初少林寺長老，性英是其法號。按照宋代以來禪僧們約定俗成的習慣，他還有一個別號叫木庵。在當時朋友們的詩文酬答中，他有木庵禪師、英上人、英禪師、粹中禪師等多種稱呼。

［六］李文田箋注本作「體氣」，李文田乙正為「氣體」。

［七］王萬慶，一名曼慶，字禧伯，號澹遊。為金朝著名文人王庭筠之姪，後過繼為子，有詩文傳於世。在金朝，王萬慶以蔭補官，曾仕至徐州行尚書省左右司郎中。蒙古太宗八年（1236 年），受耶律楚材的推薦，出任燕京編修所次二官。入元後，中統二年（1261 年），又受任為燕京路提舉學校官。